JN278398

# 『中小企業の財務指標』徹底活用マニュアル

保科 悦久 著

同友館

# まえがき

　平成17年、中小企業庁編『中小企業の財務指標』が半世紀ぶりにリニューアルされ発行されました。指標の今日性やサンプル企業数の大幅増加といった利点がある反面で、膨大な量の財務情報を提供するがゆえ、手にした利用者の戸惑いがみられるのも事実であります。

　本書は、そのような方々のお役に立つべく、利用者の視点に立って、『中小企業の財務指標』の活用法を、詳細かつ実務に即した形で説明しようとするものです。また「財務指標」は、企業の現状分析を行う際での活用から、さらに経営計画や経営改善計画といった企業の将来ビジョンの策定に対しても活用できると考えられるため、そのような流れをもって章を構成しております。

　また巻末には、『お役立ちシート』として、『現状分析シート』、『経営計画作成シート』詳細版・簡易版を掲載しておりますので、企業経営者の方々をはじめ、中小企業診断士などの経営コンサルタントの方々、また金融機関の方々にもご利用いただけるものであると考えております。

　なお、本書の出版にあたり、同友館の脇坂康弘社長様、鈴木良二様、岩村信寿様には大変なご尽力をいただきました。心より感謝の意を表します。

平成19年5月

保科　悦久

# 目　次

まえがき

本書の使い方 ………………………………………………………………… 6

## 第1章
## リニューアルされた『中小企業の財務指標』

第1節　経営指標・原価指標を取り巻く環境の変化 ………………………… 8

第2節　主な改正点 …………………………………………………………… 10
　① 集計業種等の変更 ……………………………………………………… 10
　② 取り扱う指標項目の変更（行） ……………………………………… 11
　③ 集計区分項目の変更（列） …………………………………………… 12

## 第2章
## 財務分析の基礎知識

第1節　財務分析の目的と種類 ……………………………………………… 16

第2節　財務分析の利用 ……………………………………………………… 17

第3節　実数分析と比率分析 ………………………………………………… 18

第4節　時系列比較、標準比較、ベンチマーク比較 ……………………… 19

## 第3章
## 「財務指標」の指標項目の紹介

第1節　実数分析 ……………………………………………………………… 22
　① 貸借対照表（B/S） …………………………………………………… 22
　② 損益計算書（P/L） …………………………………………………… 23
　③ 付加価値額と損益分岐点分析（損益計算書関連数値） …………… 27
　④ キャッシュフロー ……………………………………………………… 32

第2節　比率分析 ……………………………………………………………… 36
　① 収益性分析 ……………………………………………………………… 36
　② 安全性分析 ……………………………………………………………… 46

2

③ その他の分析……………………………………………………………50

## 第4章
### 「財務指標」の活用・・・はじめる前に

**第1節** 「財務指標」の全体をながめてみよう ……………………………56
　① 全体の俯瞰……………………………………………………………56
　② ページ軸：どのページを活用するかについて……………………57
　③ 横軸：どの列を見たらいいのでしょうか？………………………57
　④ 縦軸：どの指標値を活用したらいいのでしょうか？……………58

**第2節** 今、どこの数値を見ていますか？ ………………………………59

**第3節** どこのページの数値を見るべきですか？ ………………………60

**第4節** ページの縦列のどこを見るべきですか？ ………………………61
　① 大分類では……………………………………………………………61
　② 中分類では……………………………………………………………63
　③ 小分類では……………………………………………………………65

**第5節** 『現状分析シート』への「業界標準値」の記載 ………………66

**第6節** 『現状分析シート』への「自社数値（比率計算値）」の記載……67

**第7節** 「財務指標」活用上の留意点 ……………………………………68

## 第5章
### 「財務指標」の活用・・・現状分析

**第1節** 実数分析を行う ……………………………………………………72
　① 損益計算書（P/L）分析………………………………………………72
　② 貸借対照表（B/S）分析………………………………………………76

**第2節** 比率分析を行う（全体）……………………………………………78
　① 比率指標のブレークダウン（収益性）……………………………79
　② 比率指標のブレークダウン（安全性）……………………………83
　③ 比率指標のブレークダウン（生産性）……………………………84

**第3節** 『現状分析シート』への記載（コメントの記載）………………86

**第4節** 『レーダーチャート』（簡易財務バランスチェック）の利用……88

# 第6章
## 「財務指標」の活用・・・経営計画

- 第1節　経営計画の策定の手順と「財務指標」・・・・・・・・・・・・・・・・・・・92
- 第2節　情報収集・・・・・・・・・・・・・・・・・・・・・・・・・・・・・・・・・・・・・・・・・・・・・94
- 第3節　外部環境分析・・・・・・・・・・・・・・・・・・・・・・・・・・・・・・・・・・・・・・・・95
- 第4節　経営資源（定性）分析・・・・・・・・・・・・・・・・・・・・・・・・・・・・・・・・97
- 第5節　経営不振（原因）分析・・・・・・・・・・・・・・・・・・・・・・・・・・・・・・・・98
- 第6節　各事業分野の分析・・・・・・・・・・・・・・・・・・・・・・・・・・・・・・・・・・・104
- 第7節　決算書（定量）分析・・・・・・・・・・・・・・・・・・・・・・・・・・・・・・・・・105
- 第8節　「延長シナリオ」の記載・・・・・・・・・・・・・・・・・・・・・・・・・・・・・・106
- 第9節　経営目標・経営戦略（CSF）・アクションプランの決定・・・・・108
- 第10節　個別計画（案）の作成および整合性検討・・・・・・・・・・・・・・・・124
- 第11節　「目標シナリオ」作成・・・・・・・・・・・・・・・・・・・・・・・・・・・・・・・・124
- 第12節　経営（改善）計画の確定・・・・・・・・・・・・・・・・・・・・・・・・・・・・・125
- 第13節　『経営計画作成シート』の記載・・・・・・・・・・・・・・・・・・・・・・・・125

# 第7章
## 「財務指標」の活用事例集

- 第1節　活用事例1・・・卸売業A社（飲食料品卸売業）・・・・・・・・・・・128
  - ① A社の紹介・・・・・・・・・・・・・・・・・・・・・・・・・・・・・・・・・・・・・・・・・128
  - ② 卸売業界の動向は？・・・・・・・・・・・・・・・・・・・・・・・・・・・・・・・・128
  - ③ 飲食料品卸売業界の動向は？・・・・・・・・・・・・・・・・・・・・・・・・129
  - ④ いざ自社分析！（実数分析）・・・・・・・・・・・・・・・・・・・・・・・・130
  - ⑤ A社の実力は？（比率分析）・・・・・・・・・・・・・・・・・・・・・・・・133
  - ⑥ 現状の重要課題とその原因（定性）分析・・・・・・・・・・・・・・136
  - ⑦ CSFとアクションプラン・・・・・・・・・・・・・・・・・・・・・・・・・・・・138
  - ⑧ 『経営計画作成シート』の作成・・・・・・・・・・・・・・・・・・・・・・141
  - ⑨ その後のモニタリング・・・・・・・・・・・・・・・・・・・・・・・・・・・・・・142

## 第2節 活用事例2・・・小売業B社（婦人服小売業） ……………………143
- ① B社の紹介 …………………………………………143
- ② 小売業界の動向は？ ………………………………143
- ③ 婦人・子供服小売業界の動向は？ ………………144
- ④ いざ自社分析！（実数分析）………………………146
- ⑤ B社の実力は？（比率分析）………………………148
- ⑥ 現状の重要課題とその原因（定性）分析 ………152
- ⑦ CSFとアクションプラン …………………………158
- ⑧ 『経営計画作成シート』の作成 …………………160
- ⑨ その後のモニタリング ……………………………161

## 第3節 活用事例3・・・サービス業C社（広告業） ……………………162
- ① C社の紹介 …………………………………………162
- ② サービス業界の動向は？ …………………………162
- ③ 広告業界の動向は？ ………………………………163
- ④ いざ自社分析！（実数分析）………………………164
- ⑤ C社の実力は？（比率分析）………………………166
- ⑥ 現状の重要課題とその原因（定性）分析 ………171
- ⑦ CSFとアクションプラン …………………………173
- ⑧ 『経営計画作成シート』の作成 …………………176
- ⑨ その後のモニタリング ……………………………177

## 第4節 活用事例4・・・製造業D社（精密機械器具製造業） ……………178
- ① D社の紹介 …………………………………………178
- ② 製造業界の動向は？ ………………………………178
- ③ 精密機械器具製造業の動向は？ …………………179
- ④ いざ自社分析！（実数分析）………………………180
- ⑤ D社の実力は？（比率分析）………………………183
- ⑥ 現状の重要課題とその原因（定性）分析 ………188
- ⑦ CSFとアクションプラン …………………………191
- ⑧ 『経営計画作成シート』の作成 …………………194
- ⑨ その後のモニタリング ……………………………195

■参考■「お役立ちシート」記載マニュアル

(1)『現状分析シート』
　①『現状分析シート』の入手
　②『現状分析シート』への「業界標準値」の記載
　③『現状分析シート』への「業種内同一企業の前年比」の計算・記載
　④『現状分析シート』への「当社前期&前々期数値（実数・比率）」の計算・記載
　⑤『現状分析シート』への「当社当期数値（実数・比率）」の計算・記載
　⑥『現状分析シート』への「各指標別・順位グループ（第1位グループ〜第4位グループ）」の判定・記載
　⑦『現状分析シート』への「当社数値・コメント」の記載

(2)『経営計画作成シート』
　①『経営計画作成シート』の入手
　②『経営計画作成シート』への「自社数値」の記載
　③『経営計画作成シート』への「延長シナリオ」の記載
　④『経営計画作成シート』への「CSF・アクションプラン」の記載
　⑤『経営計画作成シート』への「目標シナリオ」の記載
　⑥『（簡易）経営計画作成シート』

---

### 本書の使い方 ●●●●●●●●●●●●●●●●●●●●●●●●●●●●●●●●●●

　本書は、「中小企業の財務指標」を利用するときに、一緒に参照していただけるようなものを目指しております。

　このため本文中の、①、②は、「中小企業の財務指標」の[比率分析表]における指標項目グループ名称を表すものとして、同じ丸番号を表記しております。

　また、「1　総資本営業利益率」や「6　売上高総利益率」などの算用数字も、「中小企業の財務指標」における番号および指標名称と同一の表記といたしました。

# 第1章

## リニューアルされた『中小企業の財務指標』

## 第1節 経営指標・原価指標を取り巻く環境の変化

　平成16年5月に発行された『中小企業の経営指標』および『中小企業の原価指標』（平成14年4月期～平成15年3月期決算の調査分）は、その形を大きく変えて、平成17年10月『中小企業の財務指標』としてリニューアル発行され、平成18年10月に『中小企業の財務指標』（平成16年1月～12月決算期の調査分）が発行されました。

　『中小企業の経営指標』『中小企業の原価指標』は、その制定以来、中小企業の経営活動を定量的かつ継続的に調査・集計し、公表する役割を十分に果たしてきたといえます。

　国や地方の経営支援行政担当者、中小企業診断士、経営コンサルタント等は、そこで提供される中小企業の詳細な企業の財務情報を、中小企業の診断や助言の際に活用してきましたし、また中小企業者自身が、自らの財務的なポジションの分析を行い、その結果に基づいて、多様化、高度化した経営課題に対応していくうえで、その目標値を決定する際に参考としてきました。

　しかしながら、その一方で、Ⅰ）サンプル企業数の減少により、業種毎、従業員規模毎に詳細な区分での集計を行った場合に、十分なサンプル数が確保できないものが散見されるようになってきたことや、Ⅱ）支払利息を「管理費」に含める処理をするため会社の決算書との比較時に調整を要すること、さらに、Ⅲ）近年注目されつつあるキャッシュフロー等の時代のニーズに応じた指標が含まれていないこと、Ⅳ）ITの進展等による新規成長業種（ソフトウェア業や情報処理・提供サービス業等）の捕捉が十分でないこと等の課題が生じていました。

　これらの課題に対応すべく、「中小企業の財務指標」として平成17年10月にリニューアル発行されたものと思われます。

　本書は、この『中小企業の財務指標』を活用するためのノウハウを、実際の作

業の進行順に合わせて記載していますので、中小企業の経営診断業務を行う方々のみならず、自らの会社の財務状態をセルフチェックしようとお考えの中小企業経営者・経理担当者の方々にもご利用いただけるものと確信しております。

図表1－1　経営指標・原価指標を取り巻く環境の変化

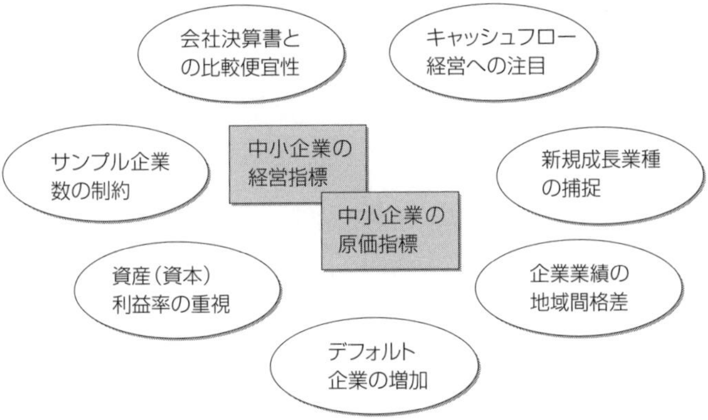

- 会社決算書との比較便宜性
- キャッシュフロー経営への注目
- サンプル企業数の制約
- 中小企業の経営指標
- 新規成長業種の捕捉
- 中小企業の原価指標
- 資産（資本）利益率の重視
- 企業業績の地域間格差
- デフォルト企業の増加

## 第2節 主な改正点

では、「中小企業の経営指標」と「中小企業の原価指標」が、「中小企業の財務指標」（以下、「財務指標」と略）として、どのような変更がなされたか、主な改正点についてみていくことにしましょう。

### 1 集計業種等の変更

**(1) 体裁**

「中小企業の経営指標」と「中小企業の原価指標」が合冊され、「中小企業の財務指標」となりました。

**(2) 調査および集計の範囲**

調査票記入依頼および回収する方式が、CRD（中小企業信用リスク情報データベース：金融機関がその与信先から徴収する財務数値情報を統合するデータベース）データを利用する方式に変更されました。

**(3) 集計対象企業数**

法人と個人合わせて8,385企業から、平成17年10月には、法人801,913企業へ、平成18年10月には822,407企業へと大幅に増加されました。

**(4) 大業種区分**

これまでの建設業、製造業、卸売業、小売業、運輸・通信業・不動産業、サービス業から、情報通信業、運輸業、不動産業、飲食・宿泊業が分離独立をした結果、大業種区分は9に増加しました。

**(5) 収録業種数**

小分類252業種から、中分類70業種、小分類115業種となりました。その内訳としては製造業、卸売業、小売業等の業種区分が減り、情報通信業・運輸業・不動産業・サービス業の業種区分が増加しました。

**(6) 集計の対象となる会計期間**

決算期が年度（4月～翌年3月）から、暦年（1月～12月）による集計に変更されました。

**(7) 調査結果のポイント**

全産業を通して、大分類の業種別調査結果のポイントの要約が増加しました。

**(8) 集計結果の概要**

全産業と大分類業種の比較により、業界の特徴がわかりやすく解説される形へ変更されました。

## 2　取り扱う指標項目の変更（行）

**(1) 比率指標の区分**

総合、財務、（生産もしくは工事）、販売、労務といった区分名称から、総合収益性、売上高利益分析、回転率・回転期間分析、財務レバレッジ分析、短期支払能力分析、資本の安定性分析、調達と運用の適合性分析、キャッシュフロー分析、付加価値分析、分配比率、その他に区分されました。

**(2) 比率指標の数**

業種により22～30指標と数が異なるとともに、各業種で算定表示する指標自体が異なっていましたが、全業種を通じて同一の42指標となりました。

**(3) 支払利息の扱い**

支払利息・割引料を管理費に含めてあるため、営業利益が支払利息・割引料を差し引いたものとなっていましたが、「財務指標」では、支払利息・割引料を一般の損益計算書の表示と合わせた処理となりました。

**(4) 非金額数値をもとにした指標**

「売場3.3m²当たり売上高」「客室1室当たり売上高」「車両1台当たり売上高」といった指標がなくなり、従業員数に基づく「1人当たり売上高」のみが残っています。

### (5) 新しい比率指標

28　財務レバレッジ、35　CFインタレストカバレッジレシオ等のCFをもとにした比率、41　借入金依存度等が新しく取り入れられています。

## 3　集計区分項目の変更（列）

### (1) 業種内同一企業

調査集計年度によりサンプル企業が異なり同一性が確保できないことから、時系列比較に支障が生じていましたが、「財務指標」では業種内同一企業として、CRDが3年間財務情報を収集している企業の平均をとることができるようになりました。

### (2) 大区分における企業属性による区分

従来、建設業においては資本規模別、製造業においては従業員（数）別、小売業においては従業員（数）別と都市別というように、集計企業をグループ化した平均値を表示していましたが、「財務指標」においては、すべての業種において、大分類では「地域ブロック別」、「創業年数別」に加え、「従業員数（別）」、「売上高金額（別）」を表示しています。

### (3) 中・小区分における企業属性による区分

従来、大区分と同様の区分がなされていましたが、「財務指標」においては、「従業員数（別）」、「売上高金額（別）」に加え、「売上高営業利益率の高い順」「総資本経常利益率の高い順」といった区分を設けています。

また中区分では、「デフォルト」した企業だけを集計した区分も持っています。これは従来の「欠損企業」という区分を補完しようとしたものと思われます。

### (4) 企業の指標の順位

従来は、全体の平均値と標準偏差により、一つの指標においてサンプル企業全体における位置を確認する統計的な処理が必要でしたが、「財務指標」においては、「各指標別」の四分位値（上位25％値、上位50％値、上位75％値）が表示されているため、自社が全体を4つに分けたグループのどのグループにいるかが一

見してわかるようになっています。

## (5) 無料経営自己診断システム

独立行政法人中小企業基盤整備機構より、ホームページ上で、CRDデータを利用した経営自己診断システムを無料開放しています。総合評価、資金繰り評価、個別指標の評価と見方がわかるようになっています。

図表1-2 主な改正点

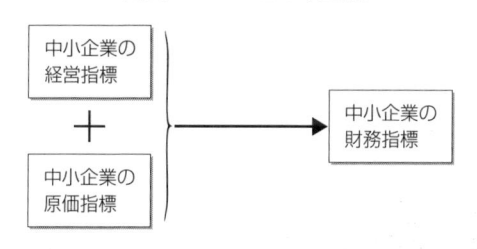

```
┌──────────┐
│ 中小企業の │
│  経営指標  │
└──────────┘
     ＋           ──→    ┌──────────┐
┌──────────┐            │ 中小企業の │
│ 中小企業の │            │  財務指標  │
│  原価指標  │            └──────────┘
└──────────┘
```

主な改正点
【集計業種等の変更】
(1) 2冊が合冊となり、「中小企業の財務指標」となったこと
(2) 調査方法が、調査票回収方式からCRDデータを利用する方式になったこと
(3) 集計対象企業数が、約8,000企業から約800,000企業となったこと
(4) 大業種区分で、情報通信業、飲食・宿泊業等が独立分離したこと
(5) 収録業種および収録業種数に関する変更があること
(6) 集計となる会計期間(期末日の属する日)が、年度から暦年に変わったこと
【取り扱う指標項目の変更(行)】
(1) 比率指標区分が、財務指標の一般的な分類となったこと
(2) 比率指標の数が、全業種で同一の42指標となったこと
(3) 支払利息・割引料は、管理費に含めず、営業外費用に含める処理となったこと
(4) 非金額数値をもとにした指標は、期末従業員数に限定されるようになったこと
(5) 財務レバレッジ等の新しい比率が取り入れられたこと
【集計区分項目の変更(列)】
(1) 業種内同一企業欄では、集計企業の3年間同一性を持たせたこと
(2) 大区分では、地域ブロック別や創業年数別といった欄を設けたこと
(3) 中・小区分では、売上高営業利益率の高い順等の欄を設けたこと
    また中区分では、デフォルト企業欄を設けたこと
(4) 各比率の四分位置を明示することで、全体におけるグループ位置がわかること

# 第2章

## 財務分析の基礎知識

# 第1節 財務分析の目的と種類

では、「中小企業の財務指標」を紐解く前に、一般的な財務分析について考えてみましょう。財務分析とは、決算書を中心としたデータから、その企業の内容を把握しようとする分析手法をいいます。

決算書は、投資家、債権者、国・地方自治体等の外部利害関係者に企業の経営内容を報告するために、ルールに基づいて作成されます。外部利害関係者に対して企業の当該会計期間における経営活動の結果を明確に表示するのと同時に、企業内部者である経営者に対しても、意思決定のための重要な情報を提供しています。

このように決算書を対象とした財務分析は、いろいろな立場からいろいろな目的で行われていますが、この中で、投資家、債権者、国・地方自治体（税務当局）が財務分析を行うことを外部分析といいます。外部の利害関係者が分析するためにつけられた名称です。それに対して、企業経営者が内部から財務分析を行うことは、内部分析といわれています。そして、それぞれの分析は目的が異なれば、重視する比率や数値、およびその計算方法が異なってくるのです。

図表2−1　財務分析の目的

| 財務分析 | | | |
|---|---|---|---|
| 外部分析 | 債権者<br>（信用分析） | その企業に信用を与えてよいかの判断（取引判断・与信） |
| 外部分析 | 投資家<br>（投資分析） | その企業に投資してもよいかの判断 |
| 外部分析 | 国・地方自治体<br>（税務分析） | その企業が正しい税務申告をしているかの判断 |
| 内部分析 | 経営者<br>（経営分析） | 経営の問題やその正しい原因の理解、戦略・戦術の策定 |

## 第2節　財務分析の利用

　財務分析の具体的な視点としては、企業がどの程度の収益力を持っているかを分析する「収益性分析」、どの程度財政状態が安定しているかを分析する「安全性分析」等が代表的なものといえます。このような手法に基づいて、分析対象企業がどのような状態にあるかについて、外部分析者、内部分析者とも判断を行うのです。これらについては本章の後段および第5章にて説明いたします。

　また決算書は企業活動の結果ですので、その決算書を分析することによって経営上の問題を発見し、その原因の分析を行い、改善策を策定することができます。これが経営改善へのステップとなるのです。このような財務分析は、結果としての決算書から、その原因をつくった要因を分析し、具体的な改善への行動に結びつけるために実施するものです。このような分析は内部分析者が行うことが多いといえますが、これらの活用については第6章にて説明を行います。

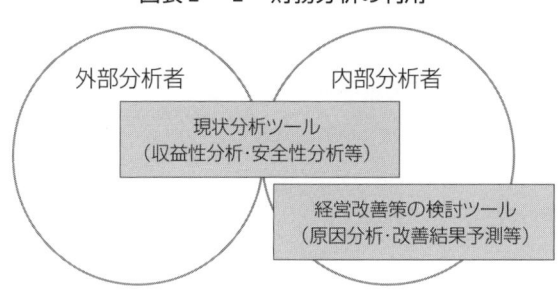

図表2－2　財務分析の利用

- 外部分析者
- 内部分析者
- 現状分析ツール（収益性分析・安全性分析等）
- 経営改善策の検討ツール（原因分析・改善結果予測等）

## 第3節 実数分析と比率分析

　財務分析をするときには、データの使い方として、実数から分析する場合（実数分析）と、比率から分析する場合（比率分析）とがあります。

　実数分析とは、「売上高」や「経常利益」がどの程度であるか、自己資本がどの程度なのかといった決算書の各科目の金額そのもので分析することをいいます。簡単に分析する場合には実数を使用した分析も考えられますが、詳細な分析が必要な場合や経営規模が異なった2社以上の会社の分析、また同じ会社でも2期以上の分析をする場合は、比率分析をする必要があります。

　たとえば当期純利益が5億円の場合に、売上高が100億円なのか200億円なのかによって収益性は2倍違ってしまいます。このように、同じ5億円の当期純利益だけでは判断ができない場合があるからです。

　比率や実数が計算された後は、次に現状の評価が必要となります。

　評価する場合は、実数や比率単独で評価する場合と何らかの基準となる指標との比較で評価する場合がありますが、後者の方法によるのが一般的です。比較による評価は、その使用する基準によって時系列比較、標準比較、ベンチマーク比較等があります。

## 第4節 時系列比較、標準比較、ベンチマーク比較

### (1) 時系列比較

時系列比較分析は、分析しようとしている企業の実数や比率を時系列的に分析して評価しようとするもので、一般的には3年から5年程度の時系列で分析します。最近のように経済変動や経営状況が著しく変化する状況では、当年度のデータを前年度や前々年度のデータと比較分析することが多くなっています。

この方法は、その企業の傾向がどのようになっているかということは、はっきりとわかるのですが、業界標準との比較ではないので絶対値の判断ができません。

### (2) 標準比較

標準比較分析は、分析しようとしている企業と同業種、もしくは同業種および同規模の標準指標と比較して評価する方法です。

比率には当該企業の業種独特の特性があり、業種や規模を合わせて比較することによって、合理的な判断ができる利点があります。ただし、この方法は、業界における標準との比較で当該企業の位置づけを明確にはしますが、それが傾向としてどう判断したらよいのかが不明な場合もあります。

中小企業の同業種同規模の標準値を示す資料として、「中小企業の財務指標」等が役に立ちます。

### (3) ベンチマーク比較

ベンチマーク比較は、標準比較分析の変形で、業界のトップ企業と財務比率を比較して評価する方法です。大企業でよく行われる方法の一つで、比率であれば同業種で規模が違うトップ企業との比較が意味あるものになります。

中小企業では企業の個性が顕著に出てしまう場合が多く、特定のベンチマーク企業との比較が困難な場合が多いのも事実ですが、しかし、ベンチマーク比較によって、優秀なベンチマーク企業を文字どおり目標（ベンチマーク）として自社

の状況をきちんと分析することは重要なことといえます。

図表2-3 実数分析と比率分析

| | | 何と比較するか | | |
|---|---|---|---|---|
| | | 時系列 | 標準 | ベンチマーク |
| 何を比較するか | 実数 | 実数を時系列比較 | 実数を標準比較 | 実数をベンチマーク比較 |
| | 比率 | 比率を時系列比較 | 比率を標準比較 | 比率をベンチマーク比較 |

# 第3章

## 「財務指標」の指標項目の紹介

## 第1節 実数分析

### 1 貸借対照表（B／S）

　実数分析表は、決算書すなわち貸借対照表、損益計算書および利益処分案（旧商法の計算書類）について、各勘定科目の実数の平均値を掲載したものです。

　「財務指標」の「実数分析」では、まず集計対象企業の貸借対照表の勘定科目ごとの平均金額を掲載しています。その上段に表示される「資産」の「勘定科目」は**図表3－1**のとおりです。最下段の合計金額は、流動資産の計、固定資産の計、繰延資産の計の合計となります。固定資産は、有形固定資産、無形固定資産、投資等に分類されます。また流動資産と有形固定資産は、その内訳勘定科目の金額が表示されます。

図表3－1　「実数分析」貸借対照表－資産

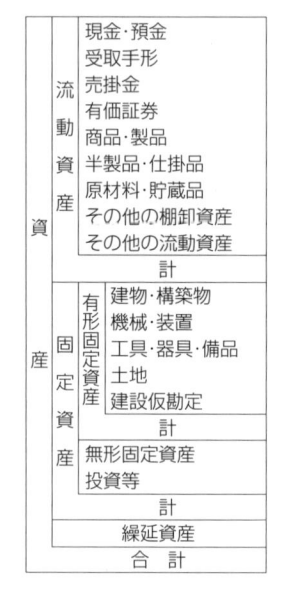

| 資産 | 流動資産 | 現金・預金 |
| --- | --- | --- |
| | | 受取手形 |
| | | 売掛金 |
| | | 有価証券 |
| | | 商品・製品 |
| | | 半製品・仕掛品 |
| | | 原材料・貯蔵品 |
| | | その他の棚卸資産 |
| | | その他の流動資産 |
| | | 計 |
| | 固定資産 | 有形固定資産　建物・構築物 |
| | | 　　　　　　　機械・装置 |
| | | 　　　　　　　工具・器具・備品 |
| | | 　　　　　　　土地 |
| | | 　　　　　　　建設仮勘定 |
| | | 　　　　　　　計 |
| | | 無形固定資産 |
| | | 投資等 |
| | | 計 |
| | 繰延資産 | |
| | 合　計 | |

また中段に表示される「負債・資本」の「勘定科目」は**図表3－2**のとおりです。最下段の合計金額は、流動負債の計、固定負債の計、資本の計の合計となります。また、各々その計の内訳勘定科目の金額が表示されます。

なお、当然のことではありますが、上記の資産合計と負債・資本合計の金額は一致（バランス）しています。

図表3－2　「実数分析」貸借対照表－負債・資本

| 負債・資本 | 流動負債 | 支払手形 |
| --- | --- | --- |
| | | 買掛金 |
| | | 短期借入金（年間返済長期借入金を含む） |
| | | その他流動負債 |
| | | 計 |
| | 固定負債 | 社債・長期借入金 |
| | | その他の負債 |
| | | 計 |
| | 資本 | 資本金 |
| | | 資本準備金 |
| | | 利益準備金 |
| | | 剰余金（当期未処分利益を除く） |
| | | 当期未処分利益 |
| | | 計 |
| 合計 | | |

また下段には、貸借対照表の関連数値として**図表3－3**に示す項目が掲載されています。

図表3－3　「実数分析」貸借対照表－関連数値

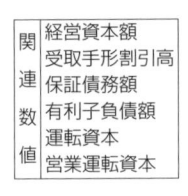

| 関連数値 | 経営資本額 |
| --- | --- |
| | 受取手形割引高 |
| | 保証債務額 |
| | 有利子負債額 |
| | 運転資本 |
| | 営業運転資本 |

## 2　損益計算書（P／L）

「財務指標」の「実数分析」では、次に集計対象企業の損益計算書の勘定科目ごとの平均金額を掲載しています。

また図表3－4のように売上原価には、内訳金額の一部として労務費、賃借料、租税公課、外注加工費が、販売費及び一般管理費には人件費、賃借料、租税公課が、そして営業外収益と営業外費用には、それぞれ受取利息・配当金、支払利息・割引料の内訳金額が掲載されています。

図表3－4　「実数分析」損益計算書

| |
|---|
| 売上高 |
| 売上原価 |
| 　（うち労務費） |
| 　（うち賃借料） |
| 　（うち租税公課） |
| 　（うち外注加工費） |
| 売上総利益 |
| 販売費及び一般管理費 |
| 　（うち人件費） |
| 　（うち賃借料） |
| 　（うち租税公課） |
| 営業利益 |
| 営業外収益 |
| 　（うち受取利息・配当金） |
| 営業外費用 |
| 　（うち支払利息・割引料） |
| 経常利益 |
| 特別利益 |
| 特別損失 |
| 税引前当期純利益 |
| 法人税等 |
| 当期純利益 |

　損益計算書は、ご存知のように以下のような計算構造で表現されます。

　「売上高」より「売上原価」を差し引いて、まず売上総利益を計算します。この売上総利益は大きいほどよいため、差し引かれる項目である「売上原価」は小さいほうがよいわけです。

　その売上総利益より「販売費及び一般管理費」を差し引いて営業利益を計算しますので、これまた差し引かれる項目である「販売費及び一般管理費」は小さいほうがよいわけです。

　さらにこの営業利益に「営業外収益」を加え、「営業外費用」を差し引いて③

経常利益を算定するため、「営業外収益」は大きいほどよく、「営業外費用」は小さいほどよいということになります。

その後、特別損益の加減算を行って税引前当期純利益、そして法人税等の調整計算を行って税引後の利益、すなわち当期純利益を算定します。

このようにして損益計算書は、段階利益（売上総利益、営業利益、経常利益、税引前当期純利益、当期純利益）を表示するわけです。

この段階利益を、利益を考慮外において、利益の増加要因である収益項目を右側に、利益の減少要因である費用・損失項目を左側に配したものが**図表3-5**です。

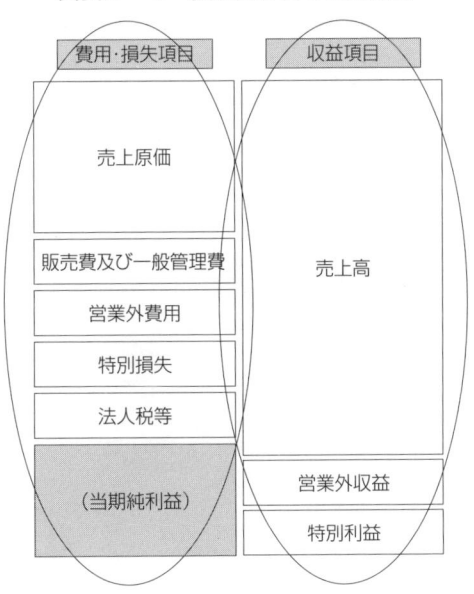

図表3-5　損益計算書の項目分解

| 費用・損失項目 | 収益項目 |
|---|---|
| 売上原価 | 売上高 |
| 販売費及び一般管理費 | |
| 営業外費用 | |
| 特別損失 | |
| 法人税等 | |
| （当期純利益） | 営業外収益 |
| | 特別利益 |

この図では、損益計算書の項目を、右側に「収益項目」としての「売上高」「営業外収益」および「特別利益」を配置しています。各四角形の高さが各々の金額の大小を表しています。同様に、左側に「費用・損失項目」としての「売上原価」「販売費及び一般管理費」「営業外費用」「特別損失」および「法人税等」を配置すると、収益額（右側高さ）から費用・損失額（左側高さ）を引いて、

「当期純利益」を表すことができます。

この当期純利益が、企業が1年間かけて獲得した最終的な利益ということになります。当然のことながら、この当期純利益がマイナス続きとなれば、企業の継続自体が危ぶまれることとなります。

また最終損益である当期純利益を計算する過程で、いわゆる段階利益として「経常利益」が算定されるわけですが、この「経常利益」の算定には、「売上高」に対して、4つの項目を加えたり差し引いたりしなければなりません。

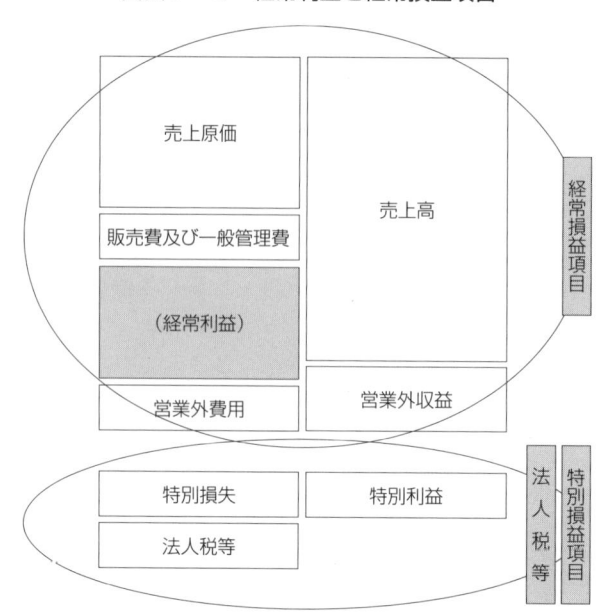

**図表3－6　経常利益と経常損益項目**

| 売上原価 | 売上高 | 経常損益項目 |
|---|---|---|
| 販売費及び一般管理費 | | |
| （経常利益） | | |
| 営業外費用 | 営業外収益 | |
| 特別損失 | 特別利益 | 特別損益項目 |
| 法人税等 | | 法人税等 |

図表3－6では、経常利益を算定するのに使用される収益項目、費用・損失項目である「経常損益項目」、それ以外の「特別損益項目」と「法人税等」に分けたうえで、経常損益項目の内訳を図示しています。

この図をみると、経常利益は、売上高および営業外収益の合計額（右側）より、売上原価、販売費及び一般管理費、そして営業外費用の合計額（左側）を差し引

いたものとして算定されることがわかります。

## 3 付加価値額と損益分岐点分析（損益計算書関連数値）

「財務指標」の「実数分析」の最後に、集計対象企業の損益計算書関連の平均数値が掲載されていますので、いくつかの項目について簡単な説明をしておきましょう（図表3－7参照）。

図表3－7　「実数分析」損益計算書－関連数値

| | |
|---|---|
| 関連数値 | 人件費合計額（労務費＋人件費） |
| | 減価償却実施額 |
| | 付加価値額 |
| | 損益分岐点売上高 |
| | 配当実施額（中間配当＋決算配当） |
| | 役員賞与 |
| | 営業CF概算額 |
| | 投資CF概算額 |
| | 財務CF概算額 |
| | ネットキャッシュフロー |
| | フリーCF概算額 |
| | 期末従業員数 |
| | 1人当たり付加価値額（加工高） |
| | 1人当たり売上高 |
| | 1人当たり機械装備額 |

### (1) 付加価値額

付加価値とは、企業が経営活動を営むことによって、他の企業から購入した財貨および用役（外部購入価値）に付加したところの価値、つまり稼ぎ高のことであり、次の方法で算出します。

　　付加価値額＝当期純利益＋人件費＋金融費用＋賃貸料＋租税公課＋減価償却費
なお「財務指標」では、
　　付加価値額＝経常利益＋労務費＋人件費＋支払利息・割引料
　　　　　　　－受取利息・配当金＋賃借料＋租税公課＋減価償却実施額
と計算しています。

また、従業員1人当たり付加価値額は、投入については労働、産出は付加価値

とする労働生産性の指標です。

　従業員1人当たり付加価値額＝付加価値額÷従業員数（円）

　この比率を売上高と設備資産を含めて分解すると、以下のようになります。

$$\text{従業員1人当たり付加価値額} = \frac{\text{付加価値額}}{\text{売上高}} \times \frac{\text{売上高}}{\text{設備資産}} \times \frac{\text{設備資産}}{\text{従業員数}}$$

$$\qquad\qquad\qquad\qquad\qquad = \text{付加価値率} \times \text{設備資産回転率} \times \text{労働装備率}$$

　この式より、付加価値から労働生産性を高めるには次のことが必要になります。

　①製品の付加価値を高めて売上に対する付加価値率を高める

　②現状の設備の有効利用により設備資産回転率を高める

　③省力化投資により労働装備率を高める

### (2) 損益分岐点売上高

　損益分岐点売上高は、利益（「財務指標」では経常利益を想定していると思われる。）が、0となるような売上高をいいます。当期に売上高が減少して、どのくらいの売上高になったら利益が0になってしまうのでしょうか？　そのような売上高を損益分岐点売上高といいます。当然のことながら、損益分岐点を上回る売上高を獲得すれば、利益を獲得することができ、下回れば、赤字を計上することになります。

　ところで費用総額（総費用）のうち、変動費とは、売上原価や販売代理店への販売手数料等、売上高の変動とともに比例的に変動する費用をいいます。また変動費とされない費用は、固定費といわれます。変動費額を売上高で除したものを変動費率といいます。また売上高から変動費を差し引いた利益を限界利益といい、その限界利益を売上高で除したものを限界利益率といいます。

　これらの項目金額を使えば、下記の公式より損益分析点売上高が求められます。

---

損益分岐点売上高＝固定費÷（1－変動費率）×100％

　　　　　　　　＝固定費÷　限界利益率　×100％

---

なお「財務指標」では、

**損益分岐点売上高**

＝（販売費及び一般管理費＋労務費＋賃借料＋租税公課－営業外収益＋

営業外費用）÷〔１－（売上原価－労務費－賃借料－租税公課）÷売上高〕

と計算しています。財務指標では、（販売費及び一般管理費＋労務費＋賃借料＋租税公課－営業外収益＋営業外費用）を固定費とみなし、（売上原価－労務費－賃借料－租税公課）を変動費とみなす計算をしており、この算式では損益分岐点売上高について非常にラフな計算であるといわざるを得ません。このような計算式を組み立てたのは、入手データに制約があるためと考えられますが、今後の改善を期待したいところです。

また「財務指標」に掲載はされていないものの、損益分岐点売上高に関連する有益な概念として安全余裕率があります。

安全余裕率は、今の売上高がどれくらい減少したら赤字になるかという比率を表したものであり、安全余裕率以内に売上高の減少率を止めれば、黒字を確保できるといった目安となるもので、以下のような算式で求められます。この比率が高ければ高いほど、収益的な観点からの安全性に余裕があるとみられます。

**安全余裕率＝（所与の売上高－損益分岐点売上高）÷所与の売上高**

では例を用いて、以下のような場合の損益分岐点売上高と安全余裕率を算定してみましょう。

X社は、売上高1,000千円、固定費400千円、変動費500千円、経常利益100千円である。

このX社の損益分岐点売上高を公式より算定すると、

**損益分析点売上高＝400千円÷（1－500÷1,000）＝800千円**

また安全余裕率を計算すると、

**安全余裕率＝（1,000－800）÷1,000＝0.2（20.0％）**

これは、同じ収益・費用関係の下で、売上高が20％落ち込むと赤字に転落する

という目安となります。

ではこのX社のケースを、図によって説明しましょう。**図表3－8**の横軸は売上高、縦軸は費用を表します。

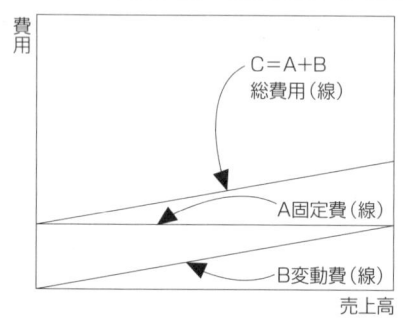

図表3－8　固定費線、変動費線、総費用線

上図では、まず固定費（線）Aを描き、原点から変動費率の勾配をもった変動費（線）Bを描きます。すると、縦軸側にAとBを合算した総費用（線）Cが引けます。その総費用（線）を次の**図表3－9**に複写します。

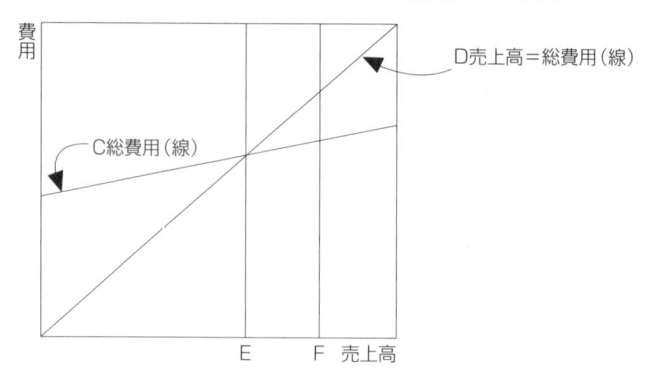

図表3－9　図による損益分岐点売上高の説明

上図に、左下原点より45度の勾配をもった右上がりの直線Dを引きます。そのD上では、縦軸費用と横軸売上高が同値となります。費用と売上高が同値（売上高＝総費用）ということは、利益が0ということと同じです。

この利益0の線Dと、この会社の収益・費用関係を表す総費用（線）Cが交差

する点を横軸に降りたところの売上高Eが損益分岐点売上高となります。また所与の売上高Fと損益分岐点売上高（F－E）の距離が、その会社にとっての安全余裕額になります。

損益分岐点は、（経常）利益が0となるような売上高でしたが、では利益を200千円上げるためには、いくらの売上高が必要なのでしょうか？

利益は、売上高より変動費と固定費を差し引いたものですから、

①利益200＝必要売上高N－変動費（N×0.5）－固定費400

②利益200＋固定費400＝（1－0.5）×必要売上高N

③必要売上高N＝600÷（1－0.5）

④必要売上高N＝1,200

すなわち、1,200千円の売上があれば、利益を200千円計上することができると計算されます。

なお、上記では売上高を伸ばすことで利益を上げようとしましたが、企業はコストダウンによっても利益を上げようとするのが一般的です。この場合、変動費としての仕入単価を下げるよう仕入先に交渉したり、固定費である賃借料の減額交渉を大家さんとしたりするなどさまざまな方法があります。たとえば賃借料（固定費）が50千円下がったとき、上記と同じく利益を200千円上げるためには、

①利益200＝必要売上高N－変動費（N×0.5）－固定費（400－50）

②利益200＋固定費350＝（1－0.5）×必要売上高N

③必要売上高N＝550÷（1－0.5）

④必要売上高N＝1,100

よって、売上高が1,100千円あればよいことになります。

このようなコストダウンがあれば、仮に売上高が1,200千円に届かなくても、1,100千円以上あれば200千円の利益獲得ができることになり、一定利益獲得のための安全余裕額（売上減少余裕額）が大きくなることがわかります。

## 4 キャッシュフロー

　キャッシュフロー計算書を作成している中小企業はそれほど多くはないと思われますが、貸借対照表、損益計算書、利益処分案（もしくは損失処理案）そしてその他の補足情報によって、キャッシュフロー計算書を作成したり、キャッシュフロー計算書で算定される営業活動のキャッシュフロー金額、投資活動のキャッシュフロー金額、そして財務活動のキャッシュフロー金額を算定することにより、自社の資金流出入の状況を確認しています。

　図表3-10は、Y社のキャッシュフロー計算書の例を掲載したものですが、キャッシュ残高として、期首の467千円（Ⅵ）が、期末に393千円（Ⅶ）となり、1年間でキャッシュが74千円のマイナス（Ⅴ）となりました。この1年間でのキャッシュの増減額のトータル－74千円のことをネットキャッシュフローといいます。このネットキャッシュフローは、外貨換算の調整勘定である現金及び現金同等物に係る換算差額（Ⅳ）が0円であるとすると、営業活動によるキャッシュフロー（Ⅰ）3,217千円、投資活動によるキャッシュフロー（Ⅱ）－3,157千円、および財務活動によるキャッシュフロー（Ⅲ）－134千円の和となります。

　「財務指標」においても、このような観点から今回のリニューアルにより、キャッシュフロー関係の数値や比率値を掲載したものと考えられますが、現在のCRDデータベースに入力された企業データでは、正確なキャッシュフロー金額を算定することが不可能であると考えられることから、「財務指標」では、実数分析のページにおいて、「営業CF概算額」「投資CF概算額」そして「財務CF概算額」というCF概算額を公表しています（なお、キャッシュフローはC／FやCFと表記されることがあります）。当然、比率分析におけるキャッシュフロー分析の各比率の算定もこのようなCF概算額を前提として用いているものと思われますので、参考にする場合は留意が必要となります。

## 図表3－10　Y社のキャッシュフロー計算書の例

キャッシュフロー計算書
(自 平成15年4月1日)
(至 平成16年3月31日)

(単位:千円)

| 科　目 | 金　額 |
|---|---:|
| Ⅰ　営業活動によるキャッシュ・フロー | |
| 　　　　税引前当期純損失 | −919 |
| 　　　　減価償却費 | 1,064 |
| 　　　　貸倒引当金の減少額 | −29 |
| 　　　　退職給付引当金の増加額 | 1,296 |
| 　　　　役員退職慰労引当金の増加額 | 14 |
| 　　　　受取利息及び受取配当金 | −8 |
| 　　　　有価証券売却益 | −44 |
| 　　　　有価証券評価損 | 13 |
| 　　　　支払利息 | 164 |
| 　　　　有形固定資産除去損 | 52 |
| 　　　　売上債権の減少額 | 1,200 |
| 　　　　たな卸資産の減少額 | 518 |
| 　　　　仕入債務の減少額 | −1,001 |
| 　　　　未払金の増加額 | 1,187 |
| 　　　　未払消費税等の減少額 | −99 |
| 　　　　その他 | 495 |
| 　　　　役員賞与の支払額 | −14 |
| 　　　　　小　計 | 3,889 |
| 　　　　利息及び配当金の受取額 | 9 |
| 　　　　利息の支払額 | −165 |
| 　　　　法人税等の支払額 | −516 |
| 　　営業活動によるキャッシュ・フロー | 3,217 |
| Ⅱ　投資活動によるキャッシュ・フロー | |
| 　　　　有価証券の取得による支出 | −3 |
| 　　　　有価証券の売却による収入 | 278 |
| 　　　　有形固定資産の取得による支出 | −2,726 |
| 　　　　有形固定資産の売却による収入 | 0 |
| 　　　　無形固定資産の取得による支出 | −376 |
| 　　　　投資有価証券の取得による支出 | 0 |
| 　　　　貸付金の回収による収入 | 1 |
| 　　　　その他投資の取得による支出 | −331 |
| 　　投資活動によるキャッシュ・フロー | −3,157 |
| Ⅲ　財務活動によるキャッシュ・フロー | |
| 　　　　短期借入金の純増加額 | 0 |
| 　　　　長期借入れによる収入 | 250 |
| 　　　　長期借入金の返済による支出 | −250 |
| 　　　　自己株式の売却による収入 | 0 |
| 　　　　配当金の支払額 | −134 |
| 　　　　その他 | 0 |
| 　　財務活動によるキャッシュ・フロー | −134 |
| Ⅳ　現金及び現金同等物に係る換算差額 | 0 |
| Ⅴ　現金及び現金同等物の減少額 | −74 |
| Ⅵ　現金及び現金同等物の期首残高 | 467 |
| Ⅶ　現金及び現金同等物の期末残高 | 393 |

「営業CF概算額」
　営業キャッシュフローとは、企業の営業活動から生じるキャッシュフローです。売上等の収入や商品の支払、経費の支出を項目ごとにひとまとめにして表現し、その企業が自力でどれだけ資金を稼ぎ出すことができたのか、あるいは不足したのかの情報を与えてくれます。

「投資CF概算額」
　投資キャッシュフローとは、設備投資や子会社株式の購入支出やその売却収入等、投資に関するキャッシュの増減のことで、将来の拡大や資金運用のためにどれだけの資金を使ったのか、あるいは回収できたのかがわかります。

「財務CF概算額」
　財務キャッシュフローとは、借入金の増減等の財務活動によるキャッシュフローの増減のことで、営業活動や投資の結果、どれだけの資金を外部から調達しなければならなかったのか、あるいは返済できたのかがわかります。

「ネットキャッシュフロー」
　ネットキャッシュフロー（NCF、収支差額）は、すべてのCFの合計で、フリーキャッシュフローに財務CFを加減した、最終差額のことです。キャッシュ・インフローとキャッシュ・アウトフローの差異、つまり資金の総流入と総流出の差となります。実際のキャッシュフロー計算書では、現金及び現金同等物の増減として記入されており、ここでは以下のように計算します。

> ネットCF＝営業CF＋投資CF＋財務CF

「フリーCF概算額」
　フリーキャッシュフロー（FCF、純現金支出）とは、営業活動のCFから企業の現状維持のためのCF（投資CF）を引いた余剰資金のことです。つまり、営業活動によるCFは、新規事業への投資や借入金の返済に充てるなど自由（フリー）に使えるわけですが、すべてをフリーに使えるわけではなく、現状維持のための資金が必要となります。ただし、投資CFは必ずマイナスになるとは限らず、資

産処分等を進めている場合にはプラスとなることもあるので、ここでは以下のように計算します。

> フリーCF＝営業CF＋投資CF

## 第2節 比率分析

### 1 収益性分析

　比率分析は、決算書の複数の勘定科目によって算定される比率の平均値を掲載したものです。「財務指標」の「比率分析」では、まず収益性を分析する指標から掲載しています（**図表3-11**参照）。ここではZ社の決算書数値を用いて、具体的な計算方法を確認しておきましょう。

図表3-11　「比率分析」収益性分析

```
①総合収益性分析
　1.総資本営業利益率              （％）
　2.総資本経常利益率              （％）
　3.総資本当期純利益率（ROA）    （％）
　4.経営資本営業利益率            （％）
　5.自己資本当期純利益率（ROE）  （％）
②売上高利益分析
　6.売上高総利益率                （％）
　7.売上高営業利益率              （％）
　8.売上高経常利益率              （％）
　9.売上高当期純利益率            （％）
　10.売上高対労務費比率           （％）
　11.売上高対販売費・管理費比率   （％）
　12.売上高対人件費比率           （％）
③回転率・回転期間分析
　13.総資本回転率                 （回）
　14.固定資産回転率               （回）
　15.有形固定資産回転率           （回）
　16.売上債権回転期間A            （日）
　17.売上債権回転期間B            （日）
　18.受取手形回転期間A            （日）
　19.受取手形回転期間B            （日）
　20.売掛金回転期間               （日）
　21.棚卸資産回転期間             （日）
　22.製品（商品）回転期間         （日）
　23.原材料回転期間               （日）
　24.仕掛品回転期間               （日）
　25.買入債務回転期間             （日）
　26.買掛金回転期間               （日）
　27.支払手形回転期間             （日）
④財務レバレッジ分析
　28.財務レバレッジ               （倍）
```

## 図表3－12　Z社の当期決算書

**貸借対照表**
平成16年3月31日現在
(単位:百万円)

| 区分 | | 項目 | 金額 |
|---|---|---|---|
| 資産 | 流動資産 | 現金・預金 | 100 |
| | | 受取手形 | 20 |
| | | 売掛金 | 200 |
| | | 有価証券 | 30 |
| | | 商品・製品 | 0 |
| | | 半製品・仕掛品 | 90 |
| | | 原材料・貯蔵品 | 10 |
| | | その他の棚卸資産 | 0 |
| | | その他の流動資産 | 150 |
| | | 計 | 600 |
| | 固定資産 | 有形固定資産 建物・構築物 | 50 |
| | | 機械・装置 | 300 |
| | | 工具・器具・備品 | 50 |
| | | 土地 | |
| | | 建設仮勘定 | |
| | | 計 | 400 |
| | | 無形固定資産 | |
| | | 投資等 | |
| | | 計 | 400 |
| | 繰延資産 | | |
| | 合計 | | 1,000 |
| 負債・資本 | 流動負債 | 支払手形 | 20 |
| | | 買掛金 | 180 |
| | | 短期借入金(年間返済長期借入金を含む) | 300 |
| | | その他流動負債 | |
| | | 計 | 500 |
| | 固定負債 | 社債・長期借入金 | 300 |
| | | その他の負債 | 100 |
| | | 引当金 | |
| | | 計 | 400 |
| | 資本 | 資本金 | 70 |
| | | 資本準備金 | |
| | | 利益準備金 | |
| | | 剰余金(当期未処分利益を除く) | |
| | | 当期未処分利益 | 30 |
| | | 計 | 100 |
| | 合計 | | 1,000 |
| 関連数値 | | 経営資本額 | 1,000 |
| | | 受取手形割引高 | 5 |
| | | 保証債務額 | 45 |
| | | 有利子負債額 | 605 |
| | | 運転資本 | 100 |
| | | 営業運転資本 | 300 |
| | | 受取手形裏書譲渡高 | 5 |

**損益計算書**
自 平成15年4月1日
至 平成16年3月31日
(単位:百万円)

| 項目 | | 金額 |
|---|---|---|
| 売上高 | 1201 | 1,000 |
| 売上原価 | 1202 | 500 |
| (うち労務費) | 1203 | 200 |
| (うち賃借料) | 1204 | 30 |
| (うち租税公課) | 1205 | 20 |
| (うち外注加工費) | 1206 | 250 |
| 売上総利益 | 1207 | 500 |
| 販売費及び一般管理費 | 1208 | 450 |
| (うち人件費) | 1209 | 100 |
| (うち賃借料) | 1210 | 30 |
| (うち租税公課) | 1211 | 1 |
| 営業利益 | 1212 | 50 |
| 営業外収益 | 1213 | 5 |
| (うち受取利息・配当金) | 1214 | 5 |
| 営業外費用 | 1215 | 15 |
| (うち支払利息・割引料) | 1216 | 15 |
| 経常利益 | 1217 | 40 |
| 特別利益 | 1218 | 3 |
| 特別損失 | 1219 | 3 |
| 税引前当期純利益 | 1220 | 40 |
| 法人税等 | 1221 | 15 |
| 当期純利益 | 1222 | 25 |

## ①総合収益性分析

「1　総資本営業利益率」

　企業が総資本（資産合計）を使って企業活動を行った結果、どれだけの営業利益を上げたかをみるための指標で、比率が高いほど収益性が大きくなります。

　分子に損益計算書から営業利益、分母に貸借対照表から総資本（負債・資本合計、資産合計も同値）を使い「％」表示します。なお、小数点第2位を四捨五入して、第1位まで「％」表示をしています。

> 総資本営業利益率＝営業利益÷総資本×100（％）

　■Z社の平成16年3月期の場合は、50÷1,000×100＝5.0％

「2　総資本経常利益率」

　収益性分析の基準となる指標です。企業が総資本（資産合計）を使って企業活動を行った結果、どれだけの経常利益を上げたかをみるための指標で、比率が高いほど収益性が大きくなります。

> 総資本経常利益率＝経常利益÷総資本×100（％）

　■Z社の平成16年3月期の場合は、40÷1,000×100＝4.0％

「3　総資本当期純利益率（ROA）」

　企業が総資本（資産合計）を使って企業活動を行った結果、最終利益としてどれだけの当期純利益を上げたかをみるための指標で、比率が高いほど収益性が大きくなります。

> 総資本当期純利益率＝当期純利益÷総資本×100（％）

　■Z社の平成16年3月期の場合は、25÷1,000×100＝2.5％

「4　経営資本営業利益率」

　総資産より、投資、遊休資産、建設仮勘定、繰延資産等の経営に直接の関係を

有しない資産（経営外資産）を控除した資産を経営資本といいますが、その経営資本を使って企業活動を行った結果、営業利益をいくら獲得したかをみる指標です。

> 経営資本営業利益率＝営業利益÷経営資本×100（％）

- ■Z社の平成16年3月期の場合は、50÷1,000×100＝5.0％
  （上記Z社の例では、経営外資産がゼロのため、「1　総資本営業利益率」と同値になります。）

「5　自己資本当期純利益率（ROE）」

株主持分である自己資本（資本計）を使って、1年間でいくらの最終利益を獲得したかをみるもので、上場会社等の財務分析ではよく利用されています。

> 自己資本当期純利益率＝当期純利益÷自己資本×100（％）

- ■Z社の平成16年3月期の場合は、25÷100×100＝25.0％

## ②売上高利益分析

「6　売上高総利益率」

売上高に対して粗利益がどれくらいあるかの指標です。比率が高いほど取扱商品の利益率が高いことになります。この比率が低い場合は、売上売価が低いのか、仕入価格が高いのかを調べ、対応する必要があります。

> 売上高総利益率＝売上総利益÷売上高×100（％）

- ■Z社の平成16年3月期の場合は、500÷1,000×100＝50.0％

「7　売上高営業利益率」

売上高に対してどれだけの営業利益を上げたかの指標です。比率が高いほど営業活動が効率的であることを表します。比率が低い場合は販売費及び一般管理費

の状況を分析する必要があります。

> 売上高営業利益率＝営業利益÷売上高×100（％）

■Z社の平成16年3月期の場合は、50÷1,000×100＝5.0％

「8　売上高経常利益率」

　売上高に対してどれだけの経常利益を上げたかの指標です。比率が高いほど利益率が高いことになります。分子が経常利益なので、経営活動全般の効率を表しています。この比率が低い場合は、売上原価、販売費及び一般管理費、営業外費用の各項目を調べ、問題点を探る必要があります。

> 売上高経常利益率＝経常利益÷売上高×100（％）

■Z社の平成16年3月期の場合は、40÷1,000×100＝4.0％

「9　売上高当期純利益率」

　売上高に対する当期純利益の割合を示す指標の分析になります。当期純利益は企業が1年間に獲得した最終的な利益のため、重要な比率指標であるといえます。この数値が高いほど収益性が高いことを意味します。

> 売上高当期純利益率＝当期純利益÷売上高×100（％）

■Z社の平成16年3月期の場合は、25÷1,000×100＝2.5％

「10　売上高対労務費比率」

　売上高に対する売上原価（製造原価）中の労務費の割合を示す指標です。この数値が低いほど生産性による収益性が高いことを意味します。卸売業や小売業など生産を行わない企業の場合、0（.0）％となります。

　製造業等で売上高総利益率が低い場合にこの指標をチェックする必要があります。売上総利益は、売上高から売上原価を差し引いたものであり、その比率が低い原因の一つとして、売上原価（製造原価）の一部を占める労務費が過大になっていることがあげられるか否かを調査するためです。

なお「財務指標」の労務費とは、製造にかかわる人件費・労務費であり、給与、賞与、退職給与、退職給与引当金繰入額、福利厚生費等を含むとされています。

> 売上高対労務費比率＝労務費÷売上高×100（％）

- ■Z社の平成16年3月期の場合、売上原価中の労務費金額が200であるため、
  200÷1,000×100＝20.0％

「11　売上高対販売費・管理費比率」

　売上高に対する販売費・管理費（販売費及び一般管理費）の割合を示す指標です。この数値が低いほど営業効率が高いことを意味します。

　売上高営業利益率が低い場合にこの指標をチェックする必要があります。その理由は、営業利益は、売上原価と販売費・管理費を売上高から差し引いたものなので、比率が低い原因がどちらにあるか把握するためです。

> 売上高対販売費・管理費比率＝販売費・管理費÷売上高×100（％）

- ■Z社の平成16年3月期の場合、販売費・管理費の金額が450であるため、
  450÷1,000×100＝45.0％

「12　売上高対人件費比率」

　売上高に対する販売費及び一般管理費中の人件費の割合を示す指標です。比率の高い企業ほど負担が重くなります。

　なお「財務指標」における人件費とは、販売・管理にかかわる人件費であり、給与、役員報酬、賞与、法定・福利厚生費、退職金、退職給与引当金繰入額等が含まれます。

> 売上高対人件費比率＝(販売費及び一般管理費中の)人件費÷売上高×100（％）

- ■Z社の平成16年3月期の場合、販売費及び一般管理費中人件費は100であり、
  100÷1,000×100＝10.0％

## ③回転率・回転期間分析

ここでは資産の利用の効率度、または資産の売上に対する貢献度を分析するもので、売上高を分子とした回転率をもって良否を判断します。資産の回転率は、一般的に高いほど収益性が高いと考えられます。

**資産の回転率＝売上高÷資産額**

また逆に、資産を売上高に対して何日分持っているかというように表現する指標もあります。これを資産の回転期間といいますが、この場合は一般に低いほど収益性が高いと考えられています。

**資産の回転期間＝資産額÷売上高×365（日）**

まずは回転率からみていくことにしましょう。

「13　総資本回転率」

企業が総資本を使って企業活動を行った結果、どれだけの（総資本の何回転分の）売上高を獲得したかをみる指標です。総資本（資産合計）の利用効率を示し、高いほど効率がよくなります。総資本回転率が悪い場合は、総資本の構成要素である流動資産、固定資産のいずれの回転率が悪いのか、そして遊休資産があるかないかなどを調査する必要があります。

---
**総資本回転率＝売上高÷総資本（回）**
---

■Z社の平成16年3月期の場合は、1,000÷1,000＝1.0回

「14　固定資産回転率」

固定資産の活用状況を示す指標です。この数値が高ければ固定資産が有効に活用されていることを意味します。逆に固定資産への過剰投資が行われている場合は、この数値が低くなります。また売上低下等により、操業度が低下した場合もこの数値が下がります。

---
**固定資産回転率＝売上高÷固定資産（回）**
---

■Z社の平成16年3月期の場合は、1,000÷400＝2.5回

「15　有形固定資産回転率」

　有形固定資産の活用状況を示す指標で、数値が高いほど効率的といえます。数値が低い場合、遊休の有形固定資産がないかの確認も必要です。

> 有形固定資産回転率＝売上高÷有形固定資産（回）

■Z社の平成16年3月期の場合、有形固定資産が400あるため、
　1,000÷400＝2.5回

「16・17　売上債権回転期間」

　売上債権（受取手形・売掛金）の回転期間を示す指標です。この日数が大きいほど売上債権の回収が遅いことになります。たとえば、売上債権回転期間が60日であれば、売上債権の発生から資金回収まで約2ヶ月かかっていることになります。

　なお、売上債権は直接資金繰りに結びつき、企業の資金事情に大きな影響を与えます。この数値が悪い場合は、回収が遅かったり、不良債権になったりしている可能性もあります。

　また「財務指標」では、売上債権の受取手形のうち割引手形や裏書手形があることを考慮して「A」「B」区分を設けています。「A」は、受取手形に割引手形、裏書手形分を含まないケース、「B」は含むケースを想定しています。当然受取手形がなかったり、受取手形があっても割引や裏書を行わない企業の場合には、「A」「B」とも同値となります。

　さらにこの比率が悪い場合、「18・19　受取手形回転期間」、「20　売掛金回転期間」も同様に確認する必要が生じます。

> 売上債権回転期間A＝売上債権（割引・裏書譲渡手形含まず）÷売上高×365（日）
> 売上債権回転期間B＝売上債権（割引・裏書譲渡手形含む）÷売上高×365（日）

■Z社の平成16年3月期の場合、受取手形が20

（その他に注記されている割引手形が5、裏書手形が5あり）、売掛金が200あるため、

売上債権回転期間A＝（20＋200）÷1,000×365＝80.3日

売上債権回転期間B＝（20＋5＋5＋200）÷1,000×365＝83.9日

「21 棚卸資産回転期間」

　製品（商品）、仕掛品、原材料等の棚卸資産の平均的な在庫期間を示し、棚卸資産に投下された資本の効率を示す指標で、日数が大きいほど棚卸資産の効率が低いことを意味します。この日数が大きい場合は、売上高に比して棚卸資産が多すぎることを意味しますので、さらに「22 製品（商品）回転期間」、「23 原材料回転期間」、「24 仕掛品回転期間」の個別の回転期間を算定分析して、どの資産の効率が悪いのかを判断する必要があります。

> 棚卸資産回転期間＝棚卸資産（製品（商品）・仕掛品・原材料）÷売上高×365（日）

■Z社の平成16年3月期の場合、商品・製品はなし、半製品・仕掛品は90、原材料・貯蔵品は10のため、

棚卸資産回転期間＝（0＋90＋10）÷1,000×365＝36.5日

　これまでは貸借対照表の資産に関する分析であり、一般に回転率は大きいほどよく、回転期間は小さいほどよいと解釈されるものでした。

　以下では負債の代表例としての買入債務について説明を加えておきます。

「25 買入債務回転期間」

　仕入れに伴う買入債務（買掛金、支払手形）の残高が、売上高の何日分に相当するかを示す指標であり、一般的にこの日数が大きいほど、支払サイトが確保されているため財務的によいと考えられます。この日数が小さい場合は、売上高に比して買入債務が小さいことを意味しますので、さらに「26 買掛金回転期間」、「27 支払手形回転期間」の個別の回転期間を算定分析することがあります。

　ただし、この日数が小さいからといって支払サイトの延長を仕入先に申し出ることは、信用不安が発生したのではと考えられることがあることを考慮しなけれ

ばなりません。

> 買入債務回転期間＝買入債務（買掛金・支払手形）÷売上高×365（日）

■Z社の平成16年3月期の場合、買掛金が180、支払手形は20のため、買入債務回転期間＝（180＋20）÷1,000×365＝73.0日

## ④財務レバレッジ分析

「28　財務レバレッジ」

　総資本が自己資本の何倍あるかを示す指標です。この比率が大きいほど、借入をしたり、その他の負債によって株主資本を増強しているといえ、この財務レバレッジにより、企業は株主資本より大きな金額の資産に投資することができます。

　ただし、株主からみて、財務レバレッジの増大により、会社収益増加の恩恵を受ける可能性が高まるとともに、一方では安全性に問題が生じることになることを理解しなければなりません。あらかじめ定められた支払条件がある負債の増加は、その支払義務を果たせなければ企業は倒産のリスクに晒されることになることを理解しなければなりません。

> 財務レバレッジ＝総資本÷自己資本（資本の部合計）（倍）

■Z社の平成16年3月期の場合、1,000÷100＝10.0倍

図表3－13　財務レバレッジの大小

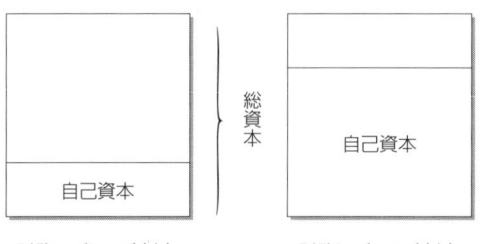

財務レバレッジ（大）　　財務レバレッジ（小）

## 2 安全性分析

現代の企業は企業間信用に基づいて経済活動を行っています。仕入先や販売先の売掛金、買掛金、支払手形、受取手形による取引、インターネットによるクレジット決済も行っています。金融機関からの借入も企業間信用に基づいて実施されています。

企業間信用に基づいた取引が行われる中で、信用を損なった企業は淘汰される状況です。手形の不渡りは銀行取引停止を意味しており、厳しいルールが適用されます。このことから、企業は絶えず支払不能に陥らないように信用力を維持することが必要です。財務分析の中で、この信用力を安全性という呼び方で判断しています。安全性は流動性とも呼ばれ、資金的な信用度を表す指標です。

安全性は具体的には次の3つの視点から判断します。

①短期支払能力、②資本の安定性、③調達と運用の適合性

安全性の体系は**図表3－14**のようになります。

**図表3－14　安全性分析の体系図**

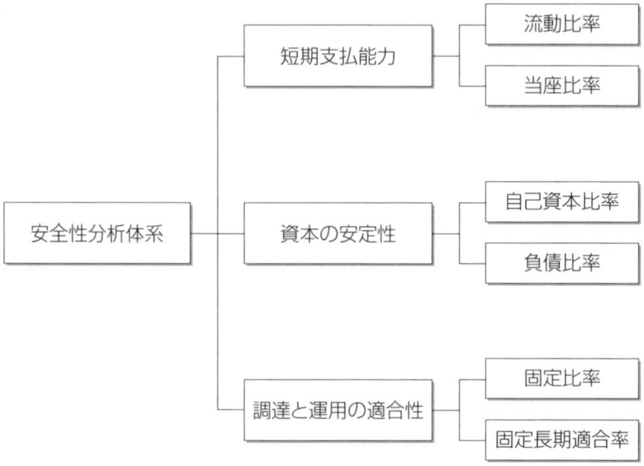

```
                    ┌─ 短期支払能力 ──┬─ 流動比率
                    │                 └─ 当座比率
                    │
安全性分析体系 ─────┼─ 資本の安定性 ──┬─ 自己資本比率
                    │                 └─ 負債比率
                    │
                    └─ 調達と運用の適合性 ┬─ 固定比率
                                          └─ 固定長期適合率
```

## ⑤短期支払能力分析

　短期支払能力分析の比率は、この流動負債の支払いに関して備えができているか否かを判別するものです。それではまず、短期支払能力分析の代表的な比率である流動比率からみていくことにしましょう。

「29　流動比率」

　流動比率は、短期（今後１年以内）の支払能力を分析する代表的な指標です。

　１年以内に現金化が予定される資産である流動資産と、１年以内に返済義務を負う流動負債の比較により今後１年以内の資金繰りの程度を表すものです。この数値が100％以下なら１年以内に返済する負債が１年以内に現金化する資産より大きいことになり、流動負債を流動資産で返済するのに支障を来した状態です。危険性が増しており、将来の資金繰りを悪化させることになります。したがって、流動比率は最低100％以上あることが短期の支払能力の観点から必要です。

> 流動比率＝流動資産÷流動負債×100（％）

　■Ｚ社の平成16年３月期の場合、600÷500×100＝120.0％

　　したがって、Ｚ社では、流動比率からみた安全性は良好であると考えることができるのです。

「30　当座比率」

　当座比率は、流動資産の中でも比較的短期に回収される現金・預金、受取手形、売掛金、有価証券等の当座資産と流動負債との割合を示し、短期での実質的な支払能力を把握する指標です。

　流動資産の中でも材料、仕掛品、商品といった棚卸資産等は実際に換金されるまでに時間がかかり、短期の支払に対して当てにしづらいため、それらをはずして計算する当座比率も重視されるのです。当座比率は100％を超えているのが望ましい状態です。

> 当座比率＝当座資産÷流動負債×100（％）

■Z社の平成16年3月期の場合、現金・預金100、受取手形20、売掛金200、（売買目的）有価証券30であるため、当座資産合計が350となりますので、当座比率＝350÷500×100＝70.0％

## ⑥資本の安定性分析

「31　自己資本比率」

　自己資本比率は、資本の安定性分析の基準となる指標です。これは、調達した資本がどの程度安定しているかを示すものです。企業の資本調達は、他人資本である負債と自己資本である資本によって行われますが、他人資本は返済が必要であり、多すぎると金利負担が大きくなります。ですから資本はできるだけ自己資本で集めたほうが安定します。その程度は総資本に対する自己資本の比率で分析します。

　この比率が高いほど企業の財務基盤が安定します。逆に低いとその不足分を借入金等の負債でカバーするため、金利負担が増加します。日本の企業では20～30％程度が標準的な指標です。

> 自己資本比率＝自己資本÷総資本×100（％）

■Z社の平成16年3月期の場合、100÷1,000×100＝10.0％

「32　負債比率」

　自己資本比率を補完する比率として、自己資本と他人資本（負債）の比率を表す指標です。数値は低ければ低いほど良好な状態といえます。

> 負債比率＝負債合計÷自己資本×100（％）

■Z社の平成16年3月期の場合、流動負債が500、固定負債が400、よって負債

合計は900であり、900÷100×100＝900.0%

## ⑦調達と運用の適合性分析

「33　固定長期適合率」

　固定長期適合率は、日本の企業の場合、自己資本が少なく自己資本で固定資産を充当できないため、長期にわたって返済する固定負債も含めた長期資本との適合性を分析する指標です。固定長期適合率は低いほど良好です。日本の企業の場合は、70〜80%程度が一般的です。

　この数値が100%を超えると、固定資産を長期にわたる返済可能な資本で充当できず、短期支払が必要な流動負債で一部を充当していることになり、資金繰りに支障が出る可能性があります。

固定長期適合率＝固定資産÷（自己資本＋固定負債）×100（%）

　■Z社の平成16年3月期の場合、400÷(100+400)×100＝80.0%

「34　固定比率」

　固定資産と自己資本のバランスをみる指標です。土地や建物のように、固定資産は長期にわたり資金が固定化し、簡単には売却ができません。よって、そのための資金調達はできるだけ返済不要な自己資本で充当することが望ましいことになります。固定資産の自己資本での充当率を表す比率が固定比率なのです。

　この比率は、自己資本が固定資産を上回っていることが望ましい状況ですので、100%以下が理想で、少なければ少ないほど良好というものです。自己資本が少ない日本の企業では、自己資本で固定資産を充当することが困難であることが一般的で、130〜170%程度の数値となっています。

固定比率＝固定資産÷自己資本×100（%）

　■Z社の平成16年3月期の場合、400÷100×100＝400.0%

# 3 その他の分析

## ⑧キャッシュフロー分析

### 「35 CFインタレストカバレッジレシオ」

支払利息等の金融費用を支払う際、営業利益でなく営業キャッシュフローベースでどの程度支払う能力があるかを示す指標とされます。

> CFインタレストカバレッジレシオ
> ＝（営業CF＋支払利息・割引料＋税金）÷支払利息・割引料（倍）

### 「36 営業CF対有利子負債比率」

営業キャッシュフローで、1年以内もしくは1年以上にわたり支払わなければならない長期借入金や社債等の負債をどの程度まかなえるかを示す指標とされます。

> 営業CF対有利子負債比率＝営業CF÷有利子負債×100（％）

### 「37 営業CF対投資CF比率」

投資キャッシュフロー全体を営業キャッシュフローでどの程度まかなえているかを示す指標であるとされます。

> 営業CF対投資CF比率＝営業CF÷投資CFの絶対値×100（％）

## ⑨付加価値分析

企業は付加価値を創造し続けて収益性を高めていきますが、付加価値を多く上げているのに利益が少ないといった場合もみられます。

その原因は、付加価値の分配の仕方が悪いことが考えられます。創造した付加

価値は、企業の利害関係者に分配されます。具体的には、金利として金融機関へ、人件費として従業員へ、税金として国または地方自治体へ、株主には配当として、役員へは役員賞与として分配されます。この分配は「費用への分配」と「利益の分配」に大きく分かれます。「費用への分配」が多すぎれば、生産性が高くても収益性が悪くなります。

このことから生産性分析は、

ア）どの程度の付加価値を上げているかの分析（付加価値分析）

イ）どの程度適正に分配しているかの分析（適正分配分析）

の2つの視点から実施します。

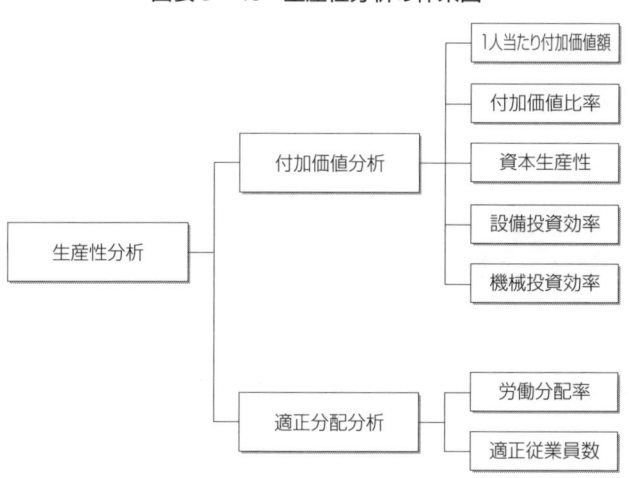

**図表3-15　生産性分析の体系図**

```
                    ┌── 1人当たり付加価値額
                    ├── 付加価値比率
         ┌─ 付加価値分析 ─┼── 資本生産性
         │          ├── 設備投資効率
生産性分析 ─┤          └── 機械投資効率
         │          
         │          ┌── 労働分配率
         └─ 適正分配分析 ─┤
                    └── 適正従業員数
```

上図のように、生産性分析は、まず付加価値分析と適正分配分析に大きく分かれます。付加価値分析のためには、1人当たり付加価値額、付加価値比率、資本生産性、設備投資効率、機械投資効率等を算定します。また適正分配分析のために、労働分配率分析や適正従業員数分析等を行います。

ここではそのような生産性にかかわる比率指標のうち、「中小企業の財務指標」に掲載されているものをご紹介します。

「38 付加価値比率」

売上高のうち自社で加工した比率を示す指標です。この比率が高いほど内製加工比率が高いことを意味します。

> 付加価値比率＝付加価値額÷売上高×100（％）

「39 機械投資効率」

さらに有形固定資産の中でも、土地等を差し引いた設備資産が生産性のポイントであるため、機械投資効率が有用な指標となります。

> 機械投資効率＝付加価値額÷設備資産（回）

## ⑩適正分配分析（分配比率）

「40 労働分配率」

付加価値の分配に関する指標は、労働分配率が中心となります。これは付加価値における人件費の割合を示しています。この指標の数値が高くなれば、人件費負担が大きいことを意味します。

> 労働分配率＝人件費÷付加価値額×100（％）

## ⑪その他

「41 借入金依存度」

企業が保有している資産のうち、どのくらいの資金が外部からの借入金によってまかなわれているかを示す指標です。

> 借入金依存度＝（短期借入金＋長期借入金＋受取手形割引高）÷総資産×100（％）

「42　売上高対支払利息・割引料比率」

売上高に対して、どの程度支払利息・割引料があるのかを示す指標です。

売上高対支払利息・割引料比率＝支払利息・割引料÷売上高×100（％）

# 第4章

## 「財務指標」の活用
## ・・・はじめる前に

## 第1節 「財務指標」の全体をながめてみよう

### 1 全体の俯瞰

　では実際に、Z社を例にどのような手順で「財務指標」を活用するのかについてみてみましょう。まずは準備段階で何をすべきなのでしょうか？　約600ページの「財務指標」は、大きく3つのパートに分かれています。

図表4－1　「財務指標」の構造

①垂直軸（ページ軸）
■集計業種名

②横軸
■集計グループ名

③縦軸
■指標名

第 4 章　「財務指標」の活用…はじめる前に

　第 1 部は財務指標の概要であり、指標の説明や集計年度の傾向等が記載してある総論部分です。第 1 部のあと、今回のボディ部分の第 2 部：比率分析、第 3 部：実数分析と続いています。

## 2　ページ軸：どのページを活用するかについて

　第 2 部と第 3 部は、図表 4 − 1 の「①垂直軸（ページ軸）」が指し示すように、集計業種ごとにページが割り振られています。

　第 2 部においては、「2　比率分析データ」の中は、（1）大分類の 9 業種のあと、（2）中分類の 70 業種が続き、最後に（3）小分類の 114 業種が続いています。これらのページの中から、分析対象企業の適合する業種の記載されたページを探さなければなりません。

　また第 3 部においては、「2　実数分析データ」の中は、（1）大分類の 9 業種のあと、（2）中分類の 70 業種が続いています。ここでは小分類の記載はありませんが、第 2 部同様にこれらのページの中から分析対象企業の適合する業種の記載されたページを探さなければなりません。

## 3　横軸：どの列を見たらいいのでしょうか？

　さらに第 2 部、第 3 部について共通にいえることですが、「ページ」（図表 4 − 1 の①垂直軸（ページ軸））を探すことができたら、次にそのページの中の「数値表」の中でどこを見るべきかを考えます。「数値表」の縦軸と横軸についてどこを活用すべきかを判断するわけです。

　まず、図表 4 − 1 の「②横軸」について考えます。分析すべき企業の比率や実数の数値を、横軸のどの平均値や四分位値と比較すべきかです。

　この「②横軸」については、各業種で 2 ページ分ずつ割り当てられていますので、分析の目的に照らしてどのようなものを活用するかを十分に検討しなければなりません。比率分析と実数分析の列項目は多少異なっていますが、ここでは比率分析の横軸・列項目を中心に説明します。

まず大分類ですが、ここでは第1ページに、業種内同一企業の3年分の時系列平均値（「業種内同一企業」）、業界全体平均値（「業界全体」）、従業員規模別によるグループ平均値（「全体の従業員数」）、売上規模別によるグループ平均値（「全体の売上高」）が記載されています。また第2ページには、本社所在地の地域ブロック別の平均値（「地域別」）、創業してから何年経過しているか（「創業年数別」）の平均値が載っています。

　また中分類と小分類は、ほぼ同じ横軸・列項目になっています。第1ページは大分類と同様ですが、第2ページは、各指標別の四分位値、売上高営業利益率の高い順に4つにグルーピングした企業群の平均値、また総資本経常利益率の高い順に4つにグルーピングした企業群の平均値となっています。また中分類の第2ページの最後の列には、調査後1年以内にデフォルトを起こした企業の平均値を載せているのが特徴的です。

　ここで横軸について包括的な説明をしましたが、すべての列数値を活用するということではなく、分析企業のレベルや目的に応じて、参考とすべき列、すなわち平均値が異なるべきであるという点に留意が必要です。

## ④ 縦軸：どの指標値を活用したらいいのでしょうか？

　横軸でどこを活用するかを判断したら、最後は「③縦軸」、すなわちどの比率を分析に活用すべきかを考えます。比率項目は全部で42ありますが、これをすべて同じような重要性があるとみるのは、分析コスト上問題が生じます。

　そのため、ここでは比率項目を重要度に応じて3つのレベルに分けて、第1レベル→第2レベル→第3レベルというように、必要に応じてドリルダウンしていく方法をお勧めします。このようにドリルダウンが必要でないものまでもすべて活用するのは、時間の無駄になると考えるからです。

第4章 「財務指標」の活用…はじめる前に

## 第2節 今、どこの数値を見ていますか？

「財務指標」の第2部または第3部の「分析データ」のページのどこかを開いてみてください。その中でどこかの列・横軸を選択し、またその列を縦に降りていき任意の数値を指したとします。

その選んだ数値は、前述のように図表4-1の垂直軸、横軸、そして縦軸という3つの軸により、どこの数値かが特定されるようになります。

では、実際にソフトウェア業のZ社を例に説明をしていきましょう。

図表4-2 「財務指標」の分析データ

| ①垂直軸（ページ軸） | ②横軸 | ③縦軸 |
|---|---|---|
| ■集計業種名 | ■集計グループ名 | ■指標名 |

| 垂直軸（ページ軸） | 横軸 | 縦軸 |
|---|---|---|
| A.比率分析データ(1)大分類<br>B.比率分析データ(2)中分類<br>C.比率分析データ(3)小分類<br><br>D.実数分析データ(1)大分類<br>E.実数分析データ(2)中分類 | (1)業種内同一企業(3列)<br>(2)業界全体<br>(3)全体の従業員数(4つのグループ)<br>(4)全体の売上高(4つのグループ)<br>(5)地域別(8つのグループ+1)<br>(6)創業年数別(3つのグループ)<br><br>(7)各指標別(3列)<br>(8)売上高営業利益率の高い順<br>　　(4つのグループ)<br>(9)総資本経常利益率の高い順<br>　　(4つのグループ)<br>(10)デフォルト | （ア）比率(42)<br>（イ）実数B/S(36+6)<br>（ウ）実数P/L(22+15) |

## 第3節　どこのページの数値を見るべきですか？

ではソフトウェア業のZ社では、どの数値を活用すべきなのでしょうか？

まず、Z社がどの業種に属しているかを検討します。

大分類は、「3　情報通信業」に属し、中分類では「63　情報サービス業・調査業」、そして小分類では「94　ソフトウェア業」に属しそうです。よって第2部の比率分析データでは、大分類「3　情報通信業」、中分類「63　情報サービス業・調査業」、小分類「94　ソフトウェア業」の数値を、そして第3部の実数分析データでは、大分類「3　情報通信業」、中分類「63　情報サービス業・調査業」のページの数値を活用できそうです。

Z社のように、小分類が特定でき、その業種が掲載されていることもあれば、そうでない場合もありますので、その場合は比率分析において大分類と中分類を参考にします。

大分類や中分類で業種の動向を大きな視点で俯瞰し、小分類で実際の比較分析を行うというのが一般的な活用方法と思われます。

図表4-3　Z社ではどのページを見るべきですか？

①垂直軸（ページ軸）
■集計業種名

ソフトウェア業Z社のケースでは

垂直軸（ページ軸）
　A.比率分析データ(1)大分類
　B.比率分析データ(2)中分類
　C.比率分析データ(3)小分類

　D.実数分析データ(1)大分類
　E.実数分析データ(2)中分類

垂直軸（ページ軸）
　A.比率分析データ(1)大分類　→　3　情報通信業
　B.比率分析データ(2)中分類　→　63　情報サービス業・調査業
　C.比率分析データ(3)小分類　→　94　ソフトウェア業

　D.実数分析データ(1)大分類　→　3　情報通信業
　E.実数分析データ(2)中分類　→　63　情報サービス業・調査業

ソフトウェア業Z社のケースでは
上記の該当ページを当面の比較対象とする。

第4章 「財務指標」の活用…はじめる前に

## 第4節 ページの縦列のどこを見るべきですか？

### 1 大分類では

　大分類では、Z社は「3　情報通信業」に属しています。ここでは**図表4−4**に示すように、(1)「業種内同一企業」、(2)「業界全体」を参考にするとともに、Z社と同程度の会社規模の平均値、すなわち期末従業員の (3)「51人以上」、全体売上高の (4)「5億円超」の列を選びます。

　第2ページは、本店所在地がどの地域にあるかということで、東京にあるZ社は (5)「関東」、また本店所在地が3大都市（東京都、大阪府、愛知県）にあるということで (5)「うち3大都市」も参考となります。また創業年数別においては、創業16年経過しているため、(6)「中間期」、創業5年超〜30年未満を選択します。

　比率分析は以上となりますが、実数分析は、上記 (4) に代えて収益性の高い会社の目標値を選択することも可能となります。

　ここでは、売上高営業利益率の高い会社 (8)「上位0〜25％平均値」を選択し、また総資本経常利益率の高い会社 (9)「上位0〜25％平均値」も選択しておきます。

61

図表4－4　大分類データの利用（Z社）

| 3　情報通信業 | | 業種内同一企業 | | | 業界全体 | 全体の従業員数 | | | | 全体の売上高 | | | |
|---|---|---|---|---|---|---|---|---|---|---|---|---|---|
| | | 13年 | 14年 | 15年 | 15年 | 5人以下 | 6～20人 | 21～50人 | 51人以上 | 3千万円以下 | 3千万円超～1億円以下 | 1億円超～5億円以下 | 5億円超 |
| ①総合収益性分析 1.総資本営業利益率 2.総資本経常利益率 　（以下略） | (%) (%) | | (1) | | (2) | | | | (3) | | | | (4) |

（次ページ）

| | | | | 地域別 | | | | | | | 創業年数別 | | |
|---|---|---|---|---|---|---|---|---|---|---|---|---|---|
| | | 北海道 | 東北 | 関東 | 中部 | 近畿 | 中国 | 四国 | 九州 | うち3大都市 | 創業期 | 中間期 | 老舗 |
| ①総合収益性分析 1.総資本営業利益率 2.総資本経常利益率 　（以下略） | (%) (%) | | | (5) | | | | | | (5) | | (6) | |

```
ソフトウェア業Z社の参考とする集計グループ
　(1) 業種内同一企業（3列）　　　　　　　→3年間の時系列比較で利用します
　(2) 業界全体　　　　　　　　　　　　　→総合的比較をする場合に利用します
　(3) 全体の従業員数（4つのグループ）　　→51人以上の従業員グループを選択します
　(4) 全体の売上高（4つのグループ）　　　→5億円超の売上高グループを選択します
　(5) 地域別（8つのグループ＋1）　　　　→本社は東京ですから、関東と3大都市（東京・大阪・愛知）を選択します
　(6) 創業年数別（3つのグループ）　　　　→創業16年ですから、中間期を選択します

　(7) 各指標別（3列）
　(8) 売上高営業利益率の高い順（4つのグループ）　→目標値とします
　(9) 総資本経常利益率の高い順（4つのグループ）　→目標値とします
　(10) デフォルト
```

| | 売上高営業利益率 | | 総資本経常利益率 | |
|---|---|---|---|---|
| | 上位0～25%平均値 | 上位25～50%平均値 | 上位0～25%平均値 | 上位25～50%平均値 |
| 現金・預金 受取手形 売掛金 | (8) | | (9) | |

| | 売上高営業利益率 | | 総資本経常利益率 | |
|---|---|---|---|---|
| | 上位0～25%平均値 | 上位25～50%平均値 | 上位0～25%平均値 | 上位25～50%平均値 |
| 売上高 売上原価 　（うち労務費） | | | | |

## 2 中分類では

　中分類では、第1ページは大分類と同じ要領で、(1)「業種内同一企業」、(2)「業界全体」、全体の従業員数(3)「51人以上」、全体の売上高(4)「5億円超」の列を選びます。

　また比率分析の第2ページでは、指標別に上位25％以内か、(25％超)50％以内か、(50％超)75％以内か、75％超のいずれにランキングされるかを、確認します。また、その「7.売上高営業利益率」のグループランキングによって売上高営業利益率の高い順(8)「上位0～25％平均値」、また「2.総資本経常利益率」のグループランキングによって総資本経常利益率の高い順(9)「上位0～25％平均値」を目標値として参考にします。(8)(9)については、**図表4－5**のように実数分析も同様です。

## 図表4-5 中分類データの利用（Z社）

| 63 情報サービス業・調査業 | | 業種内同一企業 | | | 業界全体 | 全体の従業員数 | | | | 全体の売上高 | | | |
|---|---|---|---|---|---|---|---|---|---|---|---|---|---|
| | | 13年 | 14年 | 15年 | 15年 | 5人以下 | 6～20人 | 21～50人 | 51人以上 | 3千万円以下 | 3千万超～1億円以下 | 1億円超～5億円以下 | 5億円超 |
| ①総合収益性分析 | | | | | | | | | | | | | |
| 1.総資本営業利益率 | (%) | | (1) | | (2) | | | | (3) | | | | (4) |
| 2.総資本経常利益率 | (%) | | | | | | | | | | | | |
| （以下略） | | | | | | | | | | | | | |

（次ページ）

| | | 各指標別（全体） | | | 売上高営業利益率の高い順 | | | | 総資本経常利益率の高い順 | | | | デフォルト |
|---|---|---|---|---|---|---|---|---|---|---|---|---|---|
| | | 上位25%値 | 上位50%値 | 上位75%値 | 上位～25%平均値 | 上位25～50%平均値 | 上位50～75%平均値 | 上位75～100%平均値 | 上位～25%平均値 | 上位25～50%平均値 | 上位50～75%平均値 | 上位75～100%平均値 | 発生時 |
| ①総合収益性分析 | | | | | | | | | | | | | |
| 1.売上高営業利益率 | (%) | (7) | | | (8) | | | | (9) | | | | |
| 2.総資本経常利益率 | (%) | | (7)-2 | | | | | | | | | | |
| （略） | | | | | | | | | | | | | |
| 7.売上高営業利益率 | (%) | (7)-1 | | | | | | | | | | | |
| （以下略） | | | | | | | | | | | | | |

### ソフトウェア業Z社の参考とする集計グループ

- (1) 業種内同一企業(3列) →3年間の時系列比較で利用します
- (2) 業界全体 →総合的比較をする場合に利用します
- (3) 全体の従業員数(4つのグループ) →51人以上の従業員グループを選択します
- (4) 全体の売上高(4つのグループ) →5億円超の売上高グループを選択します
- (5) 地域別(8つのグループ+1)
- (6) 創業年数別(3つのグループ)
- (7) 各指標別(3列) →目標値とします
  - (7)-1 →「7.売上高営業利益率」において、第1位～第4位グループのどこにいるかを確認します
  - (7)-2 →「2.総資本経常利益率」において、第1位～第4位グループのどこにいるかを確認します
- (8) 売上高営業利益率の高い順(4つのグループ) →上記グループにおける、指標の平均値を選択します
- (9) 総資本経常利益率の高い順(4つのグループ) →上記グループにおける、指標の平均値を選択します
- (10) デフォルト

| | 売上高営業利益率 | | 総資本経常利益率 | |
|---|---|---|---|---|
| | 上位～25%平均値 | 上位25～50%平均値 | 上位～25%平均値 | 上位25～50%平均値 |
| 現金・預金 | | | | |
| 受取手形 | | | | |
| 売掛金 | (8) | | (9) | |

| | 売上高営業利益率 | | 総資本経常利益率 | |
|---|---|---|---|---|
| | 上位～25%平均値 | 上位25～50%平均値 | 上位～25%平均値 | 上位25～50%平均値 |
| 売上高 | | | | |
| 売上原価 | | | | |
| （うち労務費） | | | | |

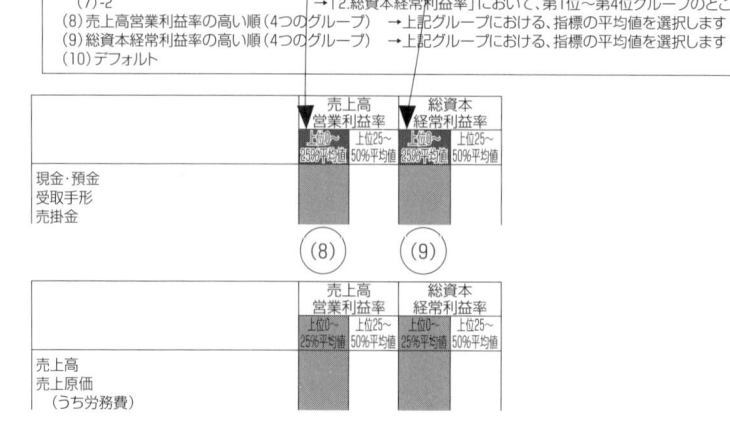

　また中分類では「デフォルト発生時」の指標も掲載されているため、これらを回避すべきの目標値として活用することができます。

第4章 「財務指標」の活用…はじめる前に

## 3 小分類では

　小分類では、比率分析については中分類と同様ですが、「デフォルト」情報がない点が異なります。

　また実数分析は、小分類では記載がありませんので注意が必要です。

**図表4－6　小分類データの利用（Z社）**

| 94　ソフトウェア業 | | 業種内同一企業 | | | 業界全体 | 全体の従業員数 | | | | 全体の売上高 | | | |
|---|---|---|---|---|---|---|---|---|---|---|---|---|---|
| | | 13年 | 14年 | 15年 | 15年 | 5人以下 | 6〜20人 | 21〜50人 | 51人以上 | 3千万円以下 | 3千万超〜1億円以下 | 1億超〜5億円以下 | 5億円超 |
| ①総合収益性分析 | | | | | | | | | | | | | |
| 1.総資本営業利益率 | (％) | | | | | | | | | | | | |
| 2.総資本経常利益率 | (％) | (1) | | | (2) | | | | (3) | | | | (4) |
| （以下略） | | | | | | | | | | | | | |

(次ページ)

| | | 各指標別（全体） | | | 売上高営業利益率の高い順 | | | | 総資本経常利益率の高い順 | | | |
|---|---|---|---|---|---|---|---|---|---|---|---|---|
| | | 上位25％値 | 上位50％値 | 上位75％値 | 上位25％平均値 | 上位25〜50％平均 | 上位50〜75％平均 | 上位75〜100％平均 | 上位25％平均値 | 上位25〜50％平均 | 上位50〜75％平均 | 上位75〜100％平均 |
| ①総合収益性分析 | | | | | | | | | | | | |
| 1.総資本営業利益率 | (％) | (7) | | | (8) | | | | (9) | | | |
| 2.総資本経常利益率 | (％) | | (7)-2 | | | | | | | | | |
| （略） | | | | | | | | | | | | |
| 7.売上高営業利益率 | (％) | (7)-1 | | | | | | | | | | |
| （以下略） | | | | | | | | | | | | |

**ソフトウェア業Z社の参考とする集計グループ**

- (1) 業種内同一企業 (3列)　　　　→3年間の時系列比較で利用します
- (2) 業界全体　　　　　　　　　　→総合的比較をする場合に利用します
- (3) 全体の従業員数 (4つのグループ)　→51人以上の従業員グループを選択します
- (4) 全体の売上高 (4つのグループ)　→5億円超の売上高グループを選択します
- (5) 地域別 (8つのグループ+1)
- (6) 創業年数別 (3つのグループ)

- (7) 各指標別 (3列)　　　　　　　　→目標値とします
  - (7)-1　　　　　　　　　　　　→「7.売上高営業利益率」において、第1位〜第4位グループのどこにいるかを確認します
  - (7)-2　　　　　　　　　　　　→「2.総資本経常利益率」において、第1位〜第4位グループのどこにいるかを確認します
- (8) 売上高営業利益率の高い順 (4つのグループ)　→上記グループにおける、指標の平均値を選択します
- (9) 総資本経常利益率の高い順 (4つのグループ)　→上記グループにおける、指標の平均値を選択します
- (10) デフォルト

## 第5節 『現状分析シート』への「業界標準値」の記載

このように参考とすべき指標値を特定できたら、『現状分析シート』へそれらの業界標準値の記載を行ないます。

Z社の場合は、実数を「63 情報サービス業・調査業」より、比率を「94 ソフトウェア業」より記載します。ここでは、(1) 業種内同一企業、(2) 業界全体、(3) 全体従業員数：51人以上、そして (4) 全体の売上高：5億円超の数値を利用しています。なお (1) -1 前年比は、分析者が計算します。

図表4－7 業界標準値の記載

| (実数：中) 63 情報サービス業・調査業 (比率：小) 94 ソフトウェア業 | | | 自社数値 | | | | (1) 業種内同一企業 | | | (1)-1 | (2) 業界全体 | (3) 従業員数 | (4) 売上高 |
|---|---|---|---|---|---|---|---|---|---|---|---|---|---|
| | | | 14年 | 15年 | 16年 | 前年比 | 14年 | 15年 | 16年 | 前年比 | 15年 | 51人以上 | 5億円超 |
| 実数分析 | B/S | 流動資産 計 (百万円) | | | | | 429 | 505 | 543 | 7.5% | 471 | 1,263 | |
| | | 固定資産 計 (百万円) | | | | | 293 | 314 | 346 | 10.2% | 311 | 882 | |
| | | 資産 計 (百万円) | | | | | 727 | 824 | 894 | 8.5% | 786 | 2,152 | |
| | | 流動負債 計 (百万円) | | | | | 283 | 331 | 328 | −0.9% | 294 | 779 | |
| | | 固定負債 計 (百万円) | | | | | 286 | 320 | 380 | 18.8% | 319 | 927 | |
| | | 資本 計 (百万円) | | | | | 157 | 172 | 185 | 7.6% | 172 | 445 | |
| | P/L | 売上高 (百万円) | | | | | 749 | 806 | 860 | 6.7% | 795 | 1,949 | |
| | | 売上総利益 (百万円) | | | | | 340 | 356 | 365 | 2.5% | 323 | 784 | |
| | | 営業利益 (百万円) | | | | | 46 | 54 | 59 | 9.3% | 49 | 157 | |
| | | 経常利益 (百万円) | | | | | 44 | 53 | 58 | 9.4% | 48 | 156 | |
| | | 税引前当期純利益 (百万円) | | | | | 20 | 24 | 18 | −25.0% | 17 | 56 | |
| | | 税引後当期純利益 (百万円) | | | | | 9 | 12 | 6 | −50.0% | 7 | 28 | |
| | | 期末従業員数 (人) | | | | | | | | | | | |
| 比率分析 | ①総合収益性分析 | | | | | | | | | | | | |
| | 1. 総資本営業利益率 (%) | | | | | | 3.3 | 2.9 | 3.3 | 0.4 | 3.7 | 4.7 | 5.1 |
| | 2. 総資本経常利益率 (%) | | | | | | 3.3 | 2.7 | 2.8 | 0.1 | 3.5 | 4.3 | 4.7 |
| | 3. 総資本当期純利益率 (ROA) (%) | | | | | | 1.9 | 1.5 | 1.6 | 0.1 | 2.2 | 2.2 | 2.5 |
| | 4. 経営資本営業利益率 (%) | | | | | | 5.1 | 4.5 | 4.7 | 0.2 | 5.0 | 6.3 | 6.4 |
| | 5. 自己資本当期純利益率 (ROE) (%) | | | | | | 7.8 | 6.0 | 5.9 | △0.1 | 7.7 | 8.9 | 9.4 |
| | ②売上高利益分析 | | | | | | | | | | | | |
| | 6. 売上高総利益率 (%) | | | | | | 58.6 | 57.3 | 56.4 | △0.9 | 60.5 | 44.9 | 39.7 |
| | 7. 売上高営業利益率 (%) | | | | | | 1.8 | 1.5 | 1.8 | 0.3 | 1.9 | 2.9 | 2.9 |
| | 8. 売上高経常利益率 (%) | | | | | | 1.6 | 1.3 | 1.4 | 0.1 | 1.7 | 2.6 | 2.6 |
| | 9. 売上高当期純利益率 (%) | | | | | | 1.0 | 0.7 | 0.8 | 0.1 | 1.1 | 1.3 | 1.3 |
| | 10. 売上高対労務費比率 (%) | | | | | | 0.0 | 0.0 | 0.0 | 0.0 | 0.0 | 0.0 | 0.0 |
| | 11. 売上高対販売費・管理費比率 (%) | | | | | | 56.8 | 55.7 | 54.5 | △1.2 | 58.6 | 42.0 | 36.9 |
| | 12. 売上高対人件費比率 (%) | | | | | | 44.2 | 44.2 | 43.3 | △0.9 | 43.6 | 47.5 | 36.4 |
| | ③回転率・回転期間分析 | | | | | | | | | | | | |
| | 13. 総資本回転率 (回) | | | | | | 1.9 | 1.8 | 1.7 | △0.1 | 2.0 | 1.7 | 1.7 |

(略)

第4章 「財務指標」の活用…はじめる前に

## 第6節 『現状分析シート』への「自社数値（比率計算値）」の記載

3年間の自社（分析すべき対象企業）の決算書から実数値を転記するとともに比率を計算して、『現状分析シート』に記載します。

このように記載された「業界標準値」と「自社数値（比率計算値）」を比較することで現状分析（次章参照）が始まります。

図表4-8　自社数値（比率計算値）の記載

| | | | | 自社数値 | | | |
|---|---|---|---|---|---|---|---|
| （実数：中）63 情報サービス業・調査業<br>（比率：小）94 ソフトウェア業 | | | | 14年 | 15年 | 16年 | 前年比 |
| 実数分析 | B/S | 流動資産　計 | （百万円） | 350 | 430 | 600 | 39.5% |
| | | 固定資産　計 | （百万円） | 360 | 360 | 400 | 11.1% |
| | | 資産　計 | （百万円） | 710 | 790 | 1,000 | 26.6% |
| | | 流動負債　計 | （百万円） | 360 | 405 | 500 | 23.5% |
| | | 固定負債　計 | （百万円） | 280 | 310 | 400 | 29.0% |
| | | 資本　計 | （百万円） | 70 | 75 | 100 | 33.3% |
| | P/L | 売上高 | （百万円） | 610 | 730 | 1,000 | 37.0% |
| | | 売上総利益 | （百万円） | 290 | 350 | 500 | 42.9% |
| | | 営業利益 | （百万円） | 30 | 20 | 50 | 150.0% |
| | | 経常利益 | （百万円） | 26 | 16 | 40 | 150.0% |
| | | 税引前当期純利益 | （百万円） | 23 | −5 | 40 | −900% |
| | | 税引後当期純利益 | （百万円） | 13 | −5 | 25 | −600% |
| | | 期末従業員数 | （人） | 28 | 32 | 52 | 62.5% |
| 比率分析 | ①総合収益性分析 | | | | | | |
| | 1. 総資本営業利益率 | | （%） | 4.2 | 2.5 | 5.0 | 2.5 |
| | 2. 総資本経常利益率 | | （%） | 3.7 | 2.0 | 4.0 | 2.0 |
| | 3. 総資本当期純利益率（ROA） | | （%） | 1.8 | −0.6 | 2.5 | 3.1 |
| | 4. 経営資本営業利益率 | | （%） | 4.2 | 5.2 | 6.2 | 1.0 |
| | 5. 自己資本当期純利益率（ROE） | | （%） | 18.6 | −6.7 | 25.0 | 31.7 |
| | ②売上高利益分析 | | | | | | |
| | 6. 売上高総利益率 | | （%） | 47.5 | 47.9 | 50.0 | 2.1 |
| | 7. 売上高営業利益率 | | （%） | 4.9 | 2.7 | 5.0 | 2.3 |
| | 8. 売上高経常利益率 | | （%） | 4.3 | 2.2 | 4.0 | 1.8 |
| | 9. 売上高当期純利益率 | | （%） | 2.1 | −0.7 | 2.5 | 3.2 |
| | 10. 売上高対労務費比率 | | （%） | 23.6 | 19.7 | 20.0 | 0.3 |
| | 11. 売上高対販売費・管理費比率 | | （%） | 47.5 | 45.2 | 45.0 | △0.2 |
| | 12. 売上高対人件費比率 | | （%） | 12.7 | 12.1 | 8.9 | △3.2 |
| | ③回転率・回転期間分析 | | | | | | |
| | 13. 総資本回転率 | | （回） | 0.9 | 0.9 | 1.0 | 0.1 |

（略）

# 第7節 「財務指標」活用上の留意点

　第3章で企業の『現状分析』における「財務指標」の活用法を、収益性分析、安全性分析、そして生産性分析とみてきましたが、その際に留意すべき点をいくつか列挙しておきましょう。分析者はこれらを踏まえて活用を行うべきです。

　①実数分析、比率分析で集計される企業数が異なること

　そのため、実数分析の利益数値ではプラスであるが、比率分析の利益率等ではマイナスといったことも起こりえます。

　②実数分析は、集計企業の勘定科目の単純合計であること

　その結果、大きな規模の企業が集計対象とされると、規模的に中央値をとる企業の勘定科目金額よりも「財務指標」の（平均）金額のほうが大きな金額値をとる傾向がみられることがあります。

　③比率分析の各指標での集計企業が異なること

　比率指標ごとに検定を行うため、除外処理を施して得られた企業のみを集計するためにこのようなこととなります。その結果、総合収益性分析等の比率指標と、算定公式による計算結果としての値に乖離が生ずることがあります。

　④最新の「財務指標」は、現状では直近の決算書の集計ではないこと

　その結果、直近の計算書の値を比較する標準値としては、1～2年前のものとなってしまいます。そのため、特に「業種内同一企業の時系列比較」を利用して分析する場合に注意が必要です。

　⑤すべての指標や平均値に対して、コメントする必要はないこと

　現状分析は、当該企業の課題などを浮き彫りにするために行うものであり、必ずしもすべての指標数値に関してコメントを要するものではありません。

### 図表4−9　「財務指標」活用の留意点

①実数分析、比率分析で集計される企業数が異なること
②実数分析は、集計企業の勘定科目の単純合計であること
③比率分析の各指標での集計企業が異なること
④最新の「財務指標」は、現状では直近の決算書の集計ではないこと
⑤すべての指標や平均値に対して、コメントする必要はないこと

# 第5章

## 「財務指標」の活用
## ・・・現状分析

# 第1節 実数分析を行う

図表5－1 実数分析（Z社のケース）

| (実数:中) 63 情報サービス業・調査業 (比率:小) 94 ソフトウェア業 | | | 自社数値 | | | | (1) 業種内同一企業 | | | (1)-1 | (2) 業界全体 | (3) 従業員数 | (4) 売上高 |
|---|---|---|---|---|---|---|---|---|---|---|---|---|---|
| | | | 14年 | 15年 | 16年 | 前年比 | 14年 | 15年 | 16年 | 前年比 | 15年 | 51人以上 | 五億円超 |
| 実数分析 | B/S | 流動資産　計　（百万円） | 350 | 430 | 600 | 39.5% | 429 | 505 | 543 | 7.5% | 471 | 1,263 | |
| | | 固定資産　計　（百万円） | 360 | 360 | 400 | 11.1% | 293 | 314 | 346 | 10.2% | 311 | 882 | |
| | | 資産　計　　　（百万円） | 710 | 790 | 1,000 | 26.6% | 727 | 824 | 894 | 8.5% | 786 | 2,152 | |
| | | 流動負債　計　（百万円） | 360 | 405 | 500 | 23.5% | 283 | 331 | 328 | −0.9% | 294 | 779 | |
| | | 固定負債　計　（百万円） | 280 | 310 | 400 | 29.0% | 286 | 320 | 380 | 18.8% | 319 | 927 | |
| | | 資本　計　　　（百万円） | 70 | 75 | 100 | 33.3% | 157 | 172 | 185 | 7.6% | 172 | 445 | |
| | P/L | 売上高　　　　（百万円） | 610 | 730 | 1,000 | 37.0% | 749 | 806 | 860 | 6.7% | 795 | 1,949 | |
| | | 売上総利益　　（百万円） | 290 | 350 | 500 | 42.9% | 340 | 356 | 365 | 2.5% | 323 | 784 | |
| | | 営業利益　　　（百万円） | 30 | 20 | 50 | 150.0% | 46 | 54 | 59 | 9.3% | 49 | 157 | |
| | | 経常利益　　　（百万円） | 26 | 16 | 40 | 150.0% | 44 | 53 | 58 | 9.4% | 48 | 156 | |
| | | 税引前当期純利益（百万円） | 23 | −5 | 40 | −900.0% | 20 | 24 | 18 | −25.0% | 17 | 56 | |
| | | 当期純利益　　（百万円） | 13 | −5 | 25 | −600.0% | 9 | 12 | 6 | −50.0% | 7 | 28 | |
| | | 期末従業員数　　　（人） | 28 | 32 | 52 | 62.5% | | | | | | | |

＊計算を簡便にするため、「中小企業の財務指標」から引用した数値は百万円未満の全額を切捨て処理しています。
＊表中の「中小企業の財務指標」から引用した数値は繰延資産を省いています。そのため流動資産と固定資産の合計は資産計にはなりません。

## 1 損益計算書（P／L）分析

では上記のソフトウェア業Z社の『現状分析シート』から、実数分析をしてみます。

実数分析は、決算書に表現されている各勘定科目の金額の多寡により企業の現状を分析する手法であるといえます。まず、第一にみるべきはやはりP／L、損益計算書の金額になるでしょう。

### (1) 売上高の分析

ここでは当期（16年）の売上高の金額が、前期（15年）もしくは前々期（14年）に比して増加しているか、減少しているかを確認します。

当期の売上高の金額が、昨年の金額よりも増加していれば「増収」、減少していれば「減収」といったりします。

Z社の例では、前期730百万円に比して、当期は1,000百万円と270百万円の大幅な増収となっています。また、売上高が前年比37.0％増加（売上高増加額270百万円÷前期売上高730百万円×100％）したという場合もあります。

では、同じ業界の企業の売上高の前年比と比較するとどうなっているでしょうか？　右側に目を移して「(1)－1」をみると、「前年比6.7％」となっています。これよりZ社は、「売上高が270百万円、前年比37.0％の増収であり、業種内同一企業の前年比6.7％と比較すると、かなり高い増収率である」とコメントできることになります。

では、なぜZ社はこのような増収率を確保できたのでしょうか？　売上高の金額は、売上数量×販売（平均）単価の積として捉えれば、売上数量面での要因がどの程度で、販売単価面の要因がどの程度であるかに分けることができますので、この段階でそのような要因分析をする必要があります。図表5－2では、当期の販売単価×当期の売上数量の積である長方形の面積が当期の売上高となり、前期の販売単価×前期の売上数量の積である長方形の面積である前期の売上高と比較しています。その増加額は、単価要因による売上高の増加と数量要因による売上高の増加に分解できることがわかります。

当然のことながら、減収のケースでも上記に準じて分析を行います。

図表5－2　売上高の増加要因分析

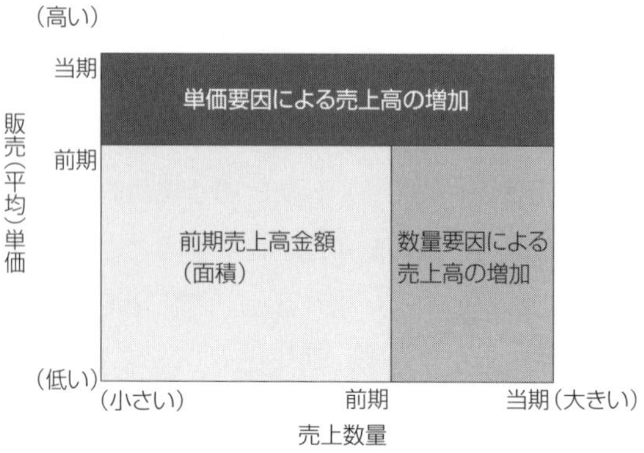
（高い）
当期
単価要因による売上高の増加
販売（平均）単価
前期
前期売上高金額
（面積）
数量要因による
売上高の増加
（低い）
（小さい）
前期
当期（大きい）
売上数量

## (2) 売上総利益の分析

では次に、当期（16年）の売上総利益の金額が、前期（15年）もしくは前々期（14年）に比して増加しているか、減少しているかを確認します。

Z社の例では、売上総利益が前期350百万円、当期500百万円と、150百万円（前年比42.9%）増加しています。これも業種内同一企業「(1) －1」と2.5%と比較すると大幅な増加となっています。

この場合も、なぜ売上総利益が増加したかの原因を分析する必要があります。

売上総利益は、「売上高－売上原価」で算定されますから、売上総利益を増加させるためには、

①「売上高の増加」＋「売上原価の減少」

②「売上高の増加」＋「売上原価の増加」（売上高の増加金額のほうが大きい）

③「売上高の減少」＋「売上原価の減少」（売上原価の減少金額のほうが大きい）

のパターンに分けることができます。

そのような観点から売上総利益がどうして増えたかの原因分析を行います。

また当然のことながら、売上総利益が減少するケースでは、上記のパターンを逆転させた形で原因分析を行います。

①「売上高の減少」＋「売上原価の増加」

②「売上高の減少」+「売上原価の減少」（売上高の減少金額のほうが大きい）

③「売上高の増加」+「売上原価の増加」（売上原価の増加金額のほうが大きい）

上記売上原価の増加もしくは減少分析では、売上原価における各原価勘定科目が変動費（操業度や活動量の変動によってその発生が影響される原価）であるか、固定費（操業度や活動量の変動によってまったく影響されない原価）であるかを意識して分析を行います。

### (3) その他利益の分析

P/Lの最後に、その他の段階利益についてみていきます。

売上総利益より下段の段階利益は、以下のような算式にて求めることができますので、その段階利益の増減要因は、算式中の項目の増減を調べることが必要になります。

**営業利益＝売上総利益－販売費・一般管理費**

**経常利益＝営業利益＋営業外収益－営業外費用**

**税引前当期純利益＝経常利益＋特別利益－特別損失**

**当期純利益＝税引前当期純利益－法人税等**

Z社では、16年に営業利益50百万円、経常利益40百万円、税引前当期純利益40百万円、当期純利益25百万円となっています。

業種内同一企業「(1)－1」の前年比と比較しても、各段階利益ともに大幅な増益率となっています。このような場合でも、どのような項目の増減が影響しているかを分析する必要があります。

Z社のケースでは、前期の多額の特別損失の存在により、税引前当期純利益がマイナス（税引前当期純損失）となっている点には注意が必要です（なお税引前当期純利益の自社数値の前年比「－900.0％」は、15年が赤字のためマイナス値をとっていることに注意が必要です）。

また各段階利益で赤字企業の場合は、この分析をさらに詳細に行うことは言うまでもありません。

# 2 貸借対照表（B／S）分析

## (1) 資本計（※現行の会計基準では「純資産計」）

では目を転じてB／Sの分析を行いましょう。まず目を向けるべきは、「資本計」でしょう。

資本はご存知のように、株主などの出資者が出資した金額（払込資本）としての「資本金」および「資本剰余金」と、それらの資本を活用して経営活動を行った結果としての利益の蓄積たる「利益剰余金」に分けられます。

よって、経営活動の結果としての損失の蓄積である「利益剰余金のマイナス」が、払込資本を超過すると、「資本計」がマイナス、すなわち「債務超過」の状態になります。このような状態は企業体として由々しき事態と考えられ、絶対に避けなければならないものです。

よって、企業の現状分析を行う際は、まずこの「資本計」に着目し、それがプラスであること、さらにそのプラス値が大きいこと、さらにプラス値が上昇していることをみていく必要があります。

Z社のケースでは、当期は前年比で25百万円の増加となっています。これはほぼ損益計算書の税引後当期純利益に等しい金額です。株主配当金の支払いなどを行わないケースでは、このようなパターンとなることが多いといえます。

しかしながら前期に目を向けると、損益計算書で5百万円の赤字を発生したにもかかわらず、「資本計」が前期比で5百万円増加していますので、10百万円ほどの払込資本の増加があったことが伺われます。実際この払込資本の増加がなければ、「資本計」は65百万円となっていた可能性が高く、債務超過の回避を意識して、増資をしたものなのです。

このように業績の芳しくない企業は、増資によって債務超過を回避することが、実務ではしばしば行われます。

## (2) 流動資産計・固定資産計（資産計）

次に資産計をみてみます。資産が大幅に増加したり、減少したりしていないか

をみていきますが、そのような動きがある場合には、その一方でどこかに別の事象が現れているはずです。

簿記の仕訳を考えてみると、複式簿記のルールとして、たとえば流動資産が増加すれば、一方で固定資産が減少していたり、資本が増加していたり、負債が増加していたりするはずなのです。

そこでまずは、大きな視点から当期（末）の流動資産や固定資産に大きな変動があるかどうかを、前期（末）と比較して確認することをしたうえで、その一方でどうような事象が起こっているかを確かめることが必要です。

Z社のケースでいえば、当期（16年）末には、流動資産計が170百万円程度増加していますが、その増加の大部分は、流動負債の増加によるものといえます。

## (3) 流動負債計・固定負債計

最後に流動負債と固定負債の変動にも着目します。負債は、返済すべき債務であり、大きくなることはあまり歓迎されるものではありませんので、大きな増加がないかという視点で確認を行います。また先ほど述べたように、資産の増加（減少）と相まって変動したのかどうかについても確認を行います。

Z社のケースでいえば、当期（16年）末には、前期と比較して流動負債が95百万円増加しています。どのような経緯でそのような増加が起こったか、原因を分析する必要がありそうです。

## 第2節 比率分析を行う（全体）

実数分析で企業の決算数値を概観したら、次は比率分析を行いましょう。

実数分析では、大企業、中堅企業、中小企業といった規模の違いを超えて、実数自体を比較することはあまり有効な分析とはいえないため、実数自体ではなく、その前年比を活用する方法を述べてきました。しかし比率分析においては、その当期に計算された比率自体を他の企業や平均値と比較することが有効な分析手段となります。

また「中小企業の財務指標」の比率分析部分の①総合収益性分析〜⑩分配比率（⑧キャッシュフロー分析を除く）までは、**図表5－3**のように収益性分析、安全性分析、そして生産性分析にグループ化できます。また収益性分析の①と②③④は上下関係がみられ、④財務レバレッジ分析は、安全性分析にも利用されると考えられます。

図表5－3　比率分析の体系図

【収益性分析】
- ① 総合収益性分析
  - ② 売上高利益分析
  - ③ 回転率（期間）分析
  - ④ 財務レバレッジ分析

【安全性分析】
- ⑤ 短期支払能力分析
- ⑥ 資本の安定性分析
- ⑦ 調達と運用の適合性分析

【生産性分析】
- ⑨ 付加価値分析
- ⑩ 分配比率

第5章 「財務指標」の活用…現状分析

# 1 比率指標のブレークダウン（収益性）

図表5－4　収益性分析比率のブレークダウン

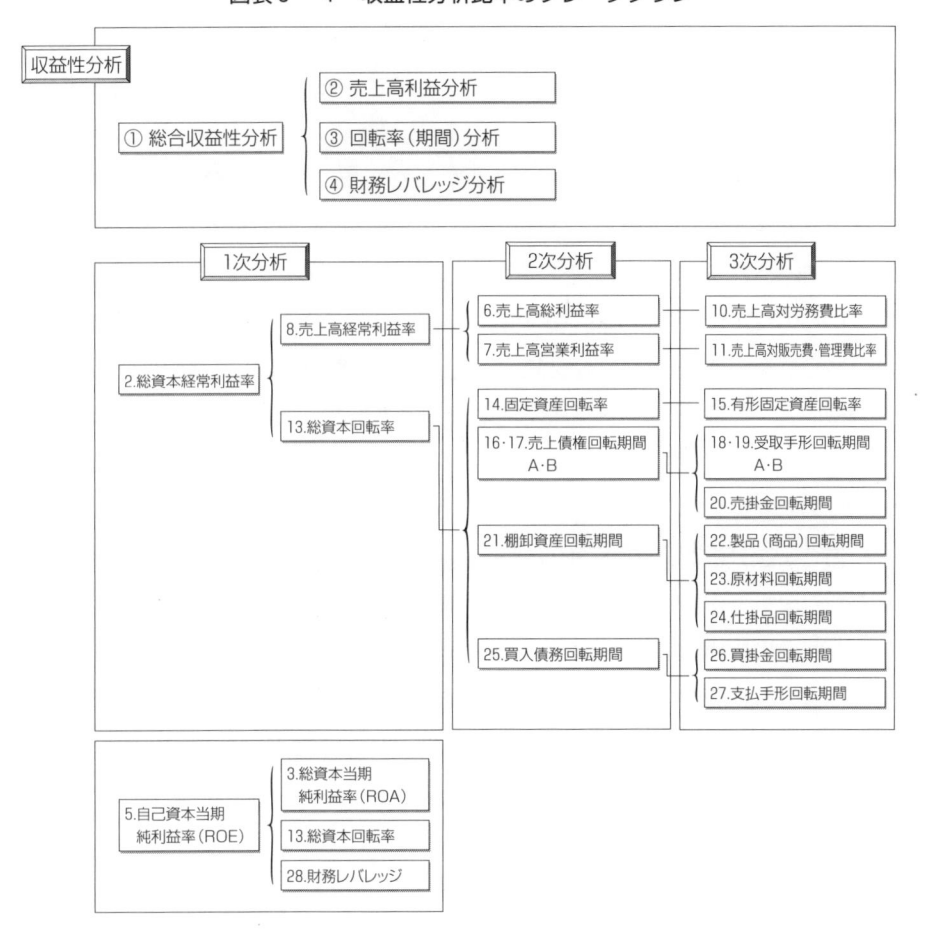

```
収益性分析
├─ ① 総合収益性分析
├─ ② 売上高利益分析
├─ ③ 回転率（期間）分析
└─ ④ 財務レバレッジ分析
```

1次分析 / 2次分析 / 3次分析

- 2.総資本経常利益率
  - 8.売上高経常利益率
    - 6.売上高総利益率
      - 10.売上高対労務費比率
    - 7.売上高営業利益率
      - 11.売上高対販売費・管理費比率
  - 13.総資本回転率
    - 14.固定資産回転率
      - 15.有形固定資産回転率
    - 16・17.売上債権回転期間 A・B
      - 18・19.受取手形回転期間 A・B
      - 20.売掛金回転期間
    - 21.棚卸資産回転期間
      - 22.製品（商品）回転期間
      - 23.原材料回転期間
      - 24.仕掛品回転期間
    - 25.買入債務回転期間
      - 26.買掛金回転期間
      - 27.支払手形回転期間

- 5.自己資本当期純利益率（ROE）
  - 3.総資本当期純利益率（ROA）
  - 13.総資本回転率
  - 28.財務レバレッジ

　では、さらに収益性分析を詳しくみていきましょう（図表5－4参照）。
　①と②売上高利益分析、③回転率（期間）分析、④財務レバレッジ分析について上下関係があるのは先述のとおりです。
　ここで①総合収益性分析の中で、「2．総資本経常利益率」と「5．自己資本

79

当期純利益率」に着目します。

「2．総資本経常利益率」の比率は、「8．売上高経常利益率」と「13．総資本回転率」の積となるので、仮に「2．総資本経常利益率」が、業界平均値よりも低ければ、売上高利益率に問題があるのか、資本回転率に問題があるのか、またはその両方に問題があるのかを特定することができます。ここまでを1次分析と呼ぶことにします。

さらにこの1次分析で問題ありとされたものについて、2次分析を行います。

売上高利益率（「8．売上高経常利益率」）が平均値に比べ低くて問題ありと分析できれば、さらに2次分析として売上高総利益率（6）の段階でその問題が生じているのか、または売上高営業利益率（7）の段階で発生しているのかを分析し、さらにその補足的な分析として、売上高対労務費比率（10）はどうか、売上高対販売費・管理費比率（11）はどうかといった分析作業を行っていきます。

このようにして売上高利益率が低位にとどまっている原因箇所を深掘り分析していくのです。

一方、1次分析で資本回転率（「13．総資本回転率」）が平均値に比べ低くて問題ありと分析できれば、どの資産の売上高貢献度が低いかを特定しなければなりません。そのため固定資産回転率（14）、売上債権回転期間（16・17）、棚卸資産回転期間（21）を平均値と比較します。さらにその補足的な分析として、有形固定資産回転率（15）、受取手形回転期間（18・19）、売掛金回転期間（20）、製品（商品）回転期間（22）、原材料回転期間（23）、仕掛品回転期間（24）はどうかといった分析作業を行います。

また、資本回転率ではありませんが、参考比率として25．買入債務回転期間（26．買掛金回転期間、27．支払手形回転期間）も算定しておきます。

これで「2．総資本経常利益率」に関する深掘り分析は一段落ですが、最近では、図表5－4にある「5．自己資本当期純利益率（ROE）」も分析されるようになってきています。この比率は、「3．総資本当期純利益率（ROA）」×「13．総資本回転率」×「28．財務レバレッジ」として算定することができます。ここ

で財務レバレッジとは、総資本（総資産）が資本計の何倍あるかを示す指標であり、「総資本÷資本計」で計算されます。「総資本当期純利益率」と「総資本回転率」が高ければ高いほどよいのに対して、この財務レバレッジは、負債を増加させてこの比率を高めれば、売上高の上昇局面では多くの利益を生み出す可能性が高まりますが、一方で負債の増加により安全性に問題が生じることも考えられるため、一概にどの程度の水準がよいとはいえない指標といわれています。

図表5－5　収益性分析（Z社のケース）

| | | 自社数値 | | | | (1) 業種内同一企業 | | | (1)-1 | (2) 業界全体 | (3) 従業員数 51人以上 | (4) 売上高 5億円超 |
|---|---|---|---|---|---|---|---|---|---|---|---|---|
| (実数:中) 63 情報サービス業・調査業 (比率:小) 94 ソフトウェア業 | | 14年 | 15年 | 16年 | 前年比 | 14年 | 15年 | 16年 | 前年比 | 15年 | | |
| 比率分析 | ①総合収益性分析 | | | | | | | | | | | |
| | 1.総資本営業利益率　　（%） | 4.2 | 2.5 | 5.0 | 2.5 | 3.3 | 2.9 | 3.3 | 0.4 | 3.7 | 4.7 | 5.1 |
| | 2.総資本経常利益率　　（%） | 3.7 | 2.0 | 4.0 | 2.0 | 3.3 | 2.7 | 2.8 | 0.1 | 3.5 | 4.3 | 4.7 |
| | 3.総資本当期純利益率(ROA)（%） | 1.8 | −0.6 | 2.5 | 3.1 | 1.9 | 1.5 | 1.6 | 0.1 | 2.2 | 2.2 | 2.5 |
| | 4.経営資本営業利益率　（%） | 4.2 | 5.2 | 6.2 | 1.0 | 5.1 | 4.5 | 4.7 | 0.2 | 5.0 | 6.3 | 6.4 |
| | 5.自己資本当期純利益率(ROE)（%） | 18.6 | −6.7 | 25.0 | 31.7 | 7.8 | 6.0 | 5.9 | △0.1 | 7.7 | 8.9 | 9.4 |
| | ②売上高利益分析 | | | | | | | | | | | |
| | 6.売上高総利益率　　（%） | 47.5 | 47.9 | 50.0 | 2.1 | 58.6 | 57.3 | 56.4 | △0.9 | 60.5 | 44.9 | 39.7 |
| | 7.売上高営業利益率　（%） | 4.9 | 2.7 | 5.0 | 2.3 | 1.8 | 1.5 | 1.8 | 0.3 | 1.9 | 2.9 | 2.9 |
| | 8.売上高経常利益率　（%） | 4.3 | 2.2 | 4.0 | 1.8 | 1.6 | 1.3 | 1.4 | 0.1 | 1.7 | 2.6 | 2.6 |
| | 9.売上高当期純利益率（%） | 2.1 | −0.7 | 2.5 | 3.2 | 1.0 | 0.7 | 0.8 | 0.1 | 1.1 | 1.3 | 1.3 |
| | 10.売上高対労務費比率（%） | 23.6 | 19.7 | 20.0 | 0.3 | 0.0 | 0.0 | 0.0 | 0.0 | 0.0 | 0.0 | 0.0 |
| | 11.売上高対販売費・管理費比率（%） | 47.5 | 45.2 | 45.0 | △0.2 | 56.8 | 55.7 | 54.5 | △1.2 | 58.6 | 42.0 | 36.9 |
| | 12.売上高対人件費比率（%） | 12.7 | 12.1 | 8.9 | △3.2 | 44.2 | 44.2 | 43.3 | △0.9 | 43.6 | 47.5 | 36.4 |
| | ③回転率・回転期間分析 | | | | | | | | | | | |
| | 13.総資本回転率　　（回） | 0.9 | 0.9 | 1.0 | 0.1 | 1.9 | 1.8 | 1.7 | △0.1 | 2.0 | 1.7 | 1.7 |
| | 14.固定資産回転率　（回） | 1.7 | 2.0 | 2.5 | 0.5 | 9.5 | 9.1 | 9.4 | 0.3 | 12.0 | 8.8 | 8.8 |
| | 15.有形固定資産回転率（回） | 1.5 | 1.9 | 2.3 | 0.4 | 28.5 | 29.7 | 35.4 | 5.7 | 42.3 | 43.9 | 47.0 |
| | 16.売上債権回転期間A（日） | 86.3 | 88.5 | 81.1 | △7.4 | 54.4 | 58.1 | 59.5 | 1.4 | 56.8 | 69.5 | 66.2 |
| | 17.売上債権回転期間B（日） | 90.3 | 91.8 | 83.5 | △8.3 | 54.9 | 58.4 | 59.7 | 1.3 | 57.0 | 69.8 | 66.5 |
| | 18.受取手形回転期間A（日） | 6.6 | 5.5 | 8.1 | 2.6 | 0.6 | 0.6 | 0.6 | 0.0 | 0.5 | 1.2 | 1.1 |
| | 19.受取手形回転期間B（日） | 10.6 | 8.8 | 10.5 | 1.7 | 1.0 | 0.9 | 0.8 | △0.1 | 0.7 | 1.5 | 1.5 |
| | 20.売掛金回転期間（日） | 79.6 | 83.0 | 73.0 | △10.0 | 53.9 | 57.5 | 58.9 | 1.4 | 56.3 | 68.3 | 65.1 |
| | 21.棚卸資産回転期間（日） | 39.8 | 38.7 | 36.5 | △2.2 | 4.5 | 5.3 | 5.1 | △0.2 | 5.5 | 6.7 | 7.1 |
| | 22.製品（商品）回転期間（日） | 0.0 | 0.0 | 0.0 | 0.0 | 1.2 | 1.3 | 1.5 | 0.2 | 1.7 | 1.4 | 2.2 |
| | 23.原材料回転期間（日） | 6.6 | 5.5 | 4.1 | △1.5 | 0.1 | 0.1 | 0.1 | 0.0 | 0.1 | 0.1 | 0.1 |
| | 24.仕掛品回転期間（日） | 33.2 | 33.2 | 32.4 | △0.7 | 3.1 | 3.8 | 3.5 | △0.3 | 3.6 | 5.2 | 4.9 |
| | 25.買入債務回転期間（日） | 79.6 | 77.4 | 66.9 | △10.5 | 10.7 | 11.1 | 11.4 | 0.3 | 11.8 | 16.0 | 19.4 |
| | 26.買掛金回転期間（日） | 66.4 | 66.4 | 60.8 | △5.5 | 10.4 | 10.8 | 11.1 | 0.3 | 11.5 | 15.4 | 18.8 |
| | 27.支払手形回転期間（日） | 13.3 | 11.1 | 6.1 | △5.0 | 0.3 | 0.3 | 0.3 | 0.0 | 0.3 | 0.6 | 0.7 |
| | ④財務レバレッジ分析 | | | | | | | | | | | |
| | 28.財務レバレッジ　（倍） | 10.1 | 10.5 | 10.0 | △0.5 | 4.1 | 4.2 | 4.4 | 0.2 | 4.2 | 4.3 | 4.4 |

＊計算を簡便にするため、「中小企業の財務指標」から引用した数値は百万円未満の金額を切捨て処理しています。
＊表中の「中小企業の財務指標」から引用した数値は繰延資産を省いています。そのため流動資産と固定資産の合計は資産計にはなりません。

では、Z社の①総合収益性分析から「２．総資本経常利益率」をみてみましょう。

　Z社の当期の総資本経常利益率は4.0%であり、前年、前々年と時系列に比較すると大きく上昇しています。これは業種内同一企業（1）が微増であるのと比較すると大きな違いがあります。また業界全体（2）の値は3.5%ですので標準比較を行うと、0.5ポイントも高いことになります。

　そこでこの高さは売上高利益率によるものか、資産回転率によるものかを調査します。「８．売上高経常利益率」は、4.0%で、業界全体（2）の1.7%と比較すると2.3ポイント高く、「13．総資本回転率」は、1.0回で、業界全体（2）の2.0回と比較すると、1.0ポイント低くなっていますので、総資本経常利益率の高さの主たる原因は、売上高経常利益率の高さにあることが伺われます。

　ここで、売上高経常利益率の高さの原因について２次分析を行うため、「６．売上高総利益率」と「７．売上高営業利益率」をみてみます。

　そうすると売上高総利益率は50.0%で、業界全体（2）の60.5%と比較すると、10.5ポイント低くなっていますが、売上高営業利益率となると5.0%で、業界全体（2）の1.9%と比較すると、3.1ポイント高くなっています。さらにこれを補足すべく「11．売上高対販売費・管理費比率」をみてみると45.0%であり、業界全体（2）の58.6%を大きく下回っており良好な状態となっています。このあたりにZ社の当期の収益性の高さの原因があると考えられます。

## 2 比率指標のブレークダウン（安全性）

図表5-6　安全性分析比率のブレークダウン

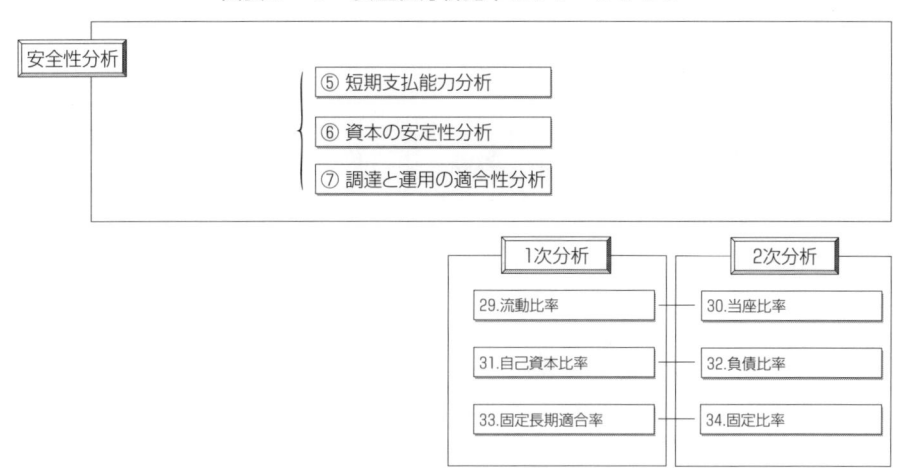

```
安全性分析
    ⑤ 短期支払能力分析
    ⑥ 資本の安定性分析
    ⑦ 調達と運用の適合性分析
```

| 1次分析 | 2次分析 |
|---|---|
| 29.流動比率 | 30.当座比率 |
| 31.自己資本比率 | 32.負債比率 |
| 33.固定長期適合率 | 34.固定比率 |

　収益性分析が終了したら、次に行なうべきは安全性分析です。

　安全性分析は、企業の資金的な信用度を表す指標であり、「財務指標」では、⑤短期支払能力分析、⑥資本の安定性分析、⑦調達と運用の適合性分析の3つの視点から分析を行います。

　まず⑤短期支払能力分析ですが、「29. 流動比率」を中心として、当該企業が100％以上の値となっているか否かの分析を行います。さらに補足的に「30. 当座比率」も計算します。

　そして⑥資本の安定性分析は、「31. 自己資本比率」が高いか低いかの分析を行い、補足的に「32. 負債比率」も利用します。

　さらに⑦調達と運用の適合性分析では、「33. 固定長期適合率」が100％以下であるか否かを分析して、「34. 固定比率」を補足的に計算します。

図表5－7　安全性分析（Z社のケース）

| (実数:中) 63　情報サービス業・調査業 (比率:小) 94　ソフトウェア業 | | | 自社数値 | | | | (1) 業種内同一企業 | | | | (1)-1 | (2) 業界全体 | (3) 従業員数 51人以上 | (4) 売上高 5億円超 |
|---|---|---|---|---|---|---|---|---|---|---|---|---|---|---|
| | | | 14年 | 15年 | 16年 | 前年比 | 14年 | 15年 | 16年 | 前年比 | 15年 | | |
| 比率分析 | ⑤短期支払能力分析 | | | | | | | | | | | | |
| | 29.流動比率 | (％) | 97.2 | 106.2 | 120.0 | 13.8 | 175.3 | 176.7 | 187.4 | 10.7 | 189.6 | 205.8 | 197.8 |
| | 30.当座比率 | (％) | 66.7 | 74.1 | 70.0 | △ 4.1 | 144.3 | 143.6 | 152.3 | 8.7 | 155.7 | 178.0 | 169.7 |
| | ⑥資本の安定性分析 | | | | | | | | | | | | |
| | 31.自己資本比率 | (％) | 9.9 | 9.5 | 10.0 | 0.5 | 22.9 | 21.6 | 20.7 | △ 0.9 | 21.9 | 27.4 | 26.4 |
| | 32.負債比率 | (％) | 914.3 | 953.3 | 900.0 | △ 53.3 | 309.8 | 320.3 | 338.9 | 18.6 | 319.7 | 330.4 | 340.9 |
| | ⑦調達と運用の適合性分析 | | | | | | | | | | | | |
| | 33.固定長期適合率 | (％) | 102.9 | 93.5 | 80.0 | △ 13.5 | 36.9 | 36.7 | 35.2 | △ 1.5 | 34.5 | 41.1 | 41.7 |
| | 34.固定比率 | (％) | 514.3 | 480.0 | 400.0 | △ 80.0 | 78.7 | 81.2 | 80.3 | △ 0.9 | 75.5 | 91.0 | 90.4 |

　当期のZ社のケースでは、流動比率は120.0％で良好ですが、業界全体（2）の189.6％と比較すると低くなっています。自己資本比率は10.0％であり、これは業界全体と比較してかなり低い状態といわざるを得ません。最後に固定長期適合率は業界全体よりは高いものの80.0％で、100％以下であり良好といえます。したがって、自己資本比率の低さは気になるものの、Z社の安全性についてはあまり大きな問題がないといえるでしょう。

## 3　比率指標のブレークダウン（生産性）

図表5－8　生産性分析比率のブレークダウン

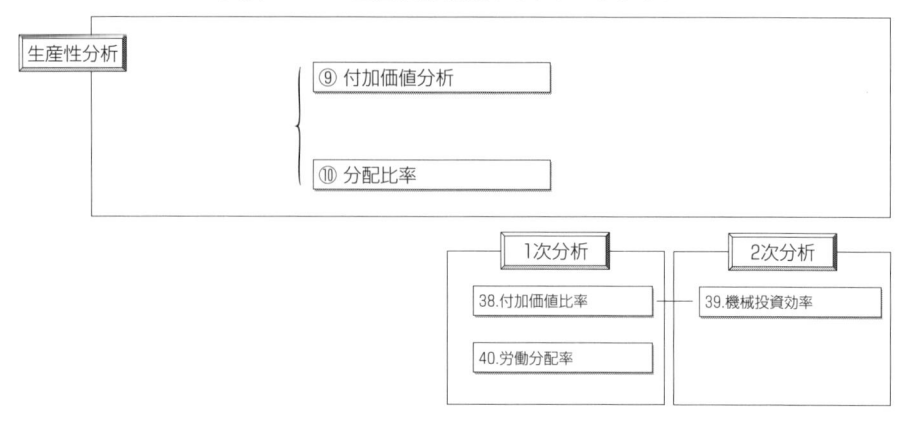

生産性分析
- ⑨付加価値分析
- ⑩分配比率

1次分析
- 38.付加価値比率
- 40.労働分配率

2次分析
- 39.機械投資効率

では最後に生産性分析に触れることとしましょう。

「財務指標」では、生産性を⑨付加価値分析と⑩分配比率に分けて分析します。まず⑨付加価値分析は、「38．付加価値比率（売上高対加工高比率）」の高低を分析し、補足的に「39．機械投資効率」を算定します。また⑩分配比率は「40．労働分配率」より、適正分配が行われているかの確認を行います。

> Z社のケースでは、本書では生産性の分析を行いませんでしたが、製造業等では生産性の分析は他業種よりも重要性が高いと考えられるため、分析を省略すべきではありません。

## 第3節 『現状分析シート』への記載（コメントの記載）

Z社の例のように自社の比率数値を計算したら、その数値を「財務指標」の標準値と比較して、自社の総合的な現状分析を行ってみましょう。

本書では、そのような数値やコメントを記載するサンプルシートを巻末に揚げてあります。ではZ社のケースでそれを確かめてみましょう。

図表5−9 『現状分析シート』のコメント記載（Z社）

| | 自社数値 |
|---|---|
| | コメント |
| 実数分析 B/S | 前期は債務超過の懸念から増資を実施。当期末は前期末に比して1億7000万円の流動資産が増加している。流動負債・固定負債とも約1億円の増加（資金使途に注意） |
| 実数分析 P/L | 当期は増収増益（前期は税引前損失）となった。売上高は、前期比270百万円（37.0%）の大幅な増加、売上総利益も前期比150百万円（42.9%）の大幅な増加、また段階利益も急激に増加している。（前期の特別損失に注意） |
| ①総合収益性分析 | 総資本経常利益率は、前期2.0%から当期4.0%に大幅上昇。業界全体平均3.5%に比べても0.5ポイント高くなっている。（なぜこんなに経常利益率がアップしたのか注意） |
| ②売上高利益分析 | 売上高経常利益率は、前期2.2%から当期4.0%に大幅上昇。業界全体平均1.7%に比較して2.3ポイント高くなっている。このため上記総資本経常利益率を押し上げていると推定できる。なお段階利益の利益率を見ると、売上高営業利益率のレベルより、業界平均を上回る利益率は、ふうといことがわかる。（なぜ売上高対販売費・管理費比率はこんなに低いのか） |
| ③回転率・回転期間分析 | 総資本回転率は、前期0.9回から当期1.0回になった。業界全体平均が2.0回であることを考えると、1.0回は低いといわざるを得ない。（固定資産回転率の低さ、売上債権回転期間、棚卸資産回転期間の大きさが気になるところである） |
| ④財務レバレッジ分析 | 当期の財務レバレッジは、業界全体平均の4.2倍よりも高い、10.0倍となっている。 |

（省略）

(実数:中) 63 情報サービス業・調査業
(比率:小) 94 ソフトウェア業

実数分析 B/S: 流動資産 計（百万円）／固定資産 計（百万円）／資産 計（百万円）／流動負債 計（百万円）／固定負債 計（百万円）／資本 計（百万円）

実数分析 P/L: 売上高（百万円）／売上総利益（百万円）／営業利益（百万円）／経常利益（百万円）／税引前当期純利益（百万円）／当期純利益（百万円）

比率分析:
①総合収益性分析
1.総資本営業利益率（%）
2.総資本経常利益率（%）
3.総資本当期純利益率（ROA）（%）
4.経営資本営業利益率（%）
5.自己資本当期純利益率（ROE）（%）

②売上高利益分析
6.売上高総利益率（%）
7.売上高営業利益率（%）
8.売上高経常利益率（%）
9.売上高当期純利益率（%）
10.売上高対労務費比率（%）
11.売上高販売費・管理費比率（%）
12.売上高対人件費比率（%）

③回転率・回転期間分析
13.総資本回転率（回）
14.固定資産回転率（回）
15.有形固定資産回転率（回）
16.売上債権回転期間A（日）
17.売上債権回転期間B（日）
18.受取手形回転期間A（日）
19.受取手形回転期間B（日）
20.売掛金回転期間（日）
21.棚卸資産回転期間（日）
22.製品（商品）回転期間（日）
23.原材料回転期間（日）
24.仕掛品回転期間（日）
25.買入債務回転期間（日）
26.買掛金回転期間（日）
27.支払手形回転期間（日）

④財務レバレッジ分析
28.財務レバレッジ（倍）

第5章 「財務指標」の活用…現状分析

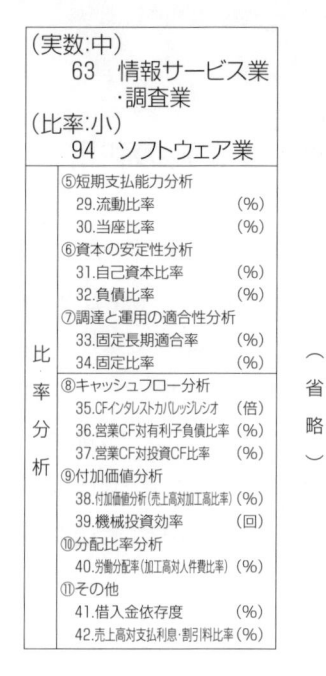

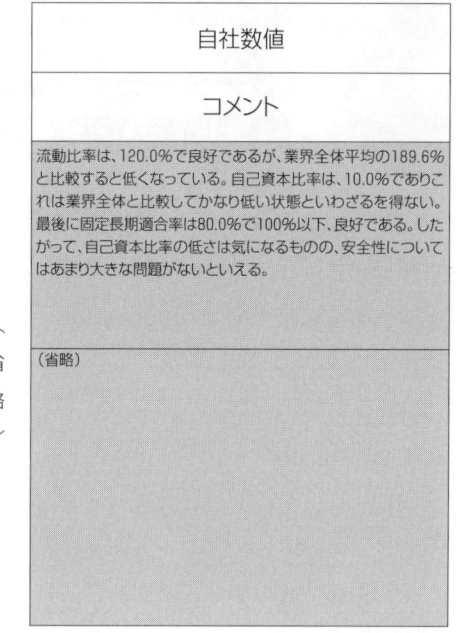

| | | 自社数値 |
|---|---|---|
| (実数:中) 63 情報サービス業・調査業 (比率:小) 94 ソフトウェア業 | | |
| 比率分析 | ⑤短期支払能力分析<br>　29.流動比率　　　　(％)<br>　30.当座比率　　　　(％)<br>⑥資本の安定性分析<br>　31.自己資本比率　　(％)<br>　32.負債比率　　　　(％)<br>⑦調達と運用の適合性分析<br>　33.固定長期適合率　(％)<br>　34.固定比率　　　　(％)<br>⑧キャッシュフロー分析<br>　35.CFインタレストカバレッジレシオ(倍)<br>　36.営業CF対有利子負債比率(％)<br>　37.営業CF対投資CF比率(％)<br>⑨付加価値分析<br>　38.付加価値分析(売上高対加工高比率)(％)<br>　39.機械投資効率　　(回)<br>⑩分配比率分析<br>　40.労働分配率(加工高対人件費比率)(％)<br>⑪その他<br>　41.借入金依存度　　(％)<br>　42.売上高対支払利息・割引料比率(％) | コメント |
| | （省略） | 流動比率は、120.0％で良好であるが、業界全体平均の189.6％と比較すると低くなっている。自己資本比率は、10.0％でありこれは業界全体と比較してかなり低い状態といわざるを得ない。最後に固定長期適合率は80.0％で100％以下、良好である。したがって、自己資本比率の低さは気になるものの、安全性についてはあまり大きな問題がないといえる。 |
| | | （省略） |

　『現状分析シート』の右側のコメント欄は、この章でのＺ社の財務分析の結果を記載したものです。

　このコメント欄にどのようなコメントを付すかによって、今後の企業活動への改善指針が異なってきますので、正確な分析と記載が必要となります。

## 第4節 『レーダーチャート』（簡易財務バランスチェック）の利用

　前節で、経営分析のツールとして現状分析シートをみてきましたが、お手軽に経営分析ができるように、簡易版分析ツールとしてレーダーチャートがあります。

　レーダーチャートは、5つの視点（収益性、効率性、生産性、安全性、成長性）から、業界平均とのレーダーチャート比較ができ、業界内のポジションを確認できます。はじめから現状分析シートにとりかかるのは大変です。そのため、現状分析シートの11つの視点・42の指標から5つの視点・5つの指標のみをピックアップしてあります。また、財務バランスを視覚的に把握したいという方は、簡易財務バランスチェックから始めてみてください。

　また、会計事務所などお客様に分析結果から提案をされる際のはじめの一歩として、お客様にもわかりやすくなっていますので、ご活用ください。

　なお、第7章で取り上げている事例に関しては、より注目点をわかりやすくするために、簡易版分析ツールであるレーダーチャートを用いて解説しています。

　**図表5-10**のZ社レーダーチャートをみると、収益性、成長性の視点では最高点となっていますが、効率性や安全性の面で改善すべきであるといえます。

第5章 「財務指標」の活用…現状分析

図表5−10 （参考）Z社レーダーチャート

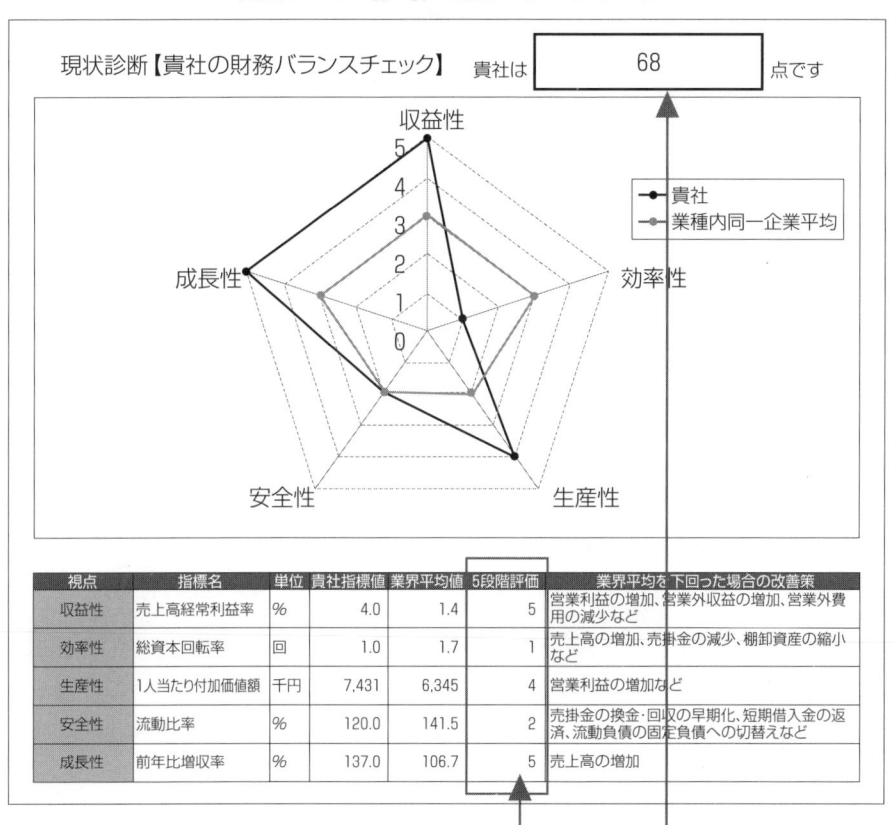

現状診断【貴社の財務バランスチェック】　貴社は　68　点です

| 視点 | 指標名 | 単位 | 貴社指標値 | 業界平均値 | 5段階評価 | 業界平均を下回った場合の改善策 |
|---|---|---|---|---|---|---|
| 収益性 | 売上高経常利益率 | ％ | 4.0 | 1.4 | 5 | 営業利益の増加、営業外収益の増加、営業外費用の減少など |
| 効率性 | 総資本回転率 | 回 | 1.0 | 1.7 | 1 | 売上高の増加、売掛金の減少、棚卸資産の縮小など |
| 生産性 | 1人当たり付加価値額 | 千円 | 7,431 | 6,345 | 4 | 営業利益の増加など |
| 安全性 | 流動比率 | ％ | 120.0 | 141.5 | 2 | 売掛金の換金・回収の早期化、短期借入金の返済、流動負債の固定負債への切替えなど |
| 成長性 | 前年比増収率 | ％ | 137.0 | 106.7 | 5 | 売上高の増加 |

【評価方法】
各指標5段階評価となっています。区分は下記のとおり業界全体の上位25％値、50％値、75％値を利用している。
5:業界上位0〜25％（25％値含まず）
4:業界上位25〜45％（上位50％に補間法による−5％処理を行なう）
3:業界上位45〜55％（上位50％値に補間法による調整±5％を行なう）
2:業界上位55〜75％（上位50％に補間法による+5％処理を行なう）
1:業界上位75〜100％（75％値含む）

【得点】
100点満点評価となっています。
指標ごとの5段階評価を20点満点換算し、合計100点満点。

【留意点】
ア）5つの指標の上位50％値であれば、5段階評価は「3」となる。
イ）「業種内同一企業」は平均値であり上位50％値とは異なるため「3」とはならない。
ウ）レーダーチャートは外側に大きくなればなるほど、良好な状態といえる。

# 第6章

## 「財務指標」の活用
## ・・・経営計画

## 第1節 経営計画の策定の手順と「財務指標」

　経営計画の策定は、経営悪化企業のみならず、業績好調の企業であっても、絶えず検討し、実行していくことが求められています。しかしながら、中小企業や零細企業では、「作成のためのスキルを持った人材がいない」とか、「作成するための時間が取れない」などの処々の理由により、「経営計画」の作成を行っていないケースが多いのが実態です。

　また、計画のない経営は、行き当たりばったりの経営判断をしてしまいがちで、そのために大きなリスクを負ってしまったり、長期の売上高の低落傾向に悩んだりすることも少なくありません。

　図表6-1の左側の計画の作成手順にあるように、経営計画は、情報の収集に始まり、日本経済や業界の動向といった外部環境分析、決算書、経営不振の原因、そして経営力・経営資源といった企業の内部環境の分析を行ったうえで、経営目標、経営戦略（重要成功要因）、それを具体的な活動指針に落とし込んだアクションプランを決定し、それを踏まえた「人員計画」「設備投資計画」「事業撤退・資産売却計画」等の個別計画（案）を作成し、相互の関連性を検証します。その検証が終わったら、個別計画を落とし込んだ「経営（改善）計画書」を作成します。

　その後は、この計画に沿って企業活動が行われますが、その計画値と実績については、計画期間の終了まで、場合によっては経営者のみならず金融機関担当者もモニタリングを行い、その結果をその後の企業経営にフィードバックしていくことになります。

　上記のような企業の経営分析から、経営計画確定までのプロセスにおいて、「財務指標」を活用することが望まれます。また、その活用段階に応じて『現状分析』『経営計画作成』のサンプルシートを使うことが望まれます。

　では経営計画の作成ステップを各々説明することにしましょう。

第6章 「財務指標」の活用…経営計画

## 図表6-1　経営計画の作成手順

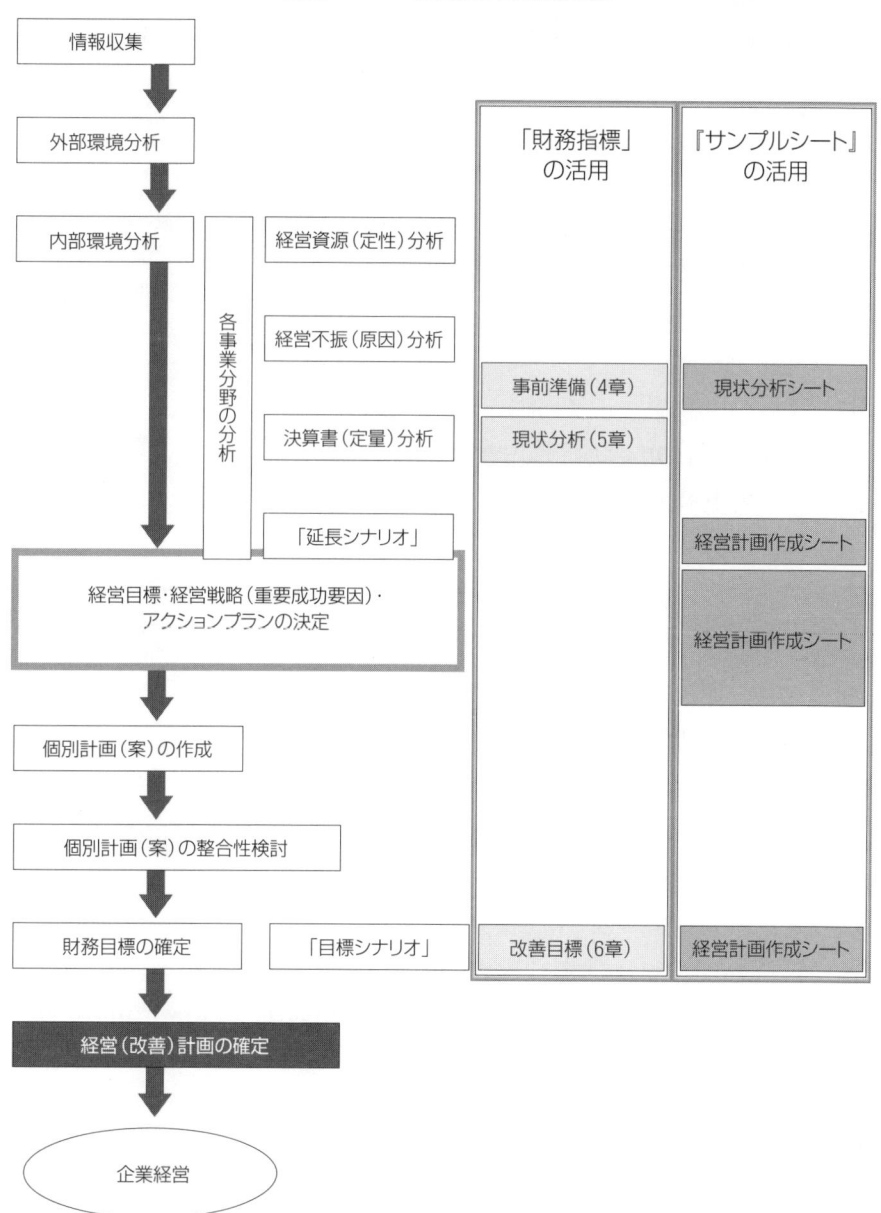

```
情報収集
  ↓
外部環境分析
  ↓
内部環境分析 ─┬─ 経営資源(定性)分析 ─┐
  │          ├─ 経営不振(原因)分析  │ 各事業分野の分析
  │          ├─ 決算書(定量)分析    │
  │          └─ 「延長シナリオ」    ┘
  ↓
経営目標・経営戦略(重要成功要因)・
アクションプランの決定
  ↓
個別計画(案)の作成
  ↓
個別計画(案)の整合性検討
  ↓
財務目標の確定 ── 「目標シナリオ」
  ↓
経営(改善)計画の確定
  ↓
企業経営
```

| 「財務指標」の活用 | 『サンプルシート』の活用 |
| --- | --- |
| 事前準備(4章) | 現状分析シート |
| 現状分析(5章) | |
| | 経営計画作成シート |
| | 経営計画作成シート |
| 改善目標(6章) | 経営計画作成シート |

93

## 第2節 情報収集

　環境分析を行う前に、「データを収集」する必要があります。「何をどんな切り口で分析するか」の仮説があって初めて必要なデータが明確となり、収集に取りかかれるようになります。

### (1) 切り口の代表例
　①競合軸：競合企業別
　②顧客軸：市場別、ユーザー別、地域別、チャネル別
　③製品軸：製品グループ別、製品アイテム別⇐等があります。

### (2) データの分類
　①一次データ：定量調査としてのアンケートや定性調査としてのインタビュー等の調査手法を使い、調査目的に合わせて新規に収集するデータ
　②二次データ：すでに市販されていたり、無料で公開されているもので、いわば別の目的で収集されたデータ
　　Ⅰ　内部データ：社内に存在する自社に関するデータ。
　　　　生産実績表、販売分析表、在庫表、合計残高試算表、セグメント情報等から得られるデータ
　　Ⅱ　外部データ：自社以外のデータ。
　　　　本・雑誌・新聞・業界レポート・WEB等から得られるデータ

　これらのデータを使って、外部環境分析や内部環境分析、そして各事業分野の分析等を進めていきます。

第6章 「財務指標」の活用…経営計画

## 第3節 外部環境分析

第2ステップは、収集されたデータを使って外部環境分析を行うことです。

ここでは、地域経済、日本経済そして世界経済などのいわゆるマクロ外部環境（**図表6-2参照**）や、自社が属する業界の動向といったミクロ外部環境（**図表6-3参照**）といった2つの視点からの分析が一般的です。これらの小分類例に合致するような項目を選定するとともに、その項目が自社のビジネスにどの程度影響するか、どれくらいの大きさか、またどの時期に影響しそうかという点に留意しておきましょう。

**図表6-2　外部環境分析サンプル（マクロ）**

| 分類 | 小分類例 | 項目 | 事業に与えるインパクト | | | |
|---|---|---|---|---|---|---|
| | | | 現状 | 1年内 | 3年内 | 3年超 |
| 社会・文化 | 人口構成 | | | | | |
| | 教育 | | | | | |
| | 価値観 | | | | | |
| | ライフスタイル | | | | | |
| 経済環境 | 景気動向 | | | | | |
| | 金融情勢 | | | | | |
| | 為替動向 | | | | | |
| | 消費動向 | | | | | |
| 政治法律環境 | 経済政策 | | | | | |
| | 外交政策 | | | | | |
| | 環境政策 | | | | | |
| | 法律改正 | | | | | |
| | 法律規制・緩和 | | | | | |
| 技術革新 | 情報通信技術 | | | | | |
| | バイオテクノロジー | | | | | |
| | 医療技術 | | | | | |
| | 新素材開発 | | | | | |

95

図表6-3　外部環境分析サンプル（ミクロ）

| 分類 | 小分類例 | 項目 | 事業に与えるインパクト | | | |
|---|---|---|---|---|---|---|
| | | | 現状 | 1年内 | 3年内 | 3年超 |
| 市場顧客 | 市場規模 | | | | | |
| | シェア動向 | | | | | |
| | 価格動向 | | | | | |
| | 顧客セグメント動向 | | | | | |
| 競合企業 | 異業種新規参入 | | | | | |
| | 既存競合 | | | | | |

## 第4節 経営資源（定性）分析

　前節のような外部環境の分析が終了したら、次に内部環境の分析を行います。ここでは企業内で複数の事業を展開している場合、その事業ごとに分析することが必要です。

　また最初に、自社の人・モノ・カネといった経営資源が、技術力、販売力等といった企業の定性的な強みとして有機的に結合しその効果をもたらしているか、といった経営資源分析もしくは定性分析を行います。

　その際、**図表6－4**のようなサンプルシートを利用すれば、網羅的かつ客観的に分析を行うことができます。

図表6－4　定性分析評価サンプル（技術力の一部）

| 分類 | 評価項目 | | 評価項目の説明および詳細 | | 評価 |
|---|---|---|---|---|---|
| 品質 | 開発・設計担当者 | 1 | 開発・設計担当者の存在 | | |
| | | 2 | 今期、来期にプラスか | | |
| | | 3 | 技術開発支援策の実施 | | |
| | 製造技術担当者 | 1 | 生産性・歩留り、製品合格率 | | |
| | | 2 | 工場のボトルネック工程 | | |
| | 外的資源活用 | 1 | 公的試験研究機関、大学の活用 | | |
| | | 2 | 技術コンサルタントの活用 | | |
| | 外部技術情報 | 1 | 公的試験研究機関、大学の活用 | | |
| | | 2 | 技術コンサルタントの活用 | | |
| | | 3 | 納入先から技術提供可能か | | |
| | | 4 | 異業種交流会の活用 | | |
| | | 5 | 外部技術情報担当窓口ありか | | |
| | 設備（主設備） | 1 | 設備は品質面で優れているか | | |
| | | 2 | 来期以降設備投資によるCF増加 | | |
| | 設備（付帯設備） | 1 | どのような付帯設備（CF増加） | | |
| | | 2 | 最近の設置設備（CF増加） | | |
| | 設備保全 | 1 | 設備保全体制は効率的か | | |
| | | 2 | PM導入、CFの改善効果 | | |
| | 品質管理 | 1 | 品質改善に影響を与える生産改善 | | |
| | | 2 | 製品検査合格率 | | |
| | | 3 | 工程品質の上昇 | | |

## 第5節 経営不振（原因）分析

　さらに自社が経営不振に陥っている場合は、前節の経営資源（定性）分析に加えて、なぜこのような経営不振に陥ってしまったのかその原因を考えておかなければなりません。

　経営が不振となる原因を考える場合、いくつかのパターンがあると考えられます。経営不振は、その始まりが今期に生じたものか、または前期以前より継続しているものかにより、大きく2つのタイプに分けられると考えられます。

　原因を調査するにあたり、まずは経営不振がいつから始まったのか、そのきっかけ（直接原因）は何かを考えてみることが必要です。そのうえでそのきっかけを生じさせた真因（間接原因）をトレースしなければなりません。しかしながら、経営不振のきっかけが一つであるとは限らず、またきっかけの真因を見つけるのは困難な場合が多いと思われます。ここでは、上記を踏まえたうえで、一般的な「経営不振のパターン」を説明することにします。

### (1) 経営不振のきっかけ（直接原因）は何か

#### 投資（もしくは投機）の失敗によるもの

##### ①設備投資の失敗型

　経営者が設備投資戦略を立てる際に、経営環境を客観的かつ的確に見渡すことなく、積極的な多角化戦略や拡大戦略を強いたことが原因で、経営不振を招く失敗型です。結果としては、多角化しすぎたために新事業の失敗が本業に影響を与えたり、設備の急な拡大に伴って借入金が増大したりといった失敗に繋がりがちです。

> **具体例**
>
> - 需要予測を誤まったり、投資の経済性予測計算なしで設備投資を実行に移したため、資金の大部分が固定化してしまい、運転資金の追加確保ができなくなってしまった
> - 同じく適正な予測なしに設備投資を行い、過多の借入をしたため、元利金が返済不可能になってしまった
> - 環境がデフレ不況に陥り、すでに所有の設備の売却が困難になったり、多額の含み損を抱えることになってしまったため、その設備を償却すること自体が破綻に繋がることになってしまった

②財テクの失敗型

経営者が土地や有価証券への投資に走ったため本業がおろそかになり、さらに市場が下落するなどして多額の含み損を抱え、その処分のために経営不振を招く失敗型です。

この失敗型では、同じく、子会社や関連会社、オーナー個人が財テクに走った場合でも、債務保証や貸付金の不良債権化の引き金となり、本業に影響を与えることもあるので、注意が必要といえます。

### リスクマネジメントの失敗によるもの

③連鎖不況型

親会社、あるいは取引先が経営破綻を起こし、それに巻き込まれた形で連鎖的に経営不振に陥る失敗型です。経営者が普段からこのようなリスクに対して管理、対応を怠っていないか注意しなければなりません。

> **具体例**
>
> - 親会社や販売先が経営破綻し、自社の売掛金や受取手形が回収不能になった
> - 上記と同じく、不良在庫が増加して、経営不振になった
> - 店舗や事務所のオーナーが経営破綻し、資金繰りとして当てにしていた保証金が回収不能になってしまった

④偶発債務型

想定の域を超えたアクシデントによって、本業および財務に悪影響を及ぼしてしまう失敗型です。近年では、特にコンプライアンス問題が企業経営に大きな打撃を及ぼすケースが多くみられます。

> **具体例**
> 
> - 脱税、法令違反等によって多額の科料や賠償金負担が生じ、経営不振に陥った
> - 地震や火災等の天災が発生し被害を受けたことによって、多額の復興負担が生じ、経営不振になった
> - 企業のコンプライアンス管理の不行き届きによって不祥事を起こし、社会的な信頼を失ったり、あるいは市場からの撤退を余儀なくされた
> - 労働争議等による偶発的な事故・事件等が、本業および財務へ著しい悪影響を及ぼした

## (2) 経営不振の真因（間接原因）は何か

①マネジメント不在型

経営者が経営環境の変化を見過ごし、経営の意思決定を誤ったり、的確な対応をとらずにいたことなどが経営不振につながるケースです。また、マネジメント意識の不在からの放漫経営によって経営困難となるケースもこれに当たります。

> **具体例**
> 
> - 主力商品の売上や収益の落ち込み、あるいはデフレ不況の長期化等の環境変化に直面しながら、新商品開発、事業再編、経営戦略の見直し等の適切な対応を行わず、累積赤字、債務超過となり経営不振になった
> - デフレ不況下においても増収・増益時代の経営を継続し、売上増大主義やコスト意識不在の経営を行い、また組織のリストラ断行の意思決定ができず、買掛債務増加、販売管理費増加、人件費増加等により経営不振に陥った

## ②オーナー放漫型

オーナー経営者が個人資産と法人資産を公私混同するような放漫経営を行い、経営困難に至るケースです。また、いわゆる「お手盛り」の過度な役員報酬や賃料等の支払いが、本業に悪影響を与えているケースもオーナー企業では多くみられます。

> **具体例**
> ●経営者やその家族、役員またはその関連会社等に対して安易な貸付や債務保証を行い、事業の失敗、財テクの失敗等によりその貸付金等が回収困難になり、本業が経営困難になった
> ●会社が売上不振であるにもかかわらず多額の役員報酬を支給し続け、経営困難になった

経営不振の原因を特定するのは困難な作業ですが、経営改善を行う前提として、経営者自身が、その経営責任に対していかに対応すべきかを考えるためにも欠くことのできない作業と思われます。

図表6-5に、時期と原因、そしてその原因間の因果関係を表示するためのサンプルシートを載せておきます。右列の推定原因影響度は、原因が複数に及ぶ場合、合計で100%になるように記載します。

**図表6-5　経営不振分析サンプル**

| | 原因 | 因果関係 | | | 推定原因影響度 |
|---|---|---|---|---|---|
| | | 2年超前 | 2年以内 | 1年以内 | |
| 経営者の問題 | A.マネジメント不在 | | | | |
| | B.オーナー放漫 | | | | |
| 投資の失敗 | C.設備投資失敗 | | | | |
| | D.財テク失敗 | | | | |
| リスクマネジメントの失敗 | E.連鎖不況 | | | | |
| | F.偶発債務 | | | | |
| 合計 | | | | | 100% |

たとえばW社では、2年前のずさんな投資計画がもとで経営不振に陥りましたが、それは、経営者が経営環境の変化の兆しがあったにもかかわらず、過大な投資を断行してしまったのが原因です。また同時に、最近大口取引先である会社が倒産し債権の回収不能が起こっていることも経営不振の原因となっています。

　このようなW社のケースで、「経営不振の原因」を表現する場合、上掲図表を利用してみましょう。このケースでは、2年前の「A．マネジメント不在」が、直近での「C．設備投資失敗」に結びついたことが、経営不振の全体の9割程度の原因があり、残りの1割は、直近での顧客倒産「E．連鎖不況」であると考えられるケースです（図表6－6参照）。

図表6－6　経営不振分析（W社）

| | 原因 | 因果関係 | | | 推定原因影響度 |
| --- | --- | --- | --- | --- | --- |
| | | 2年超前 | 2年以内 | 1年以内 | |
| 経営者の問題 | A．マネジメント不在 | | ● | | 60% |
| | B．オーナー放漫 | | | | 0% |
| 投資の失敗 | C．設備投資失敗 | | | | 30% |
| | D．財テク失敗 | | | | 0% |
| リスクマネジメントの失敗 | E．連鎖不況 | | | ●→ | 10% |
| | F．偶発債務 | | | | 0% |
| 合計 | | | | | 100% |

＊現実の実務としては、上記のように「原因」と「その影響度」を明確に示すことは難しいが、経営責任の所在を明確にすることは、コーポレートガバナンス上重要なことであると思われる。

　このW社では、原因を1分に調査後、経営責任として社長が減給を自ら進んで申し出るとともに、固定資産の投資に関しては取締役会専決事項とし、取引先の倒産リスクをヘッジするための保険をかけることにしました。

### (3) 不振原因把握後の対応

　上述のように、経営不振の原因が把握できたら、その原因に対していかに対応すべきかを検討しなければなりません。たとえば、リスクマネジメントの失敗であれば、リスクヘッジのための保険の加入や、コンプライアンスやIR対応マニュアル等の整備などを、投資の失敗であれば、投資額の回収をいかにすべきか、再

びこのような投資の失敗を起こさないためにどのようなルール化をすべきかなどを検討しなければなりません。

　またオーナー放漫型やマネジメント不在型といったケースでは、経営者の経営責任を重く考えなければなりません。経営者自身の私財を投げうってでも会社損害を穴埋めしなければいけない場合もあるでしょうし、経営者が辞任をして退職金を辞退し、新しい経営者にバトンタッチし、再生を託すというような場合もあるでしょう。

　いずれにしても経営不振の責任を、経営者自身が重く受け止め、企業の経営改善と再生に全力を尽くすという意識を持って行動することが要求されるでしょう。

## 第6節 各事業分野の分析

### (1) 事業セグメント情報の収集

　複数の事業セグメント（収益グループ単位）がある場合は、それぞれの事業セグメントごとに「売上高、売上原価、営業費用、使用している資産」および「セグメント間の取引額」をチェックして、どのセグメントが収益を上げ、どのセグメントが損失であり、どのセグメントが資産投入過剰であり、資産利益率が低くなっているかを客観的に確認します。単一の営業部が一つなど、会社として一つの事業を行っているような場合にも、極力事業のタイプを詳細化してこのような分析を行います。これにより、どの分野が稼ぎ頭か、資産や人員の投入が多すぎないかという判断がでます。

　事業は最終的に「既存の健全な事業分野」「研究・開発途上の事業分野」「縮小もしくは廃業を目指すべき事業分野」に分けることが必要となります。

### (2) 市場の魅力度と自社の経営資源力分析

　ここで外部的な要因といえる「当該事業の魅力度」（事業の成長性が大きいと見込まれる、もしくは成熟分野で今後衰退が見込まれるなど）を縦軸に、そしていわゆる内部的なものである現状の自社が持ちうる経営資源の質や規模を横軸にした図に、各事業をプロットします。これにより、自社の事業のポジショニングを客観的に捉えます。

## 第7節 決算書（定量）分析

　これまでのようなステップを経て、今回のテーマである「中小企業の財務指標」を利用した、決算書分析（定量分析）をいよいよ行います。

　その進め方については、第4章の事前準備、第5章の現状分析で述べたとおりです。また、その際に活用の手助けとなるよう『サンプルシート』を巻末に掲載していますので、そちらも参考にしてください。

　なお、中小企業であっても複数の事業を行うケースは多いと思われますが、そのようなケースでは、まず事業ごとの事業業績を適切に区分する必要があります。事業部門は事業別に、そしてスタッフ部門は機能別に、P／L、CF、B／S、そして従業員数や占有面積といった非財務項目を区分しておくと後の分析がスムーズにいきます。

図表6－7　事業別の定量分析

| | | 事業別 | | | | 機能別 | | | | 合計 |
|---|---|---|---|---|---|---|---|---|---|---|
| | | A事業 | B事業 | C事業 | 小計 | 開発 | 財務 | （略） | 小計 | |
| 【P／L】【CF】 | 売上高<br>売上原価<br>（略）<br><br>営業CF<br>（略） | | | | | | | | | |
| 【B／S】 | 現金・預金<br>売上債権<br>（略） | | | | | | | | | |
| 【非財務】 | 従業員数<br>占有面積<br>（略） | | | | | | | | | |

## 第8節 「延長シナリオ」の記載

　このような定性的な分析と決算書等からの定量分析が終われば、分析としては一段落です。

　そのような自社が、来年も同じようなビジネスのスタイルで企業運営を行ったら、どのような業績結果となるでしょうか？　その妥当なライン、1年後の姿を直感的に予想しておきましょう。その予想値が受け入れがたいものであれば、すぐさま改善に着手しなければなりません。改善に着手する必要があるのか、そしてどの程度の改善が必要かを予想しておくことは、今後の経営戦略を踏まえた経営計画を作成し、その計画を実行に移す際にも、有益な情報となることでしょう。

　ここでは、『現状分析シート』の右側に、「延長シナリオ」欄を設けて、そのままのスタイルで経営活動を延長するときに予想される数値を当てはめておきます。

　**図表6-8**、Z社の「延長シナリオ」では、次年度は減収減益がみこまれています。また売上高の成長が見込めないこともあって「13. 総資本回転率」は16年度と同じ1.0回、「29. 流動比率」に関しては100%以下に下落すると見込まれており、財務体質の見直しも検討すべきと考えられます。

第6章 「財務指標」の活用…経営計画

図表6－8 「延長シナリオ」の記載（Z社）

| | | | | 自社数値 | | | 延長シナリオ |
|---|---|---|---|---|---|---|---|
| | | | | 14年 | 15年 | 16年 | 17年 |
| 実数分析 | B/S | 流動資産　計 | （百万円） | 350 | 430 | 600 | 500 |
| | | 固定資産　計 | （百万円） | 360 | 360 | 400 | 400 |
| | | 資産　　　計 | （百万円） | 710 | 790 | 1,000 | 900 |
| | | 流動負債　計 | （百万円） | 360 | 405 | 500 | 550 |
| | | 固定負債　計 | （百万円） | 280 | 310 | 400 | 240 |
| | | 資本　　　計 | （百万円） | 70 | 75 | 100 | 110 |
| | P/L | 売上高 | （百万円） | 610 | 730 | 1,000 | 900 |
| | | 売上総利益 | （百万円） | 290 | 350 | 500 | 400 |
| | | 営業利益 | （百万円） | 30 | 20 | 50 | 40 |
| | | 経常利益 | （百万円） | 26 | 16 | 40 | 20 |
| | | 税引前当期純利益 | （百万円） | 23 | −5 | 40 | 20 |
| | | 当期純利益 | （百万円） | 13 | −5 | 25 | 10 |
| | | 期末従業員数 | （人） | 28 | 32 | 52 | 52 |
| 比率分析 | ①総合収益性分析 | | | | | | |
| | | 1．総資本営業利益率 | （％） | 4.2 | 2.5 | 5.0 | 4.4 |
| | | 2．総資本経常利益率 | （％） | 3.7 | 2.0 | 4.0 | 2.2 |
| | | 3．総資本当期純利益率（ROA） | （％） | 1.8 | −0.6 | 2.5 | 1.1 |
| | | 4．経営資本営業利益率 | （％） | 4.2 | 5.2 | 6.2 | 4.4 |
| | | 5．自己資本当期純利益率（ROE） | （％） | 18.6 | −6.7 | 25.0 | 9.1 |
| | ②売上高利益分析 | | | | | | |
| | | 6．売上高総利益率 | （％） | 47.5 | 47.9 | 50.0 | 44.4 |
| | | 7．売上高営業利益率 | （％） | 4.9 | 2.7 | 5.0 | 4.4 |
| | | 8．売上高経常利益率 | （％） | 4.3 | 2.2 | 4.0 | 2.2 |
| | | 9．売上高当期純利益率 | （％） | 2.1 | −0.7 | 2.5 | 1.1 |
| | | 10．売上高対労務費比率 | （％） | 23.6 | 19.7 | 20.0 | 20.0 |
| | | 11．売上高対販売費・管理費比率 | （％） | 47.5 | 45.2 | 45.0 | 40.0 |
| | | 12．売上高対人件費比率 | （％） | 12.7 | 12.1 | 8.9 | 10.0 |
| | ③回転率・回転期間分析 | | | | | | |
| | | 13．総資本回転率 | （回） | 0.9 | 0.9 | 1.0 | 1.0 |
| | | 14．固定資産回転率 | （回） | 1.7 | 2.0 | 2.5 | 2.3 |
| | | 15．有形固定資産回転率 | （回） | 1.5 | 1.9 | 2.3 | 2.3 |
| | | 16．売上債権回転期間A | （日） | 86.3 | 88.5 | 81.1 | 80.0 |
| | | 17．売上債権回転期間B | （日） | 90.3 | 91.8 | 83.5 | 85.0 |
| | | 18．受取手形回転期間A | （日） | 6.6 | 5.5 | 8.1 | 5.0 |
| | | 19．受取手形回転期間B | （日） | 10.6 | 8.8 | 10.5 | 10.0 |
| | | 20．売掛金回転期間 | （日） | 79.6 | 83.0 | 73.0 | 75.0 |
| | | 21．棚卸資産回転期間 | （日） | 39.8 | 38.7 | 36.5 | 35.0 |
| | | 22．製品（商品）回転期間 | （日） | 0.0 | 0.0 | 0.0 | 0.0 |
| | | 23．原材料回転期間 | （日） | 6.6 | 5.5 | 4.1 | 3.0 |
| | | 24．仕掛品回転期間 | （日） | 33.2 | 33.2 | 32.4 | 30.0 |
| | | 25．買入債務回転期間 | （日） | 79.6 | 77.4 | 66.9 | 70.0 |
| | | 26．買掛金回転期間 | （日） | 66.4 | 66.4 | 60.8 | 65.0 |
| | | 27．支払手形回転期間 | （日） | 13.3 | 11.1 | 6.1 | 5.0 |
| | ④財務レバレッジ分析 | | | | | | |
| | | 28．財務レバレッジ | （倍） | 10.1 | 10.5 | 10.0 | 8.2 |
| | ⑤短期支払能力分析 | | | | | | |
| | | 29．流動比率 | （％） | 97.2 | 106.2 | 120.0 | 90.9 |
| | | 30．当座比率 | （％） | 66.7 | 74.1 | 70.0 | 70.0 |

# 第9節 経営目標・経営戦略（CSF）・アクションプランの決定

## (1) SWOT分析

SWOT分析とは、自社内部の強み（S）と弱み（W）を分析し、外部環境の事業機会（O）と事業に影響を与える新規参入、代替品のマーケット拡大等の事業脅威（T）を抽出することです。

各々の項目については、前述の外部環境分析、内部環境分析の結果を踏まえて抽出します。なお、この項目出しは経営戦略の策定にあたり、重要な役割を担うことを認識する必要があります。

図表6－9　SWOT分析

|  |  | 事業機会 | 新たな脅威 |
|---|---|---|---|
|  |  | O<br>①<br>② | T<br>①<br>② |
| 強み | S<br>①<br>② |  |  |
| 弱み | W<br>①<br>② |  |  |

## (2) 事業成功要因（CSF）の明確化

事業成功要因（CSF）とは、SWOT分析やポジショニング分析等から、競争優位に立つことができ事業を成功に導くことができる、重要と認識できる要因のことです。事業成功要因を抽出するときに重要なことは、現在の事実としての経

営環境から将来の変化を織り込んで抽出することです。

図表6-10 SWOT分析から事業成功要因の切り出し

|  | 事業機会 | 新たな脅威 |
|---|---|---|
|  | O<br>①<br>② | T<br>①<br>② |
| S 強み<br>①<br>② | A<br>(1)<br>(2) | C<br>(1)<br>(2) |
| W 弱み<br>①<br>② | B<br>(1)<br>(2) | D<br>(1)<br>(2) |

A：事業機会をうまく自社の強みで取り込むために
B：事業機会を自社の弱みでとりこぼさないために
C：他社にとっての脅威を自社の機会に変えるために
D：脅威と弱みの鉢合わせで、最悪の事態を招かないために

重要な順に左側に記載します

〔事業成功要因の明確化〕

| CSF<br>（事業成功要因） | | | |
|---|---|---|---|
|  |  |  |  |
|  |  |  |  |
|  |  |  |  |
|  |  |  |  |
|  |  |  |  |

この段階で企業再編についても検討を行います。

①企業再編の形態

　企業再編の形態を、企業統合と企業売却・廃止の2つに分け、各々その形態と手法を例示すると、図表6-11のようになります。

図表6-11　企業再編の形態

| 区分 | 形態 | 手法（例） |
|---|---|---|
| 企業統合 | 合併 | ●合併 |
| | 純粋持株会社 | ●株式移転 |
| | 事業の取得 | ●事業譲受 |
| | 子会社化 | ●株式の取得<br>●株式交換による他の会社の子会社化 |
| 企業の売却・廃止 | 事業の売却 | ●事業譲渡<br>●MBO |
| | 事業の廃止 | |
| | 子会社の売却 | ●子会社株式の売却<br>●MBO |
| | 子会社の整理 | ●私的整理、清算、民事再生、会社更生、破産、特別清算 |
| その他 | | ●会社分割 |

### ア）合併

合併とは、2つ以上の会社が契約により合体して1つの会社になることです。合併の形態には、既存のすべての会社が解散して新会社を設立する新設合併と、合併する会社のうちの1社が存続会社として他の会社を吸収する吸収合併とがあります。

合併は吸収される会社のすべてを引き継ぐ包括承継で、資産・負債、権利・義務等そのすべてが存続会社に引き継がれます。

### イ）株式交換・株式移転

株式交換とは、子会社となる会社の株主からその会社の株式を譲り受け、代わりに親会社となる会社の株式を交付するものです。これによって企業を100％子会社として支配下に置くことが可能になります。

子会社の会社の純資産を限度として、子会社となる会社の株主に、親会社となる株式を割り当てることによって100％子会社とする制度です。

株式移転とは、完全親会社を設立するために、完全子会社となる会社の株式を、完全親会社となる会社に移転し、代わりに完全親会社の発行する株式の割当を受

けて、完全親会社の株主となることをいいます。株式移転は、純粋持株会社を設立することを可能とする制度です。

　ウ）事業譲渡（事業譲受）

　事業譲渡とは、企業の再編成等、一定の営業目的のために組織化された有機的一体としての会社全体または事業部門を譲渡することです。譲渡されるのは資産・負債だけではなく、事業譲渡される会社の得意先関係、ノウハウ等すべてです。事業譲受する側は、譲り受ける資産に見合った資金が必要となります。

　エ）株式の取得

　株式の取得は、子会社化に必要な株数の株式を、他の株主より取得するものです。公開会社の場合は、公開買付けの方法もありますが、非公開会社の場合は、相対取引が一般的です。

　オ）MBO

　MBOは、マネジメント・バイ・アウトの略語で、一般には経営陣による企業の買収を指します。買収者が第三者ではなく、対象事業のそれまでの関係者であるという点がMBOの最大の特徴です。

　実行手順としては、受け皿会社が準備され、そこで資金が調達され買収が行われます。MBOの実行形態は、買収や買収後の経営主体によっていろいろな形態に分けられますし、事業譲渡、会社分割、合併買収等を組み合せて行われます。

　カ）会社分割

　会社分割は、その営業の全部または一部を他の会社に承継させる法律上の制度です。会社分割により営業を承継する会社が、分割により新たに設立される会社（設立会社）である場合を「新設分割」（会社法762条）といい、すでに存在する他の会社（承継会社）である場合を「吸収分割」（会社法757条）といいます。

　会社分割は、株式の交付が行われるため資金が不要であることや、権利義務関係が包括承継されるので債権者や契約当事者の個別の同意は不要であることから、合併や事業譲渡より経済的かつ実行性に優れているとされ、事業再編・リストラの手段として活用されています。

②事業運営の見直し

ア）業務提携

共同研究開発、ライセンス提供、製造委託など研究開発・生産部門において、販売委託や共同受注など販売部門において、また情報の共有化など情報システム部門において、事業のあらゆる分野で業務提携が浸透しています。

業務提携は、自社の経営権の変更を伴わないで、事業の多角化を行ったり、事業の優位性を高めたりすることを狙いとして、企業同士が連携することです。業務提携を利用すれば、新分野や新製品の開拓等において、新たな投資を必要とせずに比較的短期間で一定の効果をあげることができる可能性があり、時間・コストの削減およびリスクの回避として有効な手段とされています。

イ）シェアードサービス

シェアードサービスとは、経営的な観点から、共通的に発生する間接業務を組織内に集中させることにより、低価格で高品質のサービスを内部のセクションに提供する形態をいいます。

一般的なケースとしては、総務・人事・財務・経理等の業務の集中化やコア事業のバックオフィスを集中的に処理する部門を設けることにより、コア事業の効率化を図るなどのケースが挙げられます。

ウ）アウトソーシング

アウトソーシングは、自社の非効率な部分や低付加価値業務等の重要性の低い業務を外部に委託することで、費用構造改善や企業構造改善を行おうとするものです。

アウトソーシングのメリットとしては、専門的知識を利用できること、固定費コストの削減などがありますが、逆にデメリットとしては、秘密保持の問題があること、アウトソーシングに伴うリストラで社員の意識低下が起こることが多いこと、などが挙げられます。

**(3) アクションプランの決定**

上述の事業成功要因ごとに、具体的にどのようなアクションを行うべきかとい

う、アクションプランを決定します（**図表6−12**参照）。また各々のアクションプランにつき、各課、各係、各人が何をすべきかについてのTodoリストを作成する（**図表6−13**参照）のが有用です。

図表6−12　CSFからアクションプランへ

| CSF<br>（事業成功要因） | 1年以内に<br>何をすべきか | 3年以内に<br>何をすべきか | 3年超の期間で<br>何をすべきか |
|---|---|---|---|
|  |  |  |  |
|  |  |  |  |
|  |  |  |  |
|  |  |  |  |
|  |  |  |  |
|  |  |  |  |

図表6−13　アクションプランからTodoリストへ

| CSF<br>（事業成功要因） | 1年以内に<br>何をすべきか | 3年以内に<br>何をすべきか | 3年超の期間で<br>何をすべきか |
|---|---|---|---|
|  |  |  |  |
|  |  |  |  |
|  |  |  |  |
|  |  |  |  |
|  |  |  |  |
|  |  |  |  |

〔アクションプランの決定から
各課のTodoリストへ〕

| (1年以内の)<br>アクションプラン |  |  |  |
|---|---|---|---|
| 購買課 |  |  |  |
| 製造課 |  |  |  |
| 物流課 |  |  |  |
| 営業課 |  |  |  |
| 管理課 |  |  |  |
|  |  |  |  |

この段階では、それぞれのアクションプランやTodo項目が将来的な利益や財務にどのような影響を及ぼすかについて併行して検討する必要があります。

　また利益の拡大に対して、①収益の見直し、②費用の見直し、また財政状態の健全化をめざして③資産内容の見直し、④負債・資本の見直しも行っていきます。また「利益の拡大」は、一般的に**図表6-14**のような概念的な展開がなされます。

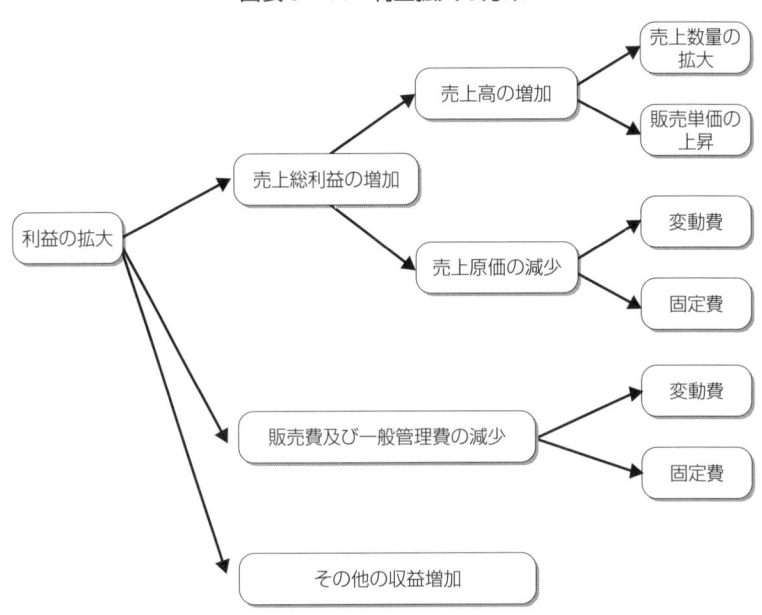

図表6-14　利益拡大の方策

```
利益の拡大 ─┬─ 売上総利益の増加 ─┬─ 売上高の増加 ─┬─ 売上数量の拡大
           │                    │                └─ 販売単価の上昇
           │                    └─ 売上原価の減少 ─┬─ 変動費
           │                                      └─ 固定費
           ├─ 販売費及び一般管理費の減少 ─┬─ 変動費
           │                              └─ 固定費
           └─ その他の収益増加
```

　各々の見直しが、相まって経営状態（財務状態）を改善させます。ポイントは、それぞれの見直しが、「財務」（損益計算書→キャッシュフロー計算書）に反映するかです。なお、会計上のいわゆる「利益」は、時間の前後はあるものの必ず「資金流入」をもたらします。したがって、借入返済等に充てる財源は、株主からの資本調達を別にすれば、必ず事業活動の結果たる「利益」より捻出しなければならないといえます。

①収益の見直し

■ 売上高の増加 ■

ア）PPM分析による製品分野の特定化

製品別または製品グループ別のPPM分析（売上総利益率・市場成長率）を行って、「現状の利益の柱は何か」、「今後利益の中心とすべきは何か」を検討し、次世代の「花形」商品に、経営資源の集中投資を行うなどの戦略を検討します。

イ）顧客ポジショニング分析による顧客区分化

顧客に対しても、当社より相手先への「売上規模」と「売上総利益率」によって、顧客をポジショニング分析（売上規模・売上総利益率）し、「現在どの顧客からの利益によって会社が成り立っているか」、また「今後は、どの顧客との取引を重視して利益を獲得していくのか」をイメージし、それを顧客戦略に反映して、販売促進策等の各種アクションに生かしていきます。

ウ）物流コスト等を加味した顧客分析

売上総利益率をみると、その会社の取引からどの程度の利益が上がるか想像ができますが、出荷頻度等の流通上での手間（販売コストとして「販売費及び一般管理費」として計上される。）を考慮すると、上記イ）の分析結果が修正されることがあります。物流コストが大きな問題となっている現在では、むしろそのようなコストを度外視しての分析は現実的ではありません。追加で発生するコスト以上に粗利益が獲得できているかが重要です。

エ）ライバル企業の製品価格分析

利益拡大をすべく、売上高を増加させるには、売上数量の拡大のほか、単価についても分析を行わなければなりません。この場合、「顧客からみて仕入先にあたる」当社のライバル企業がどのくらいの建値で売っているのか、値引きを加味した実値はどれくらいなのかの情報収集を行い、自社が利益を最大とする価格がいくらなのかを検証し、機をみて、そのような価格を目指した交渉を始めることも必要です。

■ その他の収益の増加 ■
　ア）固定資産売却損益
　現在稼動していないもので、今後も事業に利用しそうもないような有形固定資産（機械装置等の償却資産、土地等の非償却資産など）については、売却を検討します。
　イ）有価証券売却損益
　バブル時期等に購入した会社の取引とまったく関係のない投機的な有価証券、そして取引先の株式のうち配当期待ができないなど所有コストの回収ができないなどの有価証券は、売却を検討します。
　ウ）ゴルフ会員権売却損益
　ゴルフ会員権は、法人名義で一つのゴルフ場を何口も保有していたり、かつての営業上の付き合いで購入したようなもので、現在使用しておらず今後も使用見込みの小さいものは売却を検討します。
　エ）保険解約収入
　役員保険など、節税を主たる目的として加入したような生命保険契約等は、解約に伴うデメリットを十分に考慮したうえで、解約を検討します。
　オ）助成金収入
　国や地方公共団体では、中小企業対策として各種助成金・補助金制度を用意しているので、会社に適用可能なものは積極的に利用を検討します。
　②費用の見直し
■ 売上原価の減少 ■
　ア）製品別の製造原価分析
　メーカーにおいては、製造原価の低減は常に重要課題です。いま一度、各製品別に原価要素（およびその比率）と仕入単価を、シビアに見直す必要があります。特に原材料の仕入先選別や在庫量、下請け加工業者の選別や発注量等を中心に原価低減を図っていくことになります。
　品質等の面を考慮すると、仕入先の変更は容易ではないことも想定されますが、

製造原価の低減は利益の源泉と捉えて、なるべく客観的な目をもって検討を行います。

**イ）製品別の（材料調達～完成品納品の）工程分析**

各製品の原価要素を金額的に静態的に捉えるだけでなく、材料の調達から完成品の出庫までの工程を詳細に分析して、短納期を実現し、仕掛期間をできるだけ短くするような改善も必要となるでしょう。

■ 販売費及び一般管理費の減少 ■

**ア）人件費（人員）の削減**

管理部門を中心として、「業務をシェアすることで全体の作業時間を削減できないか、無駄な業務はないか、必要業務で改善すべき点はないか」など、各業務の分析業務を行ったうえで、適正配置を行います。

従業員の配置換えは、従業員のモチベーションを下げることにつながる可能性が強く、またリストラは、他の従業員への悪影響を及ぼす可能性があるため、十分な検討が必要です。

**イ）雇用形態の見直し**

現在では雇用形態が多様化し、準社員契約といわれる「社員」と「パートタイマー」の中間的な形態も一般的になってきています。また企業側からは、「必要なときに必要なだけ人材を確保したい」とのニーズが強くなっています。外部からの派遣スタッフの受入れも含め、会社に最適な人材を、最適な雇用形態で確保することを検討します。

**ウ）賃金・退職金規程の見直し**

不景気が続く今日では、従業員の賃金カットが珍しくありません。「管理職以上賞与30％カット」「全従業員賃金一律15％カット」など、業種を問わず、また規模を問わず賃金の見直しが行われています。

また退職金規程についても、支給金額の改定や、確定拠出型年金の導入を含めた検討をする企業が少なくありません。

エ）役員人員・報酬の見直し

役員についても従業員と同様、いやそれ以上に人員や報酬の見直しが行われています。特にバブル時に役員人数が膨張した会社では、その数の削減と、執行役員制度の導入を含めて検討の対象としています。

オ）役員退職慰労金の見直し

当然のことながら、役員の退職慰労金についても、その支給金額が多額になることからの金額の見直しが行われています。

カ）アウトソーシングの活用

現在、自社の強みであるコア・コンピタンスだけを自社内に残し、そのほかの業務は外部委託（アウトソーシング）しようと企業が多くなっています。

コスト面から、また品質面から、アウトソーシングのほうがパフォーマンスが高いと判断した場合に、信頼のできる業者に対して、企業秘密の漏洩リスクをヘッジするための対策を講じたうえで、アウトソーシングを行います。

キ）シェアードサービスの利用

現在は、グループ会社の管理業務、特に経理や人事を一つの会社に集約して専門的に業務を行う形態が大企業を中心に増えています。中小企業でもコスト的なメリットが認められれば、そのような形態を検討すべきと思われます。

ク）変動販売経費削減

販売コミッション等の販売費のうち、変動費部分については、その削減により、売上高の減少を招くおそれがありますが、そのようなものも含めて変動費率の削減に努めなくてはなりません。

ケ）固定販売経費削減

販売費のうち、大きなものとして人件費や車両リース料など販売費の固定費については、一つひとつコストダウンが可能かどうかを確認します。また交際費等も費用対効果を考えて削減可能なものがあれば、削減を検討します。

コ）変動一般管理経費

一般管理費のうち、変動費になるものはあまり多くないと思われますが、その

ようなものがあれば、販売費と同様の検討が必要です。

　サ）固定一般管理経費

　一般管理費の固定費についても、販売費同様に、シビアな削減が必要です。

■ その他費用・損失の減少 ■

　ア）貸倒損失

　売上債権先が倒産ともなれば、会計上の臨時損失である貸倒損失を計上せざるを得ないばかりか、資金繰りの不足が企業経営に与える影響も重大なものになりかねないため、事前に中小企業倒産防止共済制度等の利用を検討します。

　イ）在庫評価損

　特に商品・製品の陳腐化が早く、その影響が大きな業種では、商品・製品のみならず仕掛品や原材料を含んだ棚卸資産全体に対して、評価リスクを検討しなければなりません。その過程において、在庫アイテムや在庫量の見直しにより、評価損のリスクを減少させるとともに、それらの保管に要する倉敷料等の削減にも努めます。

　ウ）その他リスク

　企業経営に係るその他の損失リスクに十分に留意し、そのリスク負担を減少させるような管理体制など予防策を講じるとともに、保険等を活用してリスクテイク金額の削減に努めます。

　③資産内容の見直し

■ 流動資産の見直し ■

　ア）過大なキャッシュポジション

　資金計画においては、キャッシュの残高金額が経営の目標値の一つとして利用されることが多いと思われますが、キャッシュポジションが高すぎる場合、資本の有効な利用がなされていないと、外部的に判断される場合があります。

　企業ごとに適正なキャッシュポジションを検討し、それ以上の資金余剰については明確なポリシーをもって行動し、検討が不十分なまま投機や投資を行うといった行為は慎まなければなりません。

イ）収益を生まない担保定期預金

　現在の低金利時代では、定期預金の利息も非常に低率なものとなっています。借入金の見合いで定期預金を積んでいるような場合には、支払利息の削減をめざして、定期預金の解約、借入金返済を検討すべきです。

ウ）資金化の目途のたたない売上債権

　請求を繰り返し行っても回収の目途がたたない売上債権については、法的な対抗措置をとるなど回収についてアクションをとることが必要です。また回収がまったく見込めないなど一定の要件をクリアするものについては、貸倒損失処理をします。

エ）適正在庫を過度に超えた在庫水準

　在庫適正水準を過度に超えている場合には、在庫量削減のための仕入差し控えや、不良在庫や長期滞留在庫の調査・分析を行い、早急に処分を行います。

オ）収益を生まない有価証券

　取引先の企業の株式や銀行株式等、配当がない状態が続いているものや配当が小額で投資効果が著しく低いもの、また本業の活動に関連のない投機的な株式等は、処分を検討します。

カ）仮払金・前払金・立替金等

　仮払金、前払金、立替金等の流動資産に属する諸勘定残高は、常に支出の相手先や、回収や費用処理の時期が明確になっていなければなりません。そのような事項が不明でないものがあれば、費用処理をしなりればなりません。

■ 固定資産の見直し ■

ア）遊休・低稼働の機械等

　機械等の有形固定資産のうち、現在遊休、または稼働率が著しく低い場合には、この後の経営計画に鑑みて、その処分を検討します。

イ）遊休・低稼働の土地・建物

　工場棟、営業所や社宅等、その利用状況が低いものは、その売却を検討します。

ウ）ゴルフ会員権の処分
　顧客接待用などゴルフ会員権を保有している場合は、現在の利用状況に将来的な利用の方針を勘案して、処分を検討します。

エ）子会社株式・関連会社株式
　子会社株式や関連会社株式については、現在その会社が実質的に活動しているか、自社との関連が株式購入もしくは設立当時の計画どおりかを検討します。また、今後の自社の経営において関連度が非常に低かったり、リスク拡大のおそれがあるなどの懸念がある先については、会社の閉鎖や株式の売却を検討します。

オ）保険積立金の解約
　保険積立の趣旨やその金額の必要性を十分に考慮し、過大な保険積立金があれば、キャッシュフロー改善の面からも解約を検討すべきです。

カ）敷金・保証金の減額交渉
　事務所や工場の新規賃貸借契約の場合、賃料や保証金の金額が安くなる傾向があるようです。継続更新の契約時など、賃料のほか、敷金・保証金の減額交渉を行うことで、キャッシュフロー改善を目指すことも必要です。

キ）遊休電話加入権の整理
　電話加入権も事務所や人員の減少により、不要なものが生じることが多くなっています。そのようなものに関しては、早期に解約・資金化を考えるべきです。

④負債・資本の見直し

■ 負債の見直し ■

ア）簿外債務の計上
　簿外債務（借入金や保証債務等）については、決算書にすべて計上もしくは記載済みであるかを確認し、漏れがあれば修正処理を行います。
　また各種税金や社会保険料の確定債務分についても同様です。

イ）高金利借入金の見直し
　ノンバンク、商工ローン、マチ金融等、高金利での借入がないか、そのようなものがあれば、公的融資を含めて他から低金利で調達できないかを検討します。

ウ）私募債の発行検討

　取引先、親類や知り合いなど比較的自社の事業に協力的な人たちに、社債を引き受けてもらうことができないか検討します。この場合、期限一括返済が原則となるため、借入金の分割返済のように、常にその返済財源のための資金繰りを考えなくてもよいこと、社債の償還期限が比較的長いことなど、資金繰りに対しては好条件となりますが、利息については、若干高めに設定することが多いようです。

エ）新株予約権付社債の発行

　従来転換社債、新株引受権付社債とされていたものが、商法改正により、新株予約権付社債に整理統合されました。これは資金調達する企業側からみると、デッド（負債）とエクイティ（資本）の双方の性格を兼ね備えたものですが、投資家の側からみると、企業業績が回復した際の株式取得オプションを持つということで、魅力があるものといえます。ただし、有利な条件で発行する場合など、株主総会の特別決議が必要であったり、税務上の問題が発生するケースがあるので、発行にあたっては注意が必要です。

オ）借入の期間延長（リスケ）可能性検討

　債務支払が滞っている企業であれば、現状借入金取引がある金融機関について、返済期間の延長等に向けた話し合いをすることで、資金的な余裕を確保する検討も必要です。

カ）デッドエクイティスワップの検討

　大手金融機関が債務過剰の上場企業に対して行い、株式市場で資金回収をはかる手法として利用されることが多いと思われますが、現状有する借入金の一部を資本（金）に転換するデッドエクイティスワップにより、強い経営資源を有する中小企業を中心に、債務削減・資本増強できる可能性があります。

キ）仕入債務の支払条件改定（要注意）

　仕入先に対して、支払期日の延長をお願いすることで、資金的な余裕を確保しようとするものです。しかし、このようなケースで「あの企業は危ない」という

ような情報が業界を駆け巡ると、商品や材料の仕入を確保することができなくなるおそれがあるため、特に注意が必要です。

### ク）退職給与規程の改定（要注意）

人件費のうちで大きな企業負担となるものに従業員の退職金債務があります。これに関しては、従業員等のモラールダウンに十分に留意しながら、「退職給与規程」の改定をはかって、引当金債務を減少する検討が必要です。

■ 資本の見直し ■

### ア）第三者割当増資の検討

私募債と同じように、取引先や親類等に増資を引き受けてもらうことによって、資本金を充実させるとともにニューマネーを確保します。

### イ）減資による欠損金の減額

減資を決議し実行することによって、「欠損金」を減額するものです。資金的な流入はありませんが、企業の貸借対照表・資本の部に鎮座した「欠損金」を一掃することができれば、再スタートに対する意識づけ効果が高くなる可能性が見込めます。

上述の経営目標・経営戦略（CSF）・アクションプランは、Z社というよりもむしろもっと経営改善の必要度、緊急度の高い企業に該当するようなものが多かったと思われます。しかしながら３年先、５年先の経営計画を考える場合、現状の業績が良好であったとしても、絶えまない企業努力が必要なのはいうまでもありません。

## 第10節 個別計画（案）の作成および整合性検討

**(1) アクションプランと個別計画（『経営計画作成シート』の枠外）**

　各事業におけるアクションプランができたら、それを数値化する作業を行います。アクションプランより、個別計画（販売計画、製造原価計画、経費計画、人員計画、設備投資計画、事業撤退・資産売却計画）にその要件を充足するための金額や数値を記載します。

**(2) 個別計画間の整合性確認（『経営計画作成シート』の枠外）**

　上記の個別計画が全体として無理のないものか、相互に背反するものはないかを大きな視点で確認するとともに、項目細部でも不整合がないかを確認・検討します。

## 第11節 「目標シナリオ」作成

　目標とする実数や比率などを設定し、最終の個別計画や「経営（改善）計画」と比較して、適切なものか否かを判断します。そしてそれが妥当であれば「財務目標」として確定します。

## 第12節 経営（改善）計画の確定

**(1) 個別計画と経営（改善）計画（『経営計画作成シート』の枠外）**

作成した個別計画の数値を、「経営（改善）計画」の将来1年～5年の欄に、見込値として転記します。

**(2) 確定の財務目標を経営（改善）計画に記載（『経営計画作成シート』の枠外）**

確定した財務目標を、「経営（改善）計画」に転記します。

## 第13節 『経営計画作成シート』の記載

前述のような策定の手順を経て、3年間から5年間の中期的な経営（改善）計画が策定されますが、『経営計画作成シート』には次年度のCSF、アクションプラン、そして計画数値（目標シナリオ）を整理します。

図表6-15 『経営計画作成シート』への記載

| | | | | 自社数値 | | | | 延長シナリオ | CSF | 目標シナリオ |
|---|---|---|---|---|---|---|---|---|---|---|
| | | | | 14年 | 15年 | 16年 | 17年 | | アクションプラン | 17年 |
| 実数分析 | B/S | 流動資産 計 | (百万円) | 350 | 430 | 600 | 500 | | 在庫の圧縮 | 500 |
| | | 固定資産 計 | (百万円) | 360 | 360 | 400 | 400 | | 遊休・低稼働の土地・建物の売却 | 350 |
| | | 資産 計 | (百万円) | 710 | 790 | 1,000 | 900 | | | 850 |
| | | 流動負債 計 | (百万円) | 360 | 405 | 500 | 550 | | | 380 |
| | | 固定負債 計 | (百万円) | 280 | 310 | 400 | 240 | | 私募債の発行検討 | 340 |
| | | 資本 計 | (百万円) | 70 | 75 | 100 | 110 | | | 130 |
| | P/L | 売上高 | (百万円) | 610 | 730 | 1,000 | 900 | | コンサルティーション営業の拡充 | 920 |
| | | 売上総利益 | (百万円) | 290 | 350 | 500 | 400 | | | 420 |
| | | 営業利益 | (百万円) | 30 | 20 | 50 | 40 | | | 70 |
| | | 経常利益 | (百万円) | 26 | 16 | 40 | 20 | | | 50 |
| | | 税引前当期純利益 | (百万円) | 23 | −5 | 40 | 20 | | | 50 |
| | | 当期純利益 | (百万円) | 13 | −5 | 25 | 10 | | | 30 |
| | | 期末従業員数 | (人) | 28 | 32 | 52 | 52 | | 人員数の削減 | 50 |
| 比率分析 | | ①総合収益性分析 | | | | | | | | |
| | | 1. 総資本営業利益率 | (%) | 4.2 | 2.5 | 5.0 | 4.4 | | | 8.2 |
| | | 2. 総資本経常利益率 | (%) | 3.7 | 2.0 | 4.0 | 2.2 | | | 5.9 |
| | | 3. 総資本当期純利益率 (ROA) | (%) | 1.8 | −0.6 | 2.5 | 1.1 | | | 3.5 |
| | | 4. 経営資本営業利益率 | (%) | 4.2 | 5.2 | 6.2 | 4.4 | | | 8.2 |
| | | 5. 自己資本当期純利益率 (ROE) | (%) | 18.6 | −6.7 | 25.0 | 9.1 | | | 23.1 |
| | | ②売上高利益分析 | | | | | | | 外注単価の見直し 事務所・社宅家賃の見直し | | |
| | | 6. 売上高総利益率 | (%) | 47.5 | 47.9 | 50.0 | 44.4 | | | 45.7 |
| | | 7. 売上高営業利益率 | (%) | 4.9 | 2.7 | 5.0 | 4.4 | | | 7.6 |
| | | 8. 売上高経常利益率 | (%) | 4.3 | 2.2 | 4.0 | 2.2 | | | 5.4 |
| | | 9. 売上高当期純利益率 | (%) | 2.1 | −0.7 | 2.5 | 1.1 | | | 3.3 |
| | | 10. 売上高対労務費比率 | (%) | 23.6 | 19.7 | 20.0 | 20.0 | | | 18.0 |
| | | 11. 売上高対販売費・管理費比率 | (%) | 47.5 | 45.2 | 45.0 | 40.0 | | | 38.0 |
| | | 12. 売上高対人件費率 | (%) | 12.7 | 12.1 | 8.9 | 10.0 | | | 9.5 |
| | | ③回転率・回転期間分析 | | | | | | | 在庫(仕掛品)の圧縮 | | |
| | | 13. 総資本回転率 | (回) | 0.9 | 0.9 | 1.0 | 1.0 | | | 1.1 |
| | | 14. 固定資産回転率 | (回) | 1.7 | 2.0 | 2.5 | 2.3 | | | 2.6 |
| | | 15. 有形固定資産回転率 | (回) | 1.5 | 1.9 | 2.3 | 2.3 | | | 2.6 |
| | | 16. 売上債権回転期間A | (日) | 86.3 | 88.5 | 81.1 | 80.0 | | | 80.0 |
| | | 17. 売上債権回転期間B | (日) | 90.3 | 91.8 | 83.5 | 85.0 | | | 85.0 |
| | | 18. 受取手形回転期間A | (日) | 6.6 | 5.5 | 8.1 | 5.0 | | | 5.0 |
| | | 19. 受取手形回転期間B | (日) | 10.6 | 8.8 | 10.5 | 10.0 | | | 10.0 |
| | | 20. 売掛金回転期間 | (日) | 79.6 | 83.0 | 73.0 | 75.0 | | | 75.0 |
| | | 21. 棚卸資産回転期間 | (日) | 39.8 | 38.7 | 36.5 | 35.0 | | | 20.0 |
| | | 22. 製品(商品)回転期間 | (日) | 0.0 | 0.0 | 0.0 | 0.0 | | | 0.0 |
| | | 23. 原材料回転期間 | (日) | 6.6 | 5.5 | 4.1 | 3.0 | | | 3.0 |
| | | 24. 仕掛品回転期間 | (日) | 33.2 | 33.2 | 32.4 | 30.0 | | | 17.0 |
| | | 25. 買入債務回転期間 | (日) | 79.6 | 77.4 | 66.9 | 70.0 | | | 70.0 |
| | | 26. 買掛金回転期間 | (日) | 66.4 | 66.4 | 60.8 | 65.0 | | | 65.0 |
| | | 27. 支払手形回転期間 | (日) | 13.3 | 11.1 | 6.1 | 5.0 | | | 5.0 |
| | | ④財務レバレッジ分析 | | | | | | | | | |
| | | 28. 財務レバレッジ | (倍) | 10.1 | 10.5 | 10.0 | 8.2 | | | 6.5 |
| | | ⑤短期支払能力分析 | | | | | | | | | |
| | | 29. 流動比率 | (%) | 97.2 | 106.2 | 120.0 | 90.9 | | | 131.6 |
| | | 30. 当座比率 | (%) | 66.7 | 74.1 | 70.0 | 70.0 | | | 95.0 |

# 第7章

## 「財務指標」の活用事例集

## 第1節 活用事例1 卸売業A社（飲食料品卸売業）

### 1 A社の紹介

　A社は、平成元年に設立した飲食料品の卸売業で、神奈川県内に本社および事業所を置き、資本金1億2,500万円、売上高13億円強、従業員数30名という比較的規模の小さい企業です。個人商店や県内に店舗展開している食品スーパーを中心に取引を行っていて、取引先からは大きな信頼を寄せていただいています。取扱商品は加工食品が中心ですが、ほかに冷蔵・冷凍食品も取り扱っています。

　ここ数年、A社は売上拡大を志向していて、新規取引先の獲得に積極的に取り組んでいます。また売上拡大のために冷蔵・冷凍食品の取引拡大にも取り組んでいて、それに伴う従業員の増員や物流設備投資や改良等の動きがありました。また、A社を取り巻く環境の変化としては、関西地方を中心に店舗展開を行っている食品スーパーが県内への出店計画を明らかにし、近い将来関東1号店を県内に出店する予定があることや、取引先の物流センターに商品を納品する際に発生する物流センター使用料（センターフィー）等が挙げられます。

### 2 卸売業界の動向は？

　A社の業種は、大分類では卸売業となります。卸売業とは生産者、製造者から商品を仕入れ、小売業や業務用ユーザーへの販売活動と配送や在庫調整等の物流活動を行う中間流通業者です。

　飲食料品卸売業は総合スーパーや食品スーパー、コンビニエンスストア等の小売業が主な販売先であり、それらの動向は飲食料品卸売業の経営を大きく左右します。近年、中小企業を中心に小売業の倒産が増加していることから、卸売業にとっては貸倒れリスクが高まっています。

また、鮮度管理を必要とする商品の管理費用や①で述べたセンターフィーの発生等、物流に関連する費用を多く必要とし、それが飲食料品卸売業の収益構造を圧迫しています。

その卸売業の指標を「中小企業の財務指標」からピックアップしてみましょう。

図表７－１－１　卸売業（大分類）の概況

| (単位:千円 & %) | 平成14年 | 平成15年 | 平成16年 |
|---|---|---|---|
| 売上高 | 2,252,168 | 2,280,289 | 2,370,536 |
| 売上総利益 | 349,506 | 353,124 | 366,919 |
| 営業利益 | 30,388 | 34,896 | 42,033 |
| 経常利益 | 31,987 | 35,081 | 42,032 |
| 総資本当期純利益率 | 0.6 | 0.7 | 0.8 |
| 総資本経常利益率 | 1.2 | 1.3 | 1.5 |
| 売上高営業利益率 | 0.8 | 0.9 | 1.0 |
| 売上高経常利益率 | 0.6 | 0.7 | 0.8 |

図表７－１－１をみると、最近の３年間を通じてすべての指標が増加していることから、全体的に状況が改善しているといえます。

ここで、売上高と売上総利益、売上高と営業利益の関係をみていくと特徴が表れます。売上高と売上総利益の増加率はほぼ同じ（売上高が平成15年1.2％、16年４％の増加率）となっている中、営業利益の増加率は、15年14.8％、16年20.5％と大幅に増加しています。これより、営業利益の改善要因として販売管理費の削減等が進められたと推測することができます。

## ③ 飲食料品卸売業界の動向は？

さらに細分化し、図表７－１－２では、卸売業の中でもA社と同様に飲食料品を扱っている企業の指標をみてみましょう。

図表7－1－2　飲食料品卸売業（中分類の概況）

| (単位:千円 & %) | 平成14年 | 平成15年 | 平成16年 |
|---|---|---|---|
| 売上高 | 3,022,290 | 3,050,848 | 3,106,179 |
| 売上総利益 | 371,189 | 377,386 | 385,262 |
| 営業利益 | 23,969 | 27,669 | 31,107 |
| 経常利益 | 26,813 | 28,994 | 31,491 |
| 総資本当期純利益率 | 0.6 | 0.7 | 0.6 |
| 総資本経常利益率 | 1.3 | 1.4 | 1.3 |
| 売上高営業利益率 | 0.4 | 0.5 | 0.5 |
| 売上高経常利益率 | 0.4 | 0.5 | 0.5 |

　売上高、利益額に関しては3年間を通じて増加していますが、各指標の増加率は卸売業全体と比較すると低くなっていることがわかります。
　一方、総資本に対する利益率は微増微減となっています。このことから、総資本の運用効率にそれほど大きな改善がみられないことがわかります。
　卸売業界、飲食料品卸売業界の動向を大まかに把握したところで、A社の詳細な経営分析に移っていきたいと思います。

## 4　いざ自社分析！（実数分析）

　まずは直近3期分のA社と飲食料品卸売業の平均値を示した貸借対照表を用いて、財務状況の推移についてみてみましょう。

## (1) 貸借対照表

### 図表7－1－3　貸借対照表3期推移

平成14年

| 流動資産 245,000 | 流動負債 250,000 |
|---|---|
| 固定資産 145,000 | 資本 119,000 |

平成15年

| 流動資産 260,000 | 流動負債 270,000 |
|---|---|
| 固定資産 140,000 | 資本 122,000 |

平成16年

| 流動資産 280,000 | 流動負債 310,000 |
|---|---|
| 固定資産 180,000 | 資本 127,000 |

単位：千円

| A社 | 平成14年 | 平成15年 | 平成16年 |
|---|---|---|---|
| 流動資産計 | 245,000 | 260,000 | 280,000 |
| 固定資産計 | 145,000 | 140,000 | 180,000 |
| 資産計 | 390,000 | 400,000 | 460,000 |
| 流動負債計 | 250,000 | 270,000 | 310,000 |
| 固定負債計 | 21,000 | 8,000 | 23,000 |
| 資本計 | 119,000 | 122,000 | 127,000 |

| 業界中分類 | 平成14年 | 平成15年 | 平成16年 |
|---|---|---|---|
| 流動資産計 | 724,188 | 729,834 | 749,740 |
| 固定資産計 | 410,567 | 417,436 | 421,684 |
| 資産計 | 1,136,653 | 1,149,195 | 1,173,185 |
| 流動負債計 | 641,564 | 633,165 | 633,118 |
| 固定負債計 | 268,227 | 277,273 | 289,689 |
| 資本計 | 226,862 | 238,757 | 250,378 |

※業界値の資産には繰延資産を表示していません。

◇注目点～貸借対照表より

　まず資産計を見ると、A社の総資本は業界平均のおよそ40％程度となっており、業界の中では比較的規模の小さい企業であることがわかります。

　次に3年間の推移をみると、A社の総資本（資産計）の増加率は業界平均の増加率よりも大きくなっていることから、業績が好調であることがうかがえます。

　特筆すべき点は流動負債であり、A社の流動負債は流動資産よりも多くなっていることから、負債を支払う際に資金がショートするおそれがあります。

　また、16年度には固定資産と流動負債の増加の幅が大きく、冒頭で触れた設備投資の影響で短期借入金が発生したことも、貸借対照表から考えられます。

　続いて1年間の会社の業績を表す損益計算書についてもみていきましょう。業

界平均値については図表7-1-2を参照してください。

## (2) 損益計算書

図表7-1-4　損益計算書3期推移

| 平成14年 | 平成15年 | 平成16年 |
|---|---|---|
| 売上高 1,300,000 | 売上高 1,380,000 | 売上高 1,480,000 |
| 売上総利益 120,000 | 売上総利益 136,000 | 売上総利益 150,000 |

単位:千円

| A社 | 平成14年 | 平成15年 | 平成16年 |
|---|---|---|---|
| 売上高 | 1,300,000 | 1,380,000 | 1,480,000 |
| 売上総利益 | 120,000 | 136,000 | 150,000 |
| 営業利益 | 15,000 | 11,000 | 9,000 |
| 経常利益 | 18,000 | 14,000 | 13,000 |
| 当期純利益 | 10,000 | 3,000 | 5,000 |

| 業界中分類 | 平成14年 | 平成15年 | 平成16年 |
|---|---|---|---|
| 売上高 | 3,022,290 | 3,050,848 | 3,106,179 |
| 売上総利益 | 371,189 | 377,389 | 385,262 |
| 営業利益 | 23,969 | 27,669 | 31,107 |
| 経常利益 | 26,813 | 28,994 | 31,491 |
| 当期純利益 | 9,656 | 12,939 | 14,291 |

◇注目点～損益計算書より

　業界平均は売上高、利益ともに増加しているのに対し、A社は売上高の増加と売上総利益を除く各段階利益減少の構図が明確になっています。

　売上高の増加率は業界の平均値より高く、新規取引先の獲得や冷蔵・冷凍食品の取り扱いを始めたことなどが増収に寄与していることが予想されます。

　また、売上総利益は年々増加していて、利益率の高い商品の拡売や売上原価の引下げが進んでいることが推測できますが、一方で営業利益は大きく減少しています。このことから販売管理費が年々増加していることがわかります。

　続いて、A社の貸借対照表と損益計算書をみてみましょう。

## (3) 当期財務諸表

**図表7-1-5　平成16年A社の貸借対照表と損益計算書の比較図**

| 流動資産 280,000 | 流動負債 310,000 |
| 固定資産 180,000 | 資本　127,000 |

売上高　1,480,000

売上総利益　150,000

　貸借対照表と損益計算書から算出した総資本回転率において、業界の平均値を上回っていることから、資産を有効に利用して経営活動を行っているということができます。しかし、固定資産回転率に関しては16年度に下降していることから、同期中に行った設備投資は現時点では売上拡大に寄与していないこともわかります。

　財務諸表からみたA社の最近3年の財務状況をまとめると、財務活動も含めた総合的な経営活動は効率的で、売上の拡大にも成功していますが、一方で販売管理費の増加に伴い、利益の縮小が進んでいるといえます。また、総資本の内訳をみてみたところ、総資本の増加は利益の積立でなく、他人資本によるものであることがわかりました。

## 5　A社の実力は？（比率分析）

### (1) レーダーチャートから見るA社

　続いて、A社の財務諸表をもとに算出した各指標の比率をみていきます。**図表7-1-6**は各指標をもとに作成したレーダーチャートです。

図表7-1-6　A社レーダーチャート

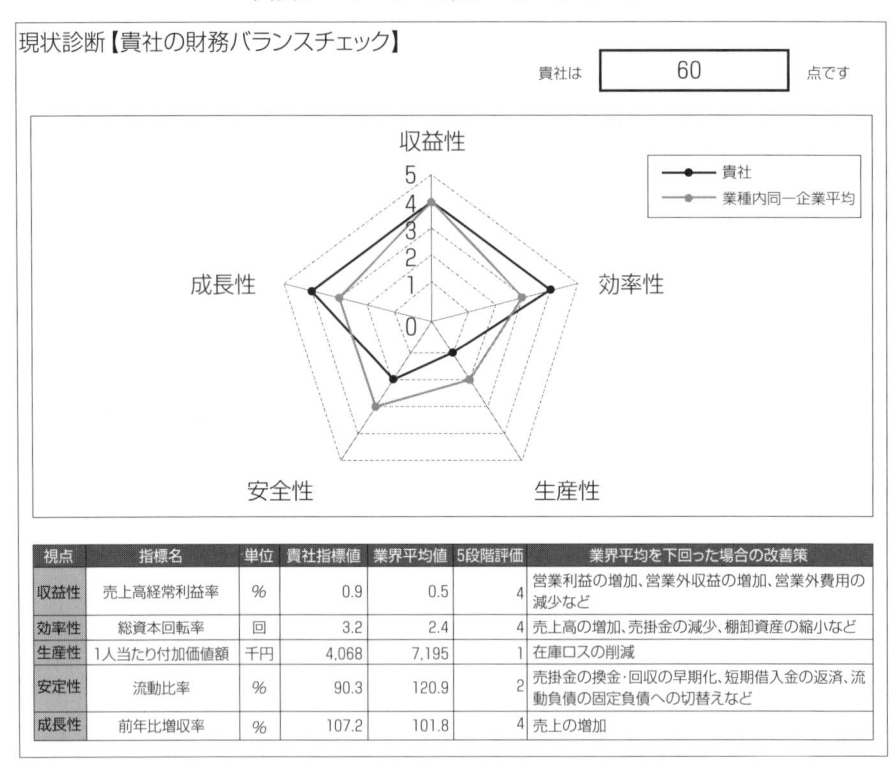

現状診断【貴社の財務バランスチェック】

貴社は 60 点です

| 視点 | 指標名 | 単位 | 貴社指標値 | 業界平均値 | 5段階評価 | 業界平均を下回った場合の改善策 |
|---|---|---|---|---|---|---|
| 収益性 | 売上高経常利益率 | ％ | 0.9 | 0.5 | 4 | 営業利益の増加、営業外収益の増加、営業外費用の減少など |
| 効率性 | 総資本回転率 | 回 | 3.2 | 2.4 | 4 | 売上高の増加、売掛金の減少、棚卸資産の縮小など |
| 生産性 | 1人当たり付加価値額 | 千円 | 4,068 | 7,195 | 1 | 在庫ロスの削減 |
| 安定性 | 流動比率 | ％ | 90.3 | 120.9 | 2 | 売掛金の換金・回収の早期化、短期借入金の返済、流動負債の固定負債への切替えなど |
| 成長性 | 前年比増収率 | ％ | 107.2 | 101.8 | 4 | 売上の増加 |

## (2) 要因を掘り下げる

　レーダーチャートにおいてA社の数値と業界平均値を照らし合わせると、業界平均値を上回っている指標、下回っている指標がそれぞれ存在しています。

　業界平均値を上回っているのが収益性、効率性、成長性であり、財務活動を含めた全般的な経営活動は効率的であることや売上拡大に成功していることがわかります。

　一方、生産性、安全性においては業界平均値を大きく下回ってしまっています。安全性に関しては❹の実数分析でも触れたとおり、流動資産よりも流動負債が大きくなってしまっていて、危険な状態といえるでしょう。

## (3) 課題

ここまで貸借対照表、損益計算書を用いた実数分析と比率分析を行ってきました。そこからわかるA社の財務上の課題は以下の3点です。

●課題1：販売管理費の増加

売上高の増加率よりも販売管理費の増加率が高くなっています。収益性も効率性も総合的によいものの、さらなる収益性の向上のためには、販売管理費の増加を抑える必要がありそうです。

●課題2：低い流動比率

現在のように流動比率が100%を下回る状況が今後も継続したならば、資金繰りが行き詰まり、買掛金や支払手形等の負債に対して支払いを行う際に資金が不足する可能性があります。一般的に流動比率は100%を切ると問題といわれています。

●課題3：付加価値額の小ささ

付加価値額とは企業が事業活動を通じて新たに生み出した価値のことです。新たに生み出した価値には生産活動や販売活動等を介したものだけではなく、社会的な貢献という意味で雇用や税負担、金利負担等も含まれます。生産性を表す1人当たり付加価値額は付加価値率、設備資産回転率、労働装備率の積から算出されます。この数値が小さいということは、設備、労働力を効率的に活用できていないということになります。

## (4) 目標値と回避値

これまで見てきた指標の中で最も注意しなければならないのは流動比率です。100%を下回ると1年以内に返済義務のある負債が1年以内に換金可能な資産よりも大きいことになり、資金繰りに支障を来した状態に陥ります。A社の90.3%という数字は危険な状態であり、業界平均の120.9%を目標にして改善策を進めていくべきでしょう。

## (5) 財務目標

●財務目標1：販売管理費の削減

販売管理費にはさまざまな費目があるため、まずはどの費目が増加しているのかを把握する必要があります。そのうえで、可能なものであれば低減に向け人件費の削減や雇用形態の見直し、交際費の削減等の具体的なアクションを起こしていくべきだと考えられます。

●財務目標2：流動資産の増加、流動負債の削減

　流動比率を改善するために、まずは流動資産を増やし短期的な支払能力を上げることが必要となります。固定資産を流動資産化すること。例えば遊休固定資産を売却して現金（流動資産）化することなどを実行します。また別途、売掛金や受取手形といった売上債権を早期に換金、回収すること、短期貸付金の早期回収、不良在庫や滞留在庫の処分が必要となります。

　また、短期的に返済を迫られる流動負債を減らすためには、短期借入金を長期借入金にシフトするなどの取組みが必要となります。

●財務目標3：付加価値額の改善

　⑤の**(3)**で述べたように1人当たり付加価値額は、付加価値率、設備資産回転率、労働装備率の積から算出されます。この数値を高めるためには、従業員の数や配置、設備の利用状況について見直しを行い、改善を行うことが必要となります。

## 6　現状の重要課題とその原因（定性）分析

　これまでは財務諸表等の数値をもとにして、実数、比率の分析を行ってきましたが、具体的に改善策を打ち出すためには、これらの分析に加えて外部環境や内部資源の分析を行う必要があります。

### (1) 定性分析（経営資源分析）

　A社の経営に与える影響の大きい外部環境や内部資源について評価を行い、図表7-1-7にまとめました。

図表7−1−7　定性分析シート

| 分類 | 評価項目 | 評価項目の説明 | 評価 | 総合評価 |
|---|---|---|---|---|
| 人 | 従業員教育 | 従業員数は適切か | c | C |
| | | 従業員の教育体系 | c | |
| | 営業担当者 | 取引先との人間関係 | a | A |
| | | 商品知識 | a | |
| | | 市場ニーズを反映した商品の案内を行っているか | a | |
| | | 提案力 | b | |
| | | 売上予算達成率 | b | |
| | 発注担当者 | 欠品率 | b | B |
| | | 不良在庫 | c | |
| | | 滞留在庫 | c | |
| | システム担当者 | 処理の正確性 | b | B |
| | 物流担当者 | 入荷から出荷までの活動の正確性 | b | B |
| | | 棚卸は毎月適切な方法で行っているか | c | |
| | | 設備の使用効率に対する管理 | b | |
| | 管理部門担当者 | 入出金に対する管理 | b | B |
| 物 | 販売商品 | 取扱商品の需要は多いか | b | B |
| | | 売上総利益率 | a | |
| | | 値引、返品要請への対応 | b | |
| | | 重点的に販売する商品の選択、数量は適切か | c | |
| | 設備 | 現在から将来にかけ取引先のニーズに対応できる設備か | b | B |
| | | 採算性 | b | |
| 金 | 販売価格 | 商品の販売価格は適切か | b | B |
| | リスクヘッジ | 貸倒れのリスクに対して準備しているか | b | |
| システム | システム | 現在から将来にかけ取引先のニーズに対応できるシステムか | b | A |
| | | 採算性 | a | |
| | | システム障害の頻度 | a | |
| 市場・顧客視点 | 市場 | 市場は成長が見込まれているか | b | B |
| | 競合他社 | 取扱商品に関して強力な競合他社がいるか | b | B |
| | 顧客 | 取引先の将来性 | b | B |
| | | 不採算取引先の有無 | b | |
| | | 欠品、不良品などクレームに対する対応は十分か | a | |
| | | 取引先の拡大は進んでいるか | a | |

評価基準　A＝会社にとってプラスである　　B＝業界の平均とあまり変わらない　　C＝会社にとってマイナスである

## (2) 経営不振分析

　これまでの分析の結果により、A社における現状の課題が明らかになってきました。では、どのようなことが原因でこのような課題が生まれたのでしょうか。A社の動向やA社を取り巻く環境の変化を通じて、次の課題が明らかになりまし

た。

●課題１：冷蔵・冷凍食品の売上比率拡大

　冷蔵・冷凍食品は商品の保管や配送に鮮度管理が必要となり、商品倉庫や配送用トラックに冷蔵、冷凍機能を備えつけなければならず、加工食品よりも余分にコストがかかります。売上拡大のために冷蔵・冷凍食品の取扱いを始めた結果、設備投資や物流費が増加し、営業利益の減少、負債の増加につながってしまいました。現状では設備投資や物流費をカバーできるほどの売上がなく、冷蔵・冷凍食品の取引は赤字になってしまっています。

●課題２：取引先物流センター使用料の増加

　また、複数の取引先が自社物流センターを稼動させたことにより、センターフィーが増加し、収益を圧迫している要因であるといえます。

●課題３：資金調達

　設備投資のための資金調達において、他人からの借入れに依存した結果、負債が大幅に増加し、資金繰りを悪化させてしまいました。

## 7　CSFとアクションプラン

### (1) SWOT分析

　これまでの分析結果をもとにSWOT分析を行い、A社の現状の強み・弱み、外部環境の変化がA社にどのような機会と脅威をもたらすかについて明らかにし、CSF（事業成功要因）について**図表７－１－８**にまとめました。

図表7-1-8　SWOT分析

| SWOT分析 | | 事業機会<br>O ①関西地方地盤のスーパーの県内への出店 | 新たな脅威<br>T ①小売業の倒産増加<br>②取引先の自社センター稼働に伴うセンターフィー |
|---|---|---|---|
| 強み | S（定量的）<br>■売上高の増加<br>■売上総利益の増加<br>■総資産回転率が高い<br>（定性）<br>●取引先との良好な人間関係 | A　事業機会を自社の強みで取り込むために<br>●加工食品おける新規取引先の獲得<br>●既存取引先への冷蔵・冷凍食品の提案<br>●情報システム活用による売れ筋商品の分析 | C　他社の脅威を自社の強みで取り組むために<br>■貸倒に対するリスクヘッジ（国などの施策・制度の活用）<br>■アウトソーシングの活用による物流、営業効率改善<br>●取引先との良好な関係を活かした情報収集 |
| 弱み | W（定量的）<br>■販売管理費の増加<br>■資産ショートのおそれ<br>■付加価値額の低下<br>■自己資本比率の低下<br>■流動負債が過大<br>■売掛債権の回収の遅さ<br>（定性）<br>●過剰な人件費<br>●従業員教育の制度が未確立<br>●過剰在庫 | B　事業機会を自社の弱みでとりこぼさないように<br>■計画的な販売管理費の使用<br>■積極的な人材投資による付加価値額の向上<br>●人事制度の見直し（賃金評価・制度）<br>●情報システムのデータを活用したリテールサポート強化（棚割の提案等）<br>●物流費削減のための配送ルートの再設計 | D　脅威と弱みの鉢合わせで最悪の事態を招かないために<br>■計画的な販売管理費の使用<br>■内部留保による事業環境変化への対応<br>■売掛債権回収の早期化に向けた交渉<br>●同業他社への共同配送の提案<br>●受発注データ活用による在庫管理 |

## (2) 事業成功要因（CSF）の明確化

　SWOT分析を通して導き出したCSFを項目ごとに、具体的な実行プランであるアクションプランと合わせて**図表7-1-9**にまとめました。

図表 7 - 1 - 9　CSFとアクションプラン

| CSF | アクションプラン |
|---|---|
| (1) 冷蔵・冷凍食品の売上拡大 | 加工食品を納品している取引先への提案活動 |
| (2) 加工食品の売上拡大 | 顧客ニーズ調査、取引先のPOS情報の収集及び提案、企画の提案、社内提案制度 |
| (3) 営業利益率の改善 | 販売管理費の費目別の詳細管理、計画的な使用、配送地域の見直しによるアウトソーシングの活用 |
| (4) 効果的な物流システムづくり | 配送ルート、積載効率の見直し、設備稼働率改善に向けた設備レイアウトの改善 |
| (5) 財務基盤の安定化 | 短期借入金から長期借入金へのシフト借換<br>売掛債権の早期回収に向けた交渉 |

## (3) アクションプランの決定

図表 7 - 1 - 9 でまとめたアクションプランについて、そのプランがなぜ必要で、どういった効果があるのかについて細かくみていきます。

●CSF 1 ：冷蔵・冷凍食品の売上拡大

　冷蔵・冷凍食品の取引の拡大に取り組み、それに伴う設備投資を行ったことや人件費、物流費が増加したことが負債や販売管理費の増加を引き起こしています。それらの費用を有効なものにし、設備を効率活用するためには冷蔵・冷凍食品の売上を拡大する必要があります。

　これまでの取引で築いた信頼を活かし、加工食品の取引先に対して取引の範囲を広げていただくよう提案を行うことが売上拡大の近道だといえます。提案を行う際に、設備投資により冷蔵・冷凍食品の物流網を整備したことをアピールし、他社との違いを打ち出すことが効果的ではないでしょうか。

●CSF 2 ：加工食品の売上拡大

　現在までの取引を通じて、加工食品の取引では取引先から信頼を寄せていただいています。それを活かし、現在は同業他社と取引を行っている小売業に対しても、新たにA社との取引開始を提案することも重要となります。

●CSF 3 ：営業利益率の改善

　営業利益率を改善するためには、過剰な販売管理費を削減する必要があります。そのために、費目別に支出金額とその内容をチェックし、必要に応じて人員の削

減やアウトソーシングの活用等に取り組む必要があります。

●CSF４：効果的な物流システムづくり

　取引先に支払うセンターフィーの増加や鮮度管理設備を必要とする冷蔵・冷凍食品の取引拡大に伴い、物流費が増加しています。センターフィーの削減、引下げは極めて困難であるため、冷蔵・冷凍食品の物流費を削減する必要があります。

　そのために現在の配送コース、積載効率、倉庫内の利用効率、人員の配置等について検証を行い、改善することが物流費の削減につながります。また、一取引先当たりの売上を拡大することは、積載効率の向上につながり、物流費の削減に効果的といえます。

●CSF５：財務基盤の安定化

　黒字倒産を避けるためにも、流動資産の増加と流動負債の削減に向け、財務目標の項目で述べた売上債権の早期回収、短期借入金を長期借入金にシフトするなどの取組みを行うことが不可欠だと考えられます。

　また自己資本比率が低いと、負債返済のためのさらなる借入れや金利負担の増大が発生し、当期純利益の縮小やさらなる自己資本の縮小につながるという悪循環に陥ります。

　CSF１から５で述べた内容を実行に移すことで得た当期純利益を内部留保することで、自己資本比率の改善に努めるべきだと考えられます。

## ８　『経営計画作成シート』の作成

　以上のアクションプランを行動に移すことがA社の経営改善には不可欠となります。では、計画どおりにアクションプランを実行に移した場合、どれほどの成果が予想されるでしょうか。アクションプランと予想数値を**図表７−１−10**にまとめました。

図表 7 − 1 − 10　簡易経営計画作成シート

| | | | 単位 | 自社数値 | | | | 延長シナリオ | CSF | 目標シナリオ |
|---|---|---|---|---|---|---|---|---|---|---|
| | | | | 14年 | 15年 | 16年 | 前年比 | 17年 | アクションプラン | 17年 |
| 実数分析 | B/S | 流動資産　計 | (千円) | 245,000 | 260,000 | 280,000 | 107.7 | 300,000 | ・流動負債から固定負債へのシフト | 300,000 |
| | | 固定資産　計 | (千円) | 145,000 | 140,000 | 180,000 | 128.6 | 180,000 | | 180,000 |
| | | 資産　計 | (千円) | 390,000 | 400,000 | 460,000 | 115.0 | 480,000 | ・売上債権の回収期間の早期化 | 480,000 |
| | | 流動負債　計 | (千円) | 250,000 | 270,000 | 310,000 | 114.8 | 320,000 | | 250,000 |
| | | 固定負債　計 | (千円) | 21,000 | 8,000 | 23,000 | 287.5 | 25,000 | | 93,000 |
| | | 資本　計 | (千円) | 119,000 | 122,000 | 127,000 | 104.1 | 135,000 | | 137,000 |
| | P/L | 売上高 | (千円) | 1,300,000 | 1,380,000 | 1,480,000 | 107.2 | 1,540,000 | ・販売費の詳細管理 | 1,600,000 |
| | | 売上総利益 | (千円) | 120,000 | 136,000 | 150,000 | 110.3 | 152,000 | ・業務効率化改善 | 200,000 |
| | | 営業利益 | (千円) | 15,000 | 11,000 | 9,000 | 81.8 | 10,000 | ・人事制度改定 | 20,000 |
| | | 経常利益 | (千円) | 18,000 | 14,000 | 13,000 | 92.9 | 13,000 | | 23,000 |
| | | 当期純利益 | (千円) | 10,000 | 3,000 | 5,000 | 166.7 | 8,000 | | 10,000 |
| | | 期末従業員数 | (人) | 25 | 25 | 30 | 0 | 30 | | 30 |
| 比率分析 | ①収益性 売上高経常利益率 | | (%) | 1.4 | 1.0 | 0.9 | -0.1 | 0.8 | ・業務効率化改善 | 1.4 |
| | ②効率性 総資本回転率 | | (回) | 3.3 | 3.5 | 3.2 | -0.2 | 3.2 | ・冷蔵・冷凍食品の売上拡大 | 3.3 |
| | ③生産性 1人当たり付加価値額 | | (千円) | 3,232 | 3,522 | 4,068 | 546 | 4,200 | ・不良在庫の削減 | 6,000 |
| | ④安定性 流動比率 | | (%) | 98.0 | 96.3 | 90.3 | -6.0 | 93.8 | ・借入金返済や流動負債から固定負債への移行 | 120.0 |
| | ⑤成長性 前年比増収率 | | (%) | | 106.2 | 107.2 | 1.0 | 104.1 | ・冷蔵・冷凍食品の売上拡大 | 108.1 |

## 9　その後のモニタリング

　これまで述べたような流れで経営計画シートを作成しました。1年間で経営活動や財務状況を劇的に改善することは困難であることが多いため、CSFや具体的なアクションプランに関しては3年、5年計画で考えることも必要となります。

　また、これらの経営計画を実際に行動に移しているか、計画どおりに財務状況が改善しているかを内部・外部のそれぞれの関係者がモニタリングするべきです。モニタリングを行うことが改善点や問題点を浮き彫りにし、よりよい経営活動、財務状況の実現につながるのです。

## 第2節 活用事例② 小売業B社（婦人服小売業）

### 1　B社の紹介

　B社は東京近郊の私鉄沿線駅近くにあるショッピングモールにて婦人服販売業を営んでいます。周辺地域は古くからの住宅地です。最近では、近くに郊外型の大学が増え、街中には若者が増えてにぎやかになってきているものの、地域住民の高齢化は着実に進み、人口は減少傾向のようです。

　そんな中、B社の社長は、パートをうまく使いながら6年間営業してきました。社長は婦人服販売を営む会社で営業担当部長としてメーカーやデベロッパーとの太いパイプを築きながら第一線で30年間勤めた後、早期退職を機に、独立開業しました。すでに60歳を超えていますが、バイタリティーがあり、とても勉強熱心です。

　しかし、過去3年間は当初の売上目標を下回る年が続いていますし、ショッピングモールとの契約更新や新規出店等の売上以外のことでも頭を痛めているようです。

### 2　小売業界の動向は？

　B社は大分類では小売業になります。小売業というとスーパーやコンビニを連想される方が多いと思いますが、スーパーやコンビニだけが小売業ではありません。最近ではあまり見かけなくなった八百屋や洋服屋ももちろん小売業に該当します。では、どうして昔ながらの小売業は最近、見かけなくなったのでしょうか？　そこにB社を経営分析するうえでのヒントがあるかもしれません。まず小売業全体の概況分析をしてみましょう。

図表7-2-1　小売業（大分類）の概況

| (単位:千円 & %) | 平成14年 | 平成15年 | 平成16年 |
|---|---|---|---|
| 売上高 | 1,099,231 | 1,111,059 | 1,133,875 |
| 売上総利益 | 289,878 | 290,858 | 296,129 |
| 営業利益 | 15,878 | 15,740 | 16,977 |
| 経常利益 | 17,866 | 17,547 | 18,428 |
| 当期純利益 | 9,601 | 6,845 | 8,358 |
| 総資本当期純利益率 | 0.3 | 0.1 | 0.2 |
| 総資本経常利益率 | 0.8 | 0.6 | 0.7 |
| 売上高経常利益率 | 0.4 | 0.3 | 0.4 |

　図表7-2-1の推移をみると売上高と売上総利益は少しずつ増加しているのがわかります。営業利益、経常利益は14年から15年にかけて、わずかながら減少していますが、16年には回復しているようです。結果としての当期純利益には14年から15年にかけての減少を16年で回復させる動きがみられますが、頭打ちの状態です。

## ３　婦人・子供服小売業界の動向は？

　B社は中分類では織物・衣服・身の回り品小売業になります。小売業界全体の状況をみてみると、幹線道路沿いの大型専門店、ドラッグストア、コンビニエンスストア等における事業者数および売上高が増加する一方、中小企業、特に小規模事業者において、売上不振や事業者数の大幅な減少が続いています。

　婦人・子供服小売業だけみても、年間販売額は減少傾向にあります。専門店の売上高は上昇傾向にあるものの、伸びは鈍化しています。業界大手アパレルでも、売れる仕組みを確立していない企業は規模にかかわらず伸び悩んでいるようです。大手アパレルは潤沢な資金を背景に、子供服と婦人服が両方揃う「親子市場」に照準を合わせて、新規市場の開拓競争を繰り広げています。一方で、安売りだけではなく、買いやすい店づくりをモットーに売上を伸ばす企業もあるようです。

　ただ、婦人・子供服小売業は全国に約8万店あり、そこに勤める従業員数は30

万人を超えますが、その中で10人以下の商店が全体の実に95％を超えることから、小規模事業者のその厳しい経営状況がわかります。

また「中小企業景況調査」では、需要の停滞、大・中型店の進出による競争の激化、購買力の他地域への流出、消費者ニーズの変化への対応、販売単価の低下・上昇難などの「経営上の問題点」が挙げられています。

このような業界全体の動向をつかんでおくことは、経営分析において非常に重要です。「木を見て森を見ず」では有効な戦略を立てることはできません。戦略作成のためのヒントを業界全体の動向からも探してください。

図表７－２－２　織物・衣服・身の回り品小売業（中分類）の概況

| （単位:千円 & %） | 平成14年 | 平成15年 | 平成16年 |
|---|---|---|---|
| 売上高 | 607,446 | 597,006 | 597,331 |
| 売上総利益 | 245,776 | 247,811 | 250,072 |
| 営業利益 | 14,850 | 16,591 | 16,781 |
| 経常利益 | 14,151 | 16,075 | 16,632 |
| 当期純利益 | 4,774 | 6,696 | 6,916 |
| 総資本当期純利益率 | 0.0 | −0.1 | −0.2 |
| 総資本経常利益率 | 0.4 | 0.3 | 0.2 |
| 売上高経常利益率 | 0.4 | 0.3 | 0.3 |

最近の業界業績をみてみると、売上高の減少はストップしたものの微増に過ぎません。また15年から16年にかけての営業利益、経常利益、当期純利益の上げ幅は減少しています。

収益性関連の比率は、売上高経常利益率を除き減少が続いており、他の業界に比べ収益性が低く、今後も不安な要素がみられます。

全業種の総資本当期純利益率、総資本経常利益率がだいたい1.0〜2.5くらいに集中しているのを考慮すると、少し低いようです。売上高経常利益率はだいたい平均かそれより少し低い率だといえます。

B社の業界動向がつかめたところで、B社の詳細な経営分析を始めていきます。

## 4 いざ自社分析！（実数分析）

では、まずはB社の直近3期分の貸借対照表と損益計算書から、3期の推移をみてみましょう。

### (1) 貸借対照表

図表7－2－3　貸借対照表3期推移

**平成14年**
- 流動資産 8,150 / 流動負債 9,050
- 固定資産 10,200 / 固定負債 5,820 / 資本 4,130

**平成15年**
- 流動資産 8,900 / 流動負債 9,200
- 固定資産 10,050 / 固定負債 6,030 / 資本 4,270

**平成16年**
- 流動資産 10,000 / 流動負債 7,000
- 固定資産 7,100 / 固定負債 6,200 / 資本 4,300

単位:千円

| B社 | 平成14年 | 平成15年 | 平成16年 |
|---|---|---|---|
| 流動資産計 | 8,150 | 8,900 | 10,000 |
| 固定資産計 | 10,200 | 10,050 | 7,100 |
| 資産計 | 19,000 | 19,500 | 17,500 |
| 流動負債計 | 9,050 | 9,200 | 7,000 |
| 固定負債計 | 5,820 | 6,030 | 6,200 |
| 資本計 | 4,130 | 4,270 | 4,300 |

| 業界中分類 | 平成14年 | 平成15年 | 平成16年 |
|---|---|---|---|
| 流動資産計 | 212,146 | 214,127 | 222,193 |
| 固定資産計 | 243,213 | 241,081 | 241,162 |
| 資産計 | 456,483 | 456,269 | 464,421 |
| 流動負債計 | 180,018 | 170,011 | 165,873 |
| 固定負債計 | 171,377 | 175,564 | 180,865 |
| 資本計 | 105,088 | 110,694 | 117,683 |

※資産には繰延資産を表示していないため、流動資産と固定資産の合計は資産計になりません。

### ◇注目点～貸借対照表より

固定資産の減少と流動負債の減少が前年比20％以上の減少率を示しており、気になるところです。固定資産の売却により、金利負担の大きい短期借入金等の流動資産の返済を進めたように推測されますが、資金繰りに詰まっての売却ということも考えられなくはありません。平成16年の当社の資本の安定性分析の基準となる自己資本比率は、業種内同一企業の数値を大きくを上回っています。流動負

債を返済したことで高まったようです。これを保たせることで財務基盤の安定化をはかりたいところです。

## (2) 損益計算書

**図表7－2－4　損益計算書3期推移**

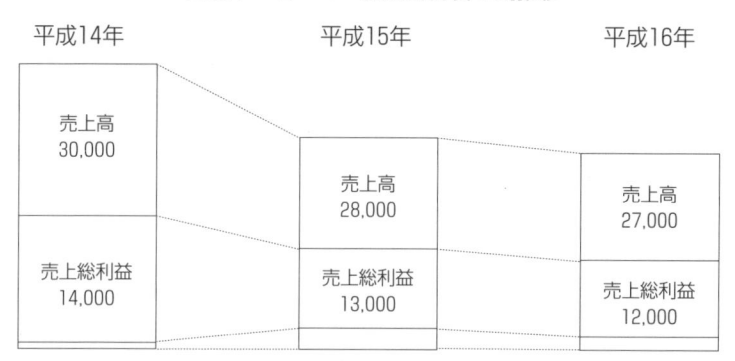

平成14年　　　　　平成15年　　　　　平成16年

売上高 30,000／売上総利益 14,000
売上高 28,000／売上総利益 13,000
売上高 27,000／売上総利益 12,000

単位:千円

| B社 | 平成14年 | 平成15年 | 平成16年 |
|---|---|---|---|
| 売上高 | 30,000 | 28,000 | 27,000 |
| 売上総利益 | 14,000 | 13,000 | 12,000 |
| 営業利益 | 1,000 | 2,500 | 1,600 |
| 経常利益 | 200 | 400 | 50 |
| 当期純利益 | 90 | 140 | 30 |

| 業界中分類 | 平成14年 | 平成15年 | 平成16年 |
|---|---|---|---|
| 売上高 | 607,446 | 597,006 | 597,331 |
| 売上総利益 | 245,776 | 247,811 | 250,072 |
| 営業利益 | 14,850 | 16,591 | 16,781 |
| 経常利益 | 14,151 | 16,075 | 16,632 |
| 当期純利益 | 4,774 | 6,696 | 6,916 |

◇注目点～損益計算書より

　売上高は前期比3.6％減、しかも2年連続の減収が目に留まります。業種内同一企業の平均値が前期比わずかですが約0.05％増であることから、B社の減収傾向と減収率の大きさが気になります。次に売上総利益を検討すると、売上総利益も前期比約7.7％減で、売上高に比例して2年連続減少しており、業種内同一企業の数値が微増ながら回復していることと比較するとB社の苦しい状況が伺えます。

　また、営業利益以下の段階利益を検討すると、営業利益は前期に一度回復したものの、当期には大幅な減少を示しており、詳細な要因分析が必要です。経常利

益の減少も気になります。金利の大幅な見直しや借入費用等の資金調達から生じる営業外費用の負担増が考えられます。

### (3) 当期財務諸表

図表７－２－５　平成16年B社の貸借対照表と損益計算書の比較図

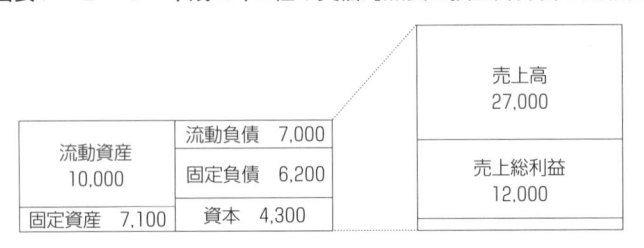

| 流動資産 10,000 | 流動負債 7,000 | 売上高 27,000 |
| | 固定負債 6,200 | |
| 固定資産 7,100 | 資本 4,300 | 売上総利益 12,000 |

◇注目点

当期に大きな変動のあった固定資産に係る経営指標で、固定資産の活用状況を示す固定資産回転率をみてみましょう。固定資産回転率はこの数値が高ければ固定資産が有効に使われていることを意味するものです。当期のB社の数値は3.8回で、前期の数値2.8回と比べると、固定資産の売却により固定資産回転率が大幅に改善しています。固定資産の有効活用は、資金調達や間接的な売上向上への貢献に繋がり、事業を継続的に行っていくために必要となります。

## 5　B社の実力は？（比率分析）

### (1) レーダーチャートから見るB社

比率分析の簡易版として、レーダーチャートからB社をみてみます。

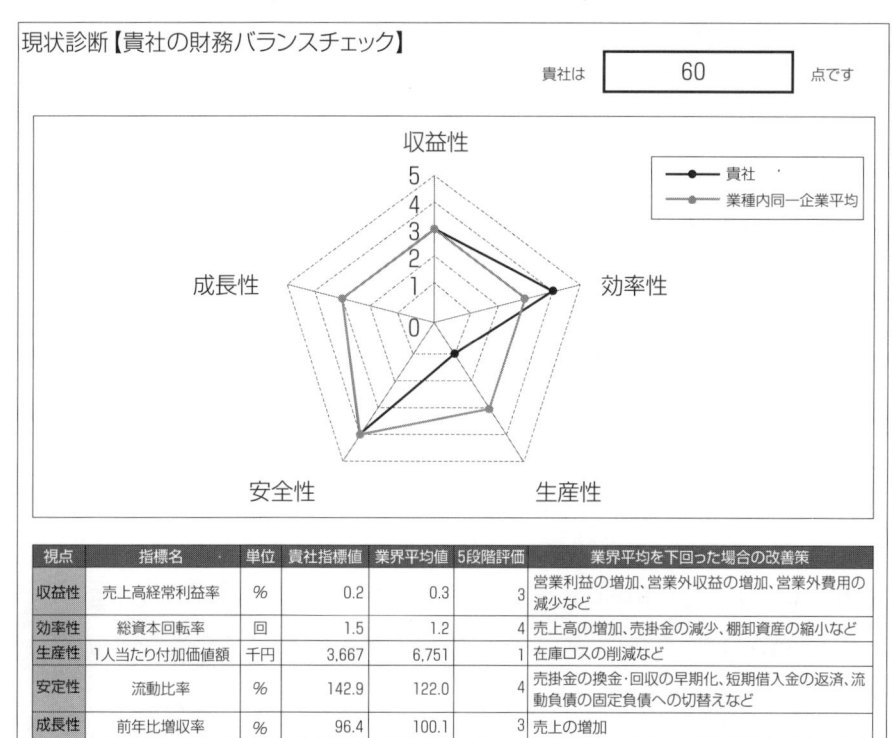

図表7-2-6　B社レーダーチャート

現状診断【貴社の財務バランスチェック】

貴社は　60　点です

| 視点 | 指標名 | 単位 | 貴社指標値 | 業界平均値 | 5段階評価 | 業界平均を下回った場合の改善策 |
|---|---|---|---|---|---|---|
| 収益性 | 売上高経常利益率 | % | 0.2 | 0.3 | 3 | 営業利益の増加、営業外収益の増加、営業外費用の減少など |
| 効率性 | 総資本回転率 | 回 | 1.5 | 1.2 | 4 | 売上高の増加、売掛金の減少、棚卸資産の縮小など |
| 生産性 | 1人当たり付加価値額 | 千円 | 3,667 | 6,751 | 1 | 在庫ロスの削減など |
| 安定性 | 流動比率 | % | 142.9 | 122.0 | 4 | 売掛金の換金・回収の早期化、短期借入金の返済、流動負債の固定負債への切替えなど |
| 成長性 | 前年比増収率 | % | 96.4 | 100.1 | 3 | 売上の増加 |

## (2) 要因を掘り下げる

●収益性について

　織物・衣服・身の回り品小売業の収益性は、他の業界に比べて低めです。B社の売上高経常利益率は業界平均値より少し劣っていますので、収益性が低いといえます。

●効率性について

　B社の総資本回転率はだいたい当該業界平均値と比べ高い状況です。投下した総資本の運用は滞ってはいないようです。

●生産性について

　B社の1人当たり付加価値額は低いため、改善が必要です。

●安定性について

　B社の流動比率は当該業界平均値を上回っています。日本企業の流動比率は平均120%といわれていますので、B社の流動比率は142.9%であるため、短期的な支払能力には問題がないようです。

●成長性について

　業界平均値より一歩劣ります。やはり売上高の低迷が気になるところです。

## (3) 浮かび上がった課題

　さて、ここまで行ってきた実数分析、比率分析の結果についてまとめてみましょう。

●課題1：減少が続く売上高（弱い成長力）

　まず、売上高の減少傾向が続いているのがとても気になります。売上至上主義とはいいませんが、会社として商売を行っている以上、売上高は非常に重要です。

　次に収益性の低さが気になります。先に述べたように売上高の減少傾向が関係してきます。

　収益性についてもう少し詳しく述べますと、総合収益性は「総資本経常利益率」に基づいて判断されます。もともと企業の業績を判断するときに我々は経常利益をみることによって瞬間的に判断しています。損益計算書には営業利益や税引前当期純利益、当期純利益という利益項目もある中、日本では日常の経済活動から生まれる利益である経常利益を重要視します。しかし、ただ単に経常利益を差額比較すること、たとえば会社規模の大きな会社と小さな会社を比較する場合に、実数値としての経常利益額を比較して差額を出してもあまり意味がありません。そこで比率指標を使うことになるのです。B社の総資本経常利益率は約0.3%で業界平均値を少し上回っています。

●課題2：低い生産性

　生産性にも問題があります。製造業においては重要視される部分でありますが、

第7章 「財務指標」の活用事例集

現況の小売業に必要とされるのは、消費者の購買志向の変化や情報化等の外部環境に準用するための設備投資ではないでしょうか。やはりコンピュータの導入は必須です。顧客管理をすることで、DMによる販売促進やニーズに合った商品展開、そしてインターネットを利用した販売形態の開拓等が問題解決につながります。また、取扱商品等の専門性を強化し、競合他社との差別化をはかるために、高付加価値化を進め収益性を高めることが必要です。

●課題3：収益性と効率性のバランス

現在、B社は、売上に対する利益が少ない状態です。それに対して、資産に対する利益は標準よりいいようです。そのため、効率のみならず、本業の収益性を高めていくことに注力したほうがよいと考えられます。また、現在、設備投資等が必要と思われているようですので、生産性アップと増収のための課題がここに隠れているといってよいでしょう。

**(4) 目標値と回避値**

売上高経常利益率のデフォルトは－2.7％に対し、B社は0.2％であるため倒産の危機性は低いですが、売上高と経常利益が減少傾向にある状態のため、前年比増収率とともに増加させる必要があります。なおデフォルトとは、デフォルトした企業だけを集計した数値となっています。そのため、デフォルト値は回避したい数値です。

総資本回転率、流動比率は業界平均値を上回る値です。この値を保つことが目標となります。

1人当たり付加価値額は、先に述べたように生産性を高めるための設備投資が必要です。

**(5) 財務目標**

●財務目標1：売上高の増加

売上高経常利益率を増加させるためには、まずは売上高を増やすこと。そして費用の圧縮です。無駄な販売費や管理費がかかっていないか、営業外費用が負担になっていないかを確認します。無駄な経費を削り、その資金で必要設備を購入

する。そして運用の結果、売上を向上させることが目標です。

●財務目標2:生産性の向上

　売上高の増加に伴い、生産性は向上されていくと思われますが、現状かかっている固定費を変動費化していきます。たとえば、正社員雇用でなく派遣社員の利用や外部への委託等といったことも生産性を向上させる一つの手です。

●財務目標3:収益性と効率性のバランス

　比較的、収益性がよいと効率性が悪く、そのまた逆も正です。B社の場合には、効率性がよいものの、収益性が低く、売上高の伸びなど成長力も弱いことから、売上が伸び悩んだときにでも利益を確保できるような収益性の確保をしたいところです。

## 6　現状の重要課題とその原因（定性）分析

### (1) 定性分析（経営資源分析）

　財務諸表からみえる、業界動向とB社の状況がつかめ、課題と財務目標ができました。数値からの分析、つまり定量分析が終わりました。

　では、B社における、人・モノ・カネといった経営資源が、企業の定性的な強みとしてその効果をもたらしているか、といった定性分析（経営資源分析）を行います。

　その際に定性分析シートを利用します。売上減少にある現状の課題について、社長にヒアリングした結果を参考に、定性分析シートを作成しました（**図表7－2－7参照**）。

　社長からのヒアリング内容は下記のとおりとなりますので、定性分析シートの参考にしてください。

　B社の店舗は郊外のショッピングモールにあり、駅近であることから立地条件に問題はなさそうです。B社同様の婦人服を扱う店も同一モール内にはなく、競合はありません。しかし、もともとB社が顧客と考えているお客様の層は50代以上のご婦人で、最近は年金問題等の経済社会情勢の影響もあり、財布の紐が固い

ように思います。

　(B社の)取扱商品については、(B社社長は)非常に優秀な婦人服販売の営業マンで、仕入・販売に関してはプロです。その嗅覚をもとに、地域特性に基づいて顧客のニーズをはかり、売れ筋の仕入・補充体制は万全です。また、先取り商品も欠かしません。前職での人脈を利用して、さまざまな仕入ルートを確保しています。しかし、販売価格については明確な戦略はなく、(B社自体の)商品が手ごろなのか、高級なのかの店舗イメージがはっきりしません。

　販売については、社長の奥様が中心に行っていますが、どうしてもなじみ客に対しての対応が中心となりがちで、新規顧客獲得に対して手がまわらないようです。アルバイトの女性がいますが、インセンティブもないので、お客様に対して積極的でなく、留守番との認識しかないようです。

　また、なじみ客とはいっても顧客のデータ管理をしているわけではないので、データを使った積極的な営業を展開できないでいるようです。また、お客様の顔と好み、洋服のサイズ等を積極的に管理して顧客満足を追求することも現在は行っていないようです。また、親から子への世代交代への対応等、積極的に対抗策をとるべきだと思われますが、そこまでの余裕がなく、現状維持が精一杯のようです。

　収益性が低下している現状については、(社長も奥様も)年齢的に店舗の開店時間(10時～22時)のすべての時間帯に店に出るのはきついということと、18時以降はお客様が来店することが少ないことから、その時間以降はアルバイト(パート)に店番をやってもらっていたことから人件費がかさんでしまいました。また、今のところ借入金の返済は予定どおり進んでいますが、初期の投資資金は金利の高い無担保融資を受けたことから金利負担が重いのがネックです。

　今考えていることは、以前からではありますが、新規店舗の出店です。もともと前職で複数店舗の営業・管理を行っていましたし、独立後もお付き合いのあるデベロッパーの担当者から空き物件をいろいろ勧められています。売上をあげる策として新規出店は魅力的ではあるものの、初期投資資金の調達方法に悩んでい

るようです。また、店舗を広げることになると既存の店舗に気が廻らなくなり共倒れになることもありえるのでは？と考えているようです。

　どんな業種でも販売力は企業力評価の重要な要素でありますが、特に小売業の場合は、事業の中に占める割合が大きくなります。販売力評価の項目については、商品、品揃え、価格、在庫管理は基本的な重要項目ですが、他に有店舗販売の形態でプッシュ販売型の場合には店舗の商圏や立地条件、店舗機能や魅力度が業績に大きく影響するので、これらの評価を行わないわけにはいきません。B社のような婦人服販売業においては、営業担当者（販売員）の力量が業績に直接反映するので、営業担当者の教育も大事な評価ポイントであり、また、社長の幅広い人脈を最大限利用して行っている仕入に関しても評価する必要があります。

## 図表7－2－7　定性分析シート

| 分類 | 評価項目 | 評価項目の説明 | 評価 | 総合評価 |
|---|---|---|---|---|
| 仕入 | 仕入先 | 1 仕入先の変更、契約生産によるコストダウン | a | A |
| | 原価管理 | 1 月次原価管理システムの導入 | a | |
| | | 2 商品別原価管理システム | a | |
| | | 3 ITによる原価管理システム | c | |
| トータルマーケティングシステム | 在庫管理 | 1 仕入は販売にリンクした仕組みか | a | B |
| | | 2 棚卸を定期的に行い、在庫保有量を定期的に把握しているか | b | |
| | | 3 在庫コストの影響を顧客や利益の視点から把握しているか | b | |
| | 営業担当者の教育 | 1 教育体系は確立されているか | c | C |
| | | 2 教育の効果測定は実施されているか | c | |
| | | 3 モチベーションの向上の取り組みを行っているか | c | |
| マーケティングプロダクト | 商品・コンセプト | 1 業界内の自社の位置づけを把握しているか | b | B |
| | | 2 市場ニーズを反映した差別化商品の投入が継続的か | b | |
| | | 3 競争力ある新商品を適切に市場投入できるリードタイムか | b | |
| | | 4 コスト競争力は十分か | b | |
| | | 5 今後の商品の投入計画は作成されているか | b | |
| マーケティングプライス | 価格 | 1 商品別の粗利益や交差比率を把握しているか | a | B |
| | | 2 顧客の価格感度を考慮しているか | a | |
| | | 3 価格の設定方法は、販売戦略に適合しているか | b | |
| | | 4 価格の設定のルール・アプローチが明確に規定されているか | c | |
| マーケティングチャネル | 販売チャネル | 1 優良・有望な販売チャネルを持っているか | b | C |
| | | 2 取引先・顧客との関係は有望か、相手からの信頼があるか | c | |
| | | 3 新規チャネル・ルート、顧客開拓能力はあるか | c | |
| マーケティングプロモーション | ブランド | 1 独自ブランドはあるか | c | C |
| | | 2 社内マーケティングの仕組みがあるか | c | |
| | 広告・PR | 1 展示会、イベントへの参加、共同即売等を行っているか | c | |
| 市場視点 | 市場動向 | 1 市場は成長が見込まれているか | b | C |
| | | 2 対象市場セグメントは明白になっているか | b | |
| | | 3 競合の出現を考慮してその対応が決められているか | c | |
| | 競合他社への対応 | 1 取扱商品に関して強力な競合他社が存在するか | c | C |
| | | 2 取扱商品は競合他社と比べて競争力・将来性はあるか | b | |
| | | 3 競合他社の戦略、商品の分析を行っているか | a | |
| | | 4 市場への新規参入の可能性はあるか | c | |
| | | 5 他社との提携、補完等の可能性はあるか | c | |
| | 市場地位 | 1 ターゲット市場における現状の市場地位はどの程度か | c | C |
| | | 2 将来の市場地位をどのように計画しているか | c | |
| | 立地・店舗 | 1 商圏・市場を十分把握しているか | b | B |
| | | 2 既存立地の適否の検討はなされているか | b | |
| | | 3 撤退の基準を持っているか | c | |
| | | 4 店舗施設の競争力はあるか | b | |
| | | 5 店舗のサービス性、環境、法令規制対応は十分か | b | |
| | | 6 店舗の効率性・採算性は良好か | b | |
| 顧客視点 | 顧客管理 | 1 顧客を管理するシステムがあるか | c | C |
| | | 2 ターゲット顧客を設定しているか | b | |
| | | 3 新規顧客を開拓しているか | c | |
| | | 4 顧客別売上、粗利、利益管理を行い管理しているか | c | |
| | | 5 販売店に関する教育を行っているか | c | |
| | 顧客満足度 | 1 顧客満足度調査を実施しているか | c | B |
| | | 2 顧客から見た魅力的な価格設定をしているか | b | |
| | | 3 顧客ベネフィットを考慮した対応になっているか | b | |
| | | 4 アフターサービスの提供は十分か | b | |

## (2) 経営不振分析

B社における現状の課題および課題を引き起こした原因が明らかになってきました。そもそもこれらの原因の根本はどこにあるのでしょうか？ 今後の戦略を練る前に原因をきちんと認識し、失敗を繰り返さないことが重要です。経営不振分析シートを使いながら根本的な原因を明らかにしてみましょう。

図表7－2－8　経営不振分析

| | 原因 | 因果関係 | | | 推定原因影響度 |
|---|---|---|---|---|---|
| | | 2年超 | 2年以内 | 1年以内 | |
| 経営者の問題 | A．マネジメント不在 | ● | → | → | 100% |
| | B．オーナー放漫 | | | | |
| 投資の失敗 | C．設備投資の失敗 | | | | |
| | D．財テク失敗 | | | | |
| リスクマネジメントの失敗 | E．不振連鎖 | | | | |
| | F．偶発債務 | | | | |
| 合計 | | | | | 100% |

B社の現在の経営不振を招いた原因はほぼ100％、経営者の問題だと考えられます。社長は個人資産と会社資産を公私混同して放漫経営するような人ではないので、上図のようなAのマネジメント不在型に当てはまるでしょう。マネジメント不在型は経営者が経営環境の変化を見過ごし、経営の意思決定を誤ったり、的確な対応をとらずにいたこと等が経営不振につながるケースです。課題の根本原因は、社長のマネジメントの失敗にあるということは明らかでしょう。経営者はこの事実を心に留め、新たな経営計画の策定と実行に臨まなければなりません。

## (3) 延長シナリオ

今後の経営計画を作成するうえで、B社の経営資源を分析し、明らかにすることが非常に重要になってきます。そのために、いくつかのツールを使ってB社の分析を行ってみましょう。

　企業力を適切に評価する場合には、その企業のコア・コンピタンス（競争優位性）が何であり、企業活動においてどこに位置するか、また、どの活動において

競争優位性を確立することができるかを把握する必要があります。M.E.ポーターのバリューチェーンモデルを使って、B社の現状および今後の競争優位性を分析してみましょう。

図表7-2-9の図を見てください。小売業のバリューチェーンモデルに手を加えたものです。小売業の場合、やはり、販売・マーケティング活動がポイントとなります。ただ、小売業は販売商品が何であるかによって競争優位性を発揮する活動が異なる場合が多くあります。B社の場合、社長の業界での経験と人脈を活かした仕入活動とトップマネジメントの販売支援に競争優位性がありそうです。また、全体管理における顧客管理、従業員管理、価格政策等については将来に向かって競争優位性を発揮することが期待できそうです。

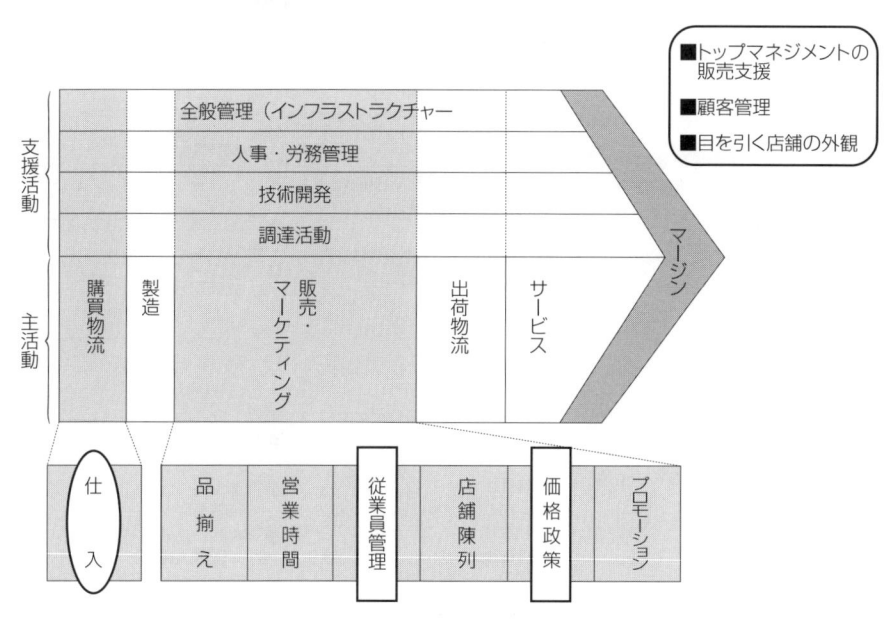

**図表7-2-9　バリューチェーンモデル**

（支援活動）
- 全般管理（インフラストラクチャー）
- 人事・労務管理
- 技術開発
- 調達活動

（主活動）
- 購買物流
- 製造
- 販売・マーケティング
- 出荷物流
- サービス

→マージン

■トップマネジメントの販売支援
■顧客管理
■目を引く店舗の外観

販売・マーケティングの内訳：
- 仕入
- 品揃え
- 営業時間
- 従業員管理
- 店舗陳列
- 価格政策
- プロモーション

## 7 CSFとアクションプラン

⑥までで、B社を定量・定性両面から分析してきました。ここからはこれまでの資料やデータを使い、B社の競争優位性（コア・コンピタンス）を把握し、CSF（事業成功要因）と今後優先的に改善すべきアクションプランを作成し、経営改善計画に落とし込む作業を行います。

### (1) SWOT分析

まずは、今までの資料を参考にしながらSWOT分析により、CSF（事業成功要因）を導き出します（図表7－2－10参照）。

図表7－2－10　SWOT分析

| SWOT分析 | | 事業機会<br>O ●景気回復<br>●新規出店の誘い | 新たな脅威<br>T ●市場規模の減少（人口の減少）<br>●競合他社の新規参入<br>●GMS（大型ショッピングモール）の開店 |
|---|---|---|---|
| 強み | S（定量的）<br>■売上高総利益率が高い<br>■総資本営業利益率が高い<br>■自己資本比率が高い<br>（定性的）<br>●仕入先との太いパイプ<br>●社長の業務経験<br>●商品価格設定<br>●駅近、ＳＣ内の立地 | A 事業機会を自社の強みで取り込むために<br>■店舗拡大に備えた内部留保<br>●店舗ブランド確立のため商品戦略<br>●社長のノウハウの共有<br>●優良顧客の満足度向上を図るイベント開催 | C 他社の脅威を自社の強みで取り組むために<br>●仕入先とのパイプを活かした情報収集<br>●販促活動による顧客認知度の向上<br>●顧客ニーズ収集の為のコミュニティーづくり |
| 弱み | W（定量的）<br>■売上減少<br>■総資本経常利益率の減少<br>■売上高経常利益率が低い<br>■売上高対支払利息・割引率が高い<br>■売上高人件費比率が高い<br>■流動比率が低い<br>（定性的）<br>●マネジメント力不足<br>●販売担当者へ教育不足<br>●顧客管理を行っていない<br>●新規顧客開拓を行っていない<br>●在庫管理が未徹底<br>●商品のブランド力が弱い | B 事業機会を自社の弱みでとりこぼさないように<br>■計画的な人材配置による人件費削減<br>●月次棚卸による在庫管理の徹底<br>●人材育成体制の確立（マニュアル化）<br>●組織風土確立のための社長の社内に対する関与 | D 脅威と弱みの鉢合わせで最悪の事態を招かないために<br>■保証金・敷金の見直し交渉<br>●差別化に向けた独自性・専門性の高い商品の取扱い<br>●店舗ブランド向上に向けた従業員教育<br>●顧客囲い込みに向けた顧客管理の徹底（顧客リスト）<br>●競合他社分析などによる市場動向調査 |

## （2）事業成功要因（CSF）の明確化

　SWOT分析の結果から、CSF（事業成功要因）から具体的な実行プランであるアクションプランを3年後に向かって作成します（**図表7－2－11参照**）。アクションプランは重要なものから積極的に実行することになります。

**図表7－2－11　CSFとアクションプラン**

| CSF（事業成功要因） | アクションプラン | | |
|---|---|---|---|
| | 1年内 | 2年内 | 3年内 |
| 売上改善 | ●夕方以降のセール開催<br>●重要顧客向け販売促進イベント開催<br>●価格政策の見直し | ●販売員教育による顧客単価の上昇<br>●新規顧客獲得による販売量の増加 | ●新規店舗開店による販売量の増加 |
| 収益性及び<br>財務体質改善 | ●夕方以降の遅番は当面身内で行い、人件費圧縮<br>●借換による支払利息の減少 | ●借入金の返済<br>●保証金・敷金等の見直し | ●IT導入による原価管理を検討 |
| 在庫管理の強化 | ●毎月棚卸実施 | ●最適在庫へ向け在庫の積極管理 | ●IT導入による在庫管理を検討 |
| 販売員の教育 | ●社長のノウハウ伝授<br>●教育体制の確立（マニュアル化） | ●目標管理シートを作成し、実績評価 | ●社員・店長への採用を含めた人事体系の策定 |
| 新規顧客獲得 | ●定期的なセールの開催<br>●定期的なチラシ等の広告戦略 | ●新規商品の積極販売<br>●紹介案件へのアプローチ | ●店舗改装検討 |
| 顧客管理の強化 | ●顧客リストの作成 | ●ターゲット顧客に対するサービス強化 | ●顧客別売上・利益等の管理 |
| マネジメント強化 | ●月次決算による経営状態の把握<br>●経営計画の作成 | ●経営計画の作成<br>●異業種交流等で情報交換 | ●経営計画の作成 |

## （3）アクションプランの決定

●CSF1：売上改善

　今まで、定量・定性ともに課題をみてきました。そのため、今後、売上を持続的に増加させていくために、ターゲットを絞った販促イベントの開催、夕方以降のセール、価格設定の見直し等が考えられます。そして、安定した売上高の確保と順調な伸び、さらに新規顧客獲得、新店舗展開等、投資を含めて、積極的な売上増加策を打っていく必要があります。

●CSF２：収益性及び財務体質改善

　売上に対する販管費の削減、経常利益率の改善をはかる必要があります。それゆえ、人材教育、顧客管理を徹底することにより販売数量及び単価をアップし、セールやイベント等の臨時の人材が必要になったときなどには、外部人材の活用による固定費の変動費化をはかる必要があります。

●CSF３：在庫管理の強化

　小売業はなんといっても、商品の回転率が売上・利益に影響を与えます。必要なときに物がないのでは機会損失になってしまいますが、いつでも在庫を抱えていること、在庫を把握していないことは、機会損失そして維持コストの無駄です。そのため在庫の把握と最適在庫を知ることが必要です。とはいえ、人手を使うのではなく、今後の成長を考えるならば、IT化による管理が望まれます。

●CSF４：顧客管理の強化

　２割の上客が売上の８割を占める、などということがよくいわれています。また、セールやイベントはターゲットが絞りこんでこそ効果が期待できます。そのため、顧客管理を担当者まかせにするのではなく、標準的かつ一括管理できるシステムや仕組みをつくる必要があります。

●CSF５：マネジメント強化

　日々、店舗ごとに売上が出てきます。それを経営者はそれをすばやく把握し、次のアクションを起こしていく必要があります。経営計画の作成、実行、評価、改善といったサイクルを定着させ、施策を打っていきたいところです。

## 8　『経営計画作成シート』の作成

　⑦でみてきたように、CSFからアクションプランを作成した後、アクションプランがどのように数値に表れるか検討し、**図表７－２－12**のような経営改善計画サンプルシートを使って目標シナリオを作成します。

第7章　「財務指標」の活用事例集

図表7-2-12　簡易経営計画作成シート

| | | | 単位 | 自社数値 | | | | 延長シナリオ | CSF | 目標シナリオ |
|---|---|---|---|---|---|---|---|---|---|---|
| | | | | 14年 | 15年 | 16年 | 前年比 | 17年 | アクションプラン | 17年 |
| 実数分析 | B/S | 流動資産　計 | (千円) | 8,150 | 8,900 | 10,000 | 112.4 | 9,500 | ・遊休固定資産売却<br>・流動負債から固定負債へのシフト | 10,500 |
| | | 固定資産　計 | (千円) | 10,200 | 10,050 | 7,100 | 70.6 | 6,950 | | 5,500 |
| | | 資産　計 | (千円) | 19,000 | 19,500 | 17,500 | 89.7 | 16,600 | | 16,400 |
| | | 流動負債　計 | (千円) | 9,050 | 9,200 | 7,000 | 76.1 | 6,500 | | 4,700 |
| | | 固定負債　計 | (千円) | 5,820 | 6,030 | 6,200 | 102.6 | 5,790 | | 7,000 |
| | | 資本　計 | (千円) | 4,130 | 4,270 | 4,300 | 100.7 | 4,310 | | 4,700 |
| | P/L | 売上高 | (千円) | 30,000 | 28,000 | 27,000 | 96.4 | 26,000 | ・売上改善<br>・在庫管理の強化<br>・販売管理費削減<br>・固定費の変動費化 | 30,000 |
| | | 売上総利益 | (千円) | 14,000 | 13,000 | 12,000 | 92.3 | 11,000 | | 14,000 |
| | | 営業利益 | (千円) | 1,000 | 2,500 | 1,600 | 64.0 | 900 | | 2,000 |
| | | 経常利益 | (千円) | 200 | 400 | 50 | 12.5 | 20 | | 900 |
| | | 当期純利益 | (千円) | 90 | 140 | 30 | 21.4 | 10 | | 400 |
| | | 期末従業員数 | (人) | 3 | 3 | 3 | | 3 | | 3 |
| 比率分析 | | ①収益性 | | | | | | | ・顧客管理の強化<br>・価格の見直し | |
| | | 売上高経常利益率 | (％) | 0.7 | 1.4 | 0.2 | －1.2 | 0.1 | | 3.0 |
| | | ②効率性 | | | | | | | ・固定費の変動費化 | |
| | | 総資本回転率 | (回) | 1.6 | 1.4 | 1.5 | 0.1 | 1.6 | | 1.8 |
| | | ③生産性 | | | | | | | ・売上改善 | |
| | | 1人当たり付加価値額 | (千円) | 4,167 | 4,000 | 3,667 | －333.0 | 3,500 | | 4,333 |
| | | ④安定性 | | | | | | | ・借入金返済<br>・借換 | |
| | | 流動比率 | (％) | 90.1 | 96.7 | 142.9 | 46.1 | 146.2 | | 223.4 |
| | | ⑤成長性 | | | | | | | ・売上改善 | |
| | | 前年比増収率 | (％) | | 93.3 | 96.4 | 3.1 | 96.3 | | 111.1 |

## 9　その後のモニタリング

　今までみてきたように、経営計画を作成してきました。これらの経営計画が予定どおりに実施されているかどうかを定期的にモニタリングする必要があります。モニタリングを行うことにより経営活動のチェック・経営計画の見直しが行われるのです。

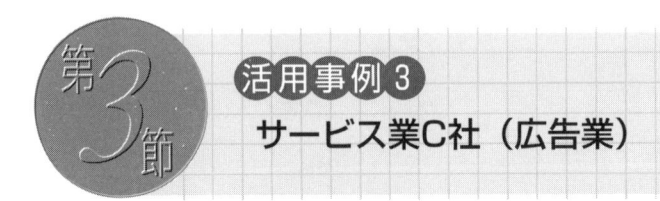

# 第3節 活用事例3 サービス業C社（広告業）

## 1 C社の紹介

　東京都にあるC社は、従業員7人、平成17年で設立20年目という節目を迎える広告代理店の会社です。業務の内容は主にラジオを媒体とした広告宣伝を行っています。また、ラジオの番組を使って宣伝をするための番組制作も行っています。業績は、平成14年、15年と赤字が続いていましたが、平成16年に一気に黒字へと好転しました。過去20年間で赤字は平成14年、15年の2年のみであり、平成16年は黒字に転換したものの、社長は、今後また赤字になるのではないだろうかと不安です。これが他の会社はどうなのかそして今後、平成16年のような驚異的な伸びを記録するために、現在あるリスクとは何なのかを把握したいところです。そこで、経営分析をしてみました。

## 2 サービス業界の動向は？

　C社の業種は、大分類では、サービス業となります。サービス業とは、現在の日本の産業における就業割合が高く、サービス業・情報通信業・運輸業を含めた第三次産業を構成し、全産業の約66%を占めるといわれています。また、サービスとは形のないものであり、役務の提供をし、相手の効用や満足を提供することです。

　近年、サービス業は、景気回復に伴い、製造業とともに成長力のある業界です。雇用の受け皿としても重要となっています。また、宿泊業・飲食業・娯楽業の減少があるものの、高齢化社会や介護保険制度関連の影響から、医療・福祉関連、他には人材派遣を含むさまざまなその他サービス業が増加しています。景気回復時には、製造業のような成長力が期待されています。

さて、そんなサービス業界ですが、最近の動向を「中小企業の財務指標」の「実数分析：大分類：9　サービス業」からみてみましょう。

図表7－3－1　サービス業（大分類）の概況

| (単位:千円 & %) | 平成14年 | 平成15年 | 平成16年 |
|---|---|---|---|
| 売上高 | 940,944 | 984,911 | 1,035,285 |
| 売上総利益 | 302,493 | 309,022 | 318,325 |
| 営業利益 | 33,762 | 34,663 | 35,347 |
| 経常利益 | 33,197 | 34,083 | 34,721 |
| 総資本当期純利益率 | 1.3 | 1.2 | 1.2 |
| 総資本経常利益率 | 2.4 | 2.3 | 2.3 |
| 売上高経常利益率 | 1.6 | 1.5 | 1.6 |

全体として、サービス業は景気回復の兆しが見えてきた様子です。売上高は順調に伸びています。とはいえ、利益率はよくなってはおらず、今後利益率が低くなっていくことも懸念されます。

では、サービス業の中でも、C社の広告業界の動向はどうでしょうか？

## 3　広告業界の動向は？

広告業の最近の動向を「中小企業の財務指標」の「実数分析：中分類：62　広告業」からみてみましょう。

図表7－3－2　広告業（中分類）の概況

| (単位:千円 & %) | 平成14年 | 平成15年 | 平成16年 |
|---|---|---|---|
| 売上高 | 1,297,496 | 1,280,344 | 1,318,288 |
| 売上総利益 | 274,129 | 271,543 | 280,456 |
| 営業利益 | 29,433 | 30,987 | 34,098 |
| 経常利益 | 28,520 | 29,283 | 33,018 |
| 総資本当期純利益率 | 1.2 | 1.0 | 1.2 |
| 総資本経常利益率 | 2.4 | 2.2 | 2.4 |
| 売上高経常利益率 | 1.1 | 1.0 | 1.2 |

サービス業の中の広告業は、大企業である電通と博報堂の二強体制というのが

特徴です。電通は平成16年度まで3期連続減収でした。とはいえ、上記広告業の3期推移を見ると、3期連続売上高は増加しています。平成15年には利益率は若干下がったものの、回復の兆しがみえているといってよいでしょう。

近年は、広告業界としては、規制緩和やインターネット等の新たな広告メディアの登場など、チャンスは広がっているといえるでしょう。

さて、C社の業界動向がつかめたところで、C社の詳細な経営分析を始めていきます。

## 4 いざ自社分析！（実数分析）

では、まずはC社の直近3期分の貸借対照表と損益計算書から、3期の推移をみてみましょう。

### (1) 貸借対照表

図7-3-3　貸借対照表3期推移

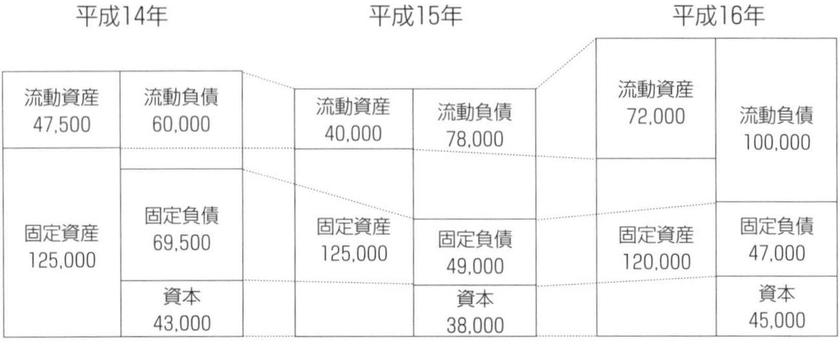

平成14年

| 流動資産 47,500 | 流動負債 60,000 |
|---|---|
| 固定資産 125,000 | 固定負債 69,500 |
| | 資本 43,000 |

平成15年

| 流動資産 40,000 | 流動負債 78,000 |
|---|---|
| 固定資産 125,000 | 固定負債 49,000 |
| | 資本 38,000 |

平成16年

| 流動資産 72,000 | 流動負債 100,000 |
|---|---|
| 固定資産 120,000 | 固定負債 47,000 |
| | 資本 45,000 |

単位:千円

| C社 | 平成14年 | 平成15年 | 平成16年 |
|---|---|---|---|
| 流動資産計 | 47,500 | 40,000 | 72,000 |
| 固定資産計 | 125,000 | 125,000 | 120,000 |
| 資産計 | 172,500 | 165,000 | 192,000 |
| 流動負債計 | 60,000 | 78,000 | 100,000 |
| 固定負債計 | 69,500 | 49,000 | 47,000 |
| 資本計 | 43,000 | 38,000 | 45,000 |

| 業界中分類 | 平成14年 | 平成15年 | 平成16年 |
|---|---|---|---|
| 流動資産計 | 439,119 | 443,020 | 474,439 |
| 固定資産計 | 205,084 | 214,620 | 214,882 |
| 資産計 | 645,034 | 658,516 | 690,167 |
| 流動負債計 | 341,488 | 335,791 | 334,515 |
| 固定負債計 | 140,719 | 148,578 | 166,669 |
| 資本計 | 162,827 | 174,147 | 188,983 |

※業界値の資産には繰延資産を表示していません。

◇注目点～貸借対照表より

　C社では、固定資産の額が流動資産の額を大幅に上回っています。また、流動負債が流動資産の額を上回っています。なお、固定負債をみてみると、毎年減少しており、順調に返済をしているようにみえますが、流動負債の額は増加しています。これは、1年以内に返済しなければならない負債が増えたことを意味し、これから1年以内はC社からは現金支出が増え、短期の資金繰りに困る可能性があります。

## (2) 損益計算書

図表7－3－4　損益計算書3期推移

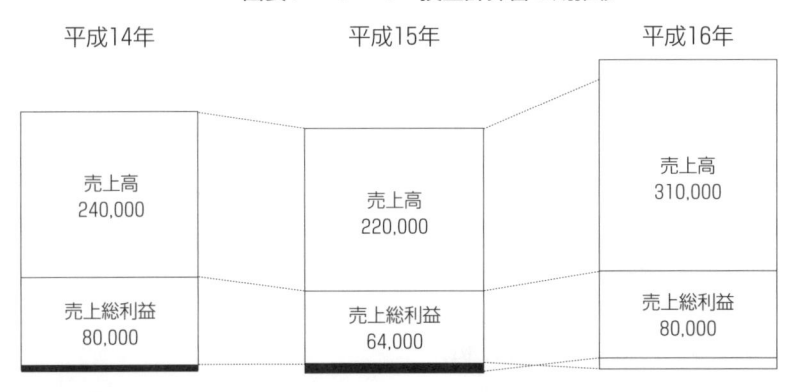

単位:千円

| C社 | 平成14年 | 平成15年 | 平成16年 |
|---|---|---|---|
| 売上高 | 240,000 | 220,000 | 310,000 |
| 売上総利益 | 80,000 | 64,000 | 80,000 |
| 営業利益 | －6,000 | －8,000 | 8,000 |
| 経常利益 | －5,000 | －5,000 | 7,000 |
| 当期純利益 | －5,000 | －5,000 | 7,000 |

| 業界中分類 | 平成14年 | 平成15年 | 平成16年 |
|---|---|---|---|
| 売上高 | 1,297,496 | 1,280,344 | 1,318,288 |
| 売上総利益 | 274,129 | 271,543 | 280,456 |
| 営業利益 | 29,433 | 30,987 | 34,098 |
| 経常利益 | 28,520 | 29,283 | 33,018 |
| 当期純利益 | 11,565 | 12,699 | 16,532 |

◇注目点～損益計算書より

　C社の実績を見てみると、平成15年までは、営業利益がマイナスであったものが、平成16年にプラスとなり、大幅な売上と利益の増加がみられます。平成16年は売上高が大幅に伸びましたが、売上原価の割合が増加しています。

今後の増収増益のためには、売上の構成をみていく必要がありそうです。

### (3) 当期財務諸表

図表 7 － 3 － 5　平成16年C社の貸借対照表と損益計算書の比較図

|  |  |  |
|---|---|---|
| 流動資産 72,000 | 流動資産 100,000 | 売上高 310,000 |
| 固定資産 120,000 | 固定資産 47,000 | |
| | 資本 45,000 | 売上総利益 80,000 |

◇注目点

業界の特性ともいえますが、サービス業は、形のないものを提供するため、形のあるものを提供する製造業や建設業といった業種と比べると、大きな設備投資は必要なく、少ない資産で売上をつくることができるのが特徴です。

## 5　C社の実力は？（比率分析）

### (1) レーダーチャートから見るC社

平成16年のC社の財務諸表から、基礎データを入力したら、**図表 7 － 3 － 6** のような結果のレーダーチャートができました。

第7章 「財務指標」の活用事例集

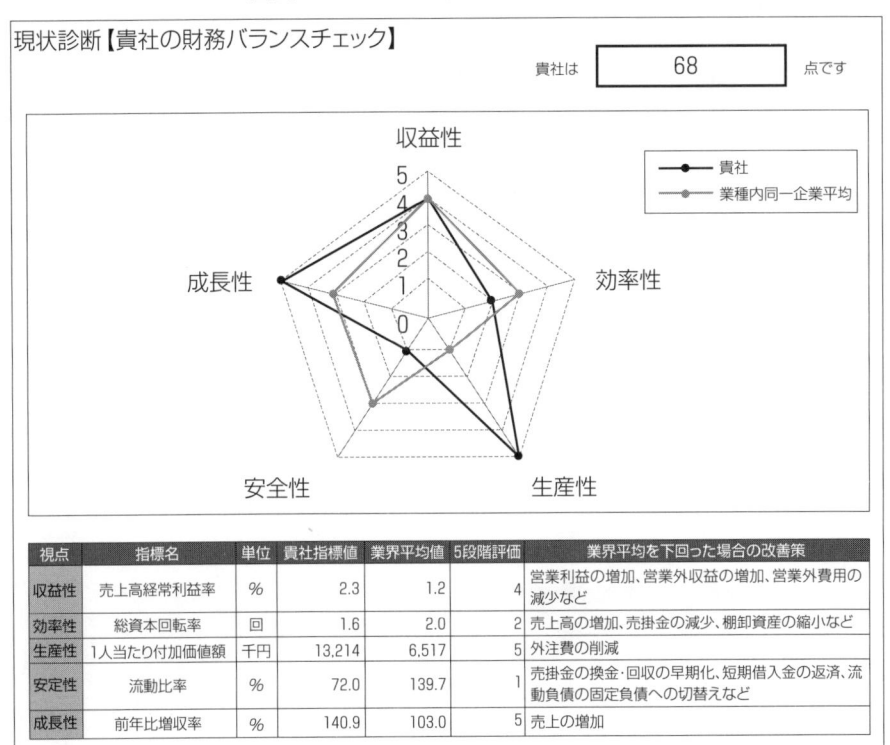

図表7－3－6　C社レーダーチャート

現状診断【貴社の財務バランスチェック】　　　貴社は　68　点です

| 視点 | 指標名 | 単位 | 貴社指標値 | 業界平均値 | 5段階評価 | 業界平均を下回った場合の改善策 |
|---|---|---|---|---|---|---|
| 収益性 | 売上高経常利益率 | ％ | 2.3 | 1.2 | 4 | 営業利益の増加、営業外収益の増加、営業外費用の減少など |
| 効率性 | 総資本回転率 | 回 | 1.6 | 2.0 | 2 | 売上高の増加、売掛金の減少、棚卸資産の縮小など |
| 生産性 | 1人当たり付加価値額 | 千円 | 13,214 | 6,517 | 5 | 外注費の削減 |
| 安定性 | 流動比率 | ％ | 72.0 | 139.7 | 1 | 売掛金の換金・回収の早期化、短期借入金の返済、流動負債の固定負債への切替えなど |
| 成長性 | 前年比増収率 | ％ | 140.9 | 103.0 | 5 | 売上の増加 |

## (2) 要因を掘り下げる

レーダーチャートからC社の財務バランスがみえてきました。

5つの視点（収益性、効率性、生産性、安定性、成長性）から何がみえてくるのか、指標の意味を掘り下げてみましょう。

図表7－3－7　指標のブレークダウン

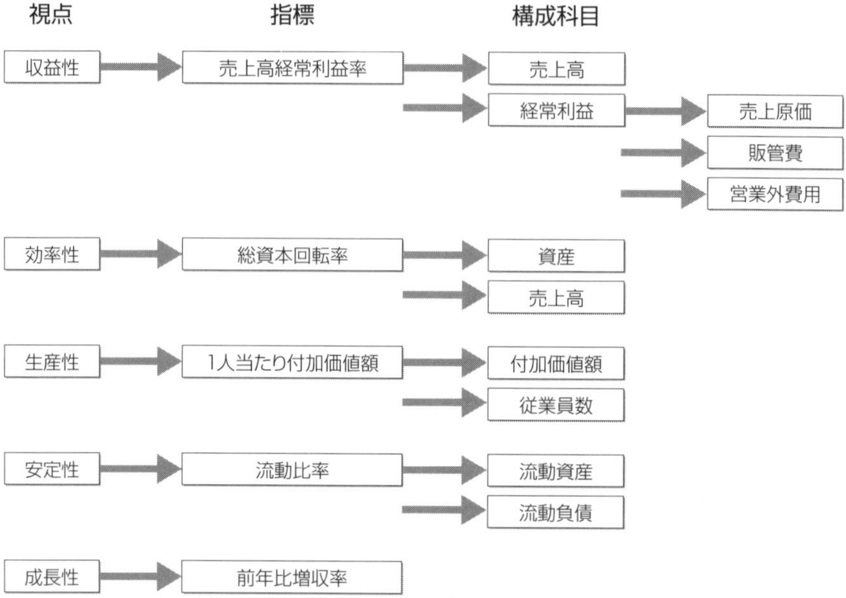

| 視点 | 指標 | 構成科目 | |
|---|---|---|---|
| 収益性 | 売上高経常利益率 | 売上高 | |
| | | 経常利益 | 売上原価 |
| | | | 販管費 |
| | | | 営業外費用 |
| 効率性 | 総資本回転率 | 資産 | |
| | | 売上高 | |
| 生産性 | 1人当たり付加価値額 | 付加価値額 | |
| | | 従業員数 | |
| 安定性 | 流動比率 | 流動資産 | |
| | | 流動負債 | |
| 成長性 | 前年比増収率 | | |

## (3) 浮かび上がった課題

●課題1：資金繰り難

　業界他社と比較すると、流動資産と固定資産の比率が完全に逆転しています。また、流動負債の額も年々増加していっています。これは短期に返済の必要がある負債は増えているのに、短期に現金化できる資産の割合が少ないといえます。短期の資金がないと、会社を運営できません。たとえ黒字でも倒産の可能性もあるのです。資金繰りを悪化させる原因は、ここでは増える流動負債にあるといえるでしょう。

●課題2：安定しない売上高と利益

　平成14年、15年は会社設立以来初の赤字に転落しました。社長は2年連続の損失を出してしまったという責任を感じていましたが、同業他社としても、ひとえに右肩上がりでないことがわかりました。

平成16年に利益を出した要因は、大幅な売上高の増加です。同業他社比較をみても、売上高の増加割合は飛び抜けています。とはいえ、原価、販管費の変動は大きく、売上が増加したときにも、利益を期待できるかわかりません。また、売上が落ち込んでしまったときには、利益が上がらない構造に陥ってしまいそうです。そのため、売上が落ち込んだときにでも利益を出せるような収益構造を確立する必要がありそうです。

●課題3：資産構成の悪さ

業界他社と比較してもわかるように、流動資産・流動負債のバランス、流動資産・固定資産のバランスが、逆転しており、資産構成がよいとはいえません。そのため、資産構成を考え、バランスを確保することで、資産効率性の改善、財務安定性の確保をしていきたいところです。

### (4) 目標値と回避値

広告業の場合、総資本経常利益率−3.2％、総資本回転率1.4回、流動比率97.0％がデフォルト値となっています。C社は、総資本経常利益率2.3％、総資本回転率1.6回、流動比率72.0％となっています。C社は資本効率に問題があるようですが、ここでの最大の問題点は短期的な支払能力を示す流動比率がデフォルト値をも下回っていることです。早急に流動比率を向上させる対策をうたなければ短期的に資金がショートする恐れがあります。目標値としては、やはり流動比率を業界平均値に近づけることを目標とし、順次各指標とします。

### (5) 財務目標

ここまでで、財務諸表による指標との比較・分析から財務的な問題点とC社の課題をピックアップしました。

ここで、財務目標とともに、具体的なアクションをみていきます。

●財務目標1：流動資産を増やし、固定資産を減らす

C社の課題として、流動資産の額よりも固定資産の額が大きすぎるという点がありました。まずは流動資産を増やし、短期的な支払能力を上げると同時に、固定資産の額を減らすことが必要です。しかし、固定資産の場合、ただ単に減らせ

ばよいわけではなく、営業活動への貢献度の見極めが必要となります。

　流動資産を増やし、固定資産を減らすことで、流動比率が上がり、流動資産に対する固定資産の割合が下がります。そのため、固定資産をバランスのよい額にする必要があります。

●財務目標2：流動負債を減らし、固定負債を増やす

　C社の固定負債（主に長期借入金）は年々減少していて、順調に返済が行われているかのようにも思われましたが、逆に流動負債の額は年々増加していました。これは短期的に返済の迫られる負債に頼っていることになるため、資金繰りには悪い影響です。また、単純に固定負債を増やせばよいともいえません。流動負債を減らしたことで不足する分を補填するような、必要な分だけ計画的に固定負債（長期借入金）の借入れをすることが必要です。

●財務目標3：売上原価を減らす

　C社の場合、収益性の指標、売上高経常利益率はよい数値を示していましたが、ブレークダウンをしたところ、売上原価割合が高く、さらなる収益性の強化には売上原価の低減が必要だといえます。

●財務目標4：自己資本を増やす

　今後はC社の財務基盤の強化を図るために固定資産の圧縮と同時に自己資本を増加させることが必要です。

　C社の自己資本を増やすことは会社の力を強くすることであり、固定資産の圧縮と同時に自己資本を増加させることで、会社としての経営基盤が安定していきます。

●財務目標5：売上高を増やす

　売上高の増加はどの業種・企業においても常に目標としているところでしょう。C社は16年に売上高が急増していますが、このまま順調に成長していくことは難しそうです。そのため、今後も売上高を意識した経営を求められることになるでしょう。

　売上高の増加によって期待できる効果としては、売上高・利益の安定化です。

第7章 「財務指標」の活用事例集

売上高を増やすことは経営者にとって重要な目標となります。

## 6 現状の重要課題とその原因（定性）分析

　財務諸表から見える、業界動向とC社の状況がつかめ、課題と財務目標ができました。数値からの分析、つまり定量分析が終わりました。

　では次に、C社次にににおける、人・モノ・カネといった経営資源が、企業の定性的な強みとしてその効果をもたらしているか、といった定性分析（経営資源分析）を行います。

### (1) 定性分析（経営資源分析）

図表7-3-8　定性分析シート①

| 分類 | 評価項目 | | 評価項目の説明および詳細 | 評価 | 総合評価 |
|---|---|---|---|---|---|
| トータルマーケティングシステム | CP管理システムまたは営業システム | 1 | CP（または営業担当者）の人員数、能力は十分か | c | B |
| | | 2 | 組織・体制は十分か | c | |
| | | 3 | 社内コミュニケーションは良好に行われているか | a | |
| | | 4 | CP（または営業担当者）の満足度、モラルは高いか | c | |
| | | 5 | 客観的な人事制度、評価制度が整備されているか | b | |
| | | 6 | 実績データを把握・分析しているか | b | |
| | 業務効率 | 1 | 各種情報の共有化により効率もレベルアップしているか | c | C |
| | | 2 | 業務効率化・標準化は進んでいるか | c | |
| | | 3 | 効率化により経費率は削減されているか | c | |
| | | 4 | 固定費の変動費化は進んでいるか | c | |
| | | 5 | インターネット活用による販売ノウハウは十分か | c | |
| | 在庫管理 | 1 | 材料の仕入は生産と販売にリンクした仕組みか | b | B |
| | | 2 | 棚卸を定期的に行い、在庫保有量を定量的に把握しているか | b | |
| | | 3 | 在庫コストの影響を顧客や利益の視点から把握しているか | b | |
| | CPの教育または営業担当者の教育 | 1 | 教育体制は確立されているか | c | C |
| | | 2 | キャリアパスの制度は整備されているか | c | |
| | | 3 | 教育の効果測定は実施されているか | c | |
| | | 4 | 教育と連動した目標管理制度に取り組んでいるか | c | |
| | | 5 | モチベーションの向上の取り組みを行っているか | b | |
| | IT活用 | 1 | 業務分析を実施し、それに合ったシステムを構築しているか | b | C |
| | | 2 | システム構築・導入の目的は明確か | b | |
| | | 3 | WEB活用による優位性を表現しているか | c | |
| | | 4 | 資金計画はきちんと立てられているか | c | |
| | | 5 | 投資効果を測定し、活用しているか | c | |
| マーケティングプロダクト | 商品・コンセプト | 1 | 業界内の自社の位置づけを把握しているか | b | B |
| | | 2 | 市場ニーズを反映した差別化商品の投入が継続的か | b | |
| | | 3 | 競争力ある新商品を適切に市場投入できるリードタイムか | b | |
| | | 4 | コスト競争力は十分か | b | |
| | | 5 | 高品質、優位性のあるデザインか | a | |
| | | 6 | 今後の商品投入計画は作成されているか | a | |
| マーケティングプライス | 価格設定 | 1 | 商品別の粗利益や交差比率を把握しているか | c | C |
| | | 2 | 顧客の価格感度を考慮しているか | b | |
| | | 3 | 価格の設定方法は、販売戦略に適合しているか | b | |
| | | 4 | 価格設定のルール、アプローチが明確に規定されているか | c | |
| | | 5 | 現状を把握し、価格設定を見直すツールやプロセスがあるか | c | |
| マーケティングチャネル | 販売チャネル | 1 | 優良、有望な販売チャネルを持っているか | a | B |
| | | 2 | 取引先、顧客との関係は良好か、相手からの信頼度は高いか | a | |
| | | 3 | 新規チャネルルート、顧客開拓能力はあるか | c | |
| | | 4 | 海外の販売チャネル、ノウハウを持っているか | c | |
| | | 5 | インターネットの活用による販売チャネルは効率的か | c | |

## (2) 経営不振分析

さて、平成16年は業績回復が見られたものの、経営不振に陥ってしまうリスクが潜んでいそうです。そのため、経営という観点からみて、財務分析によって表れた問題の原因はどこにあったのかをみてみましょう。

**図表7-3-9　定性分析シート②**

| 分類 | 評価項目 | 評価項目の説明および詳細 | 評価 | 総合評価 |
|---|---|---|---|---|
| マーケティングプロモーション | ブランド | 1 独自ブランドはあるか、それは市場に十分に認知されているか | a | B |
| | | 2 ブランドイメージは強いか | b | |
| | | 3 ブランド維持の努力を行っているか | b | |
| | | 4 ブランド力の評価を行っているか | c | |
| | | 5 社内マーケティングの仕組みがあるか、十分に運用されているか | c | |
| | 広告・PR活動 | 1 媒体、内容、ターゲット等は適切か | b | B |
| | | 2 展示会、イベントへの参加、共同販促等を行っているか | b | |
| | | 3 ITをどのように活用しているか | c | |
| | | 4 社内関係者に提供する情報の量、質は十分か | b | |
| | | 5 経費の把握、効果測定を行い活用しているか | c | |
| 市場視点 | 市場動向 | 1 市場規模はどの程度か | b | B |
| | | 2 市場は成長が見込まれているか | c | |
| | | 3 対象市場セグメントは明白になっているか | b | |
| | | 4 競合の出現を考慮して、その対応が決められているか | b | |
| | 競合他社への対応 | 1 取り扱い商品に関して強力な競合他社が存在するか | b | B |
| | | 2 取り扱い商品は競合他社の商品と比べて競争力・将来性はあるか | b | |
| | | 3 競合他社の戦略、技術、商品分析を行っているか | b | |
| | | 4 市場への新規参入の可能性はあるか、その競争力はどうか | b | |
| | | 5 他社との補完、提携、M&A等の可能性はあるか | b | |
| | 市場地位 | 1 自社の強み、弱み、市場の機会、脅威を把握しているか | a | B |
| | | 2 ターゲット市場における現在の市場地位はどの程度か | b | |
| | | 3 将来の市場地位をどのように計画しているか | b | |
| | | 4 売上計画および利益計画は作成されているか | c | |
| | 立地・店舗 | 1 商圏、市場を十分把握しているか | b | B |
| | | 2 立地選定の仕組み、プロセスは具体的か | b | |
| | | 3 立地のインフラの検討はなされているか | b | |
| | | 4 既存立地の適否の検討はなされているか | b | |
| | | 5 撤退の基準を持っているか | b | |
| | | 6 店舗施設の競争力はあるか | b | |
| | | 7 店舗のサービス性、環境、法令規制対応は十分か | b | |
| | | 8 店舗の効率性、採算性は良好か | b | |
| | | 9 店舗のクレンリネスは良好か | c | |
| 顧客視点 | 顧客管理 | 1 顧客を管理するシステムがあるか | b | B |
| | | 2 ターゲット顧客を設定しているか | a | |
| | | 3 優良既存顧客の維持・確保は十分なされているか | a | |
| | | 4 新規顧客を開拓しているか | c | |
| | | 5 顧客別売上、粗利、利益管理を行い活用しているか | c | |
| | | 6 販売店に対する教育を行っているか | c | |
| | 顧客満足度 | 1 顧客満足度調査を実施しているか | c | A |
| | | 2 顧客要求に合った品質を達成しているか | a | |
| | | 3 顧客を満足させる要求納期遵守率を達成しているか | a | |
| | | 4 顧客から見た魅力的な価格設定をしているか | b | |
| | | 5 顧客ベネフィットを考慮した対応になっているか | a | |
| | | 6 アフターサービスの提供は十分か | b | |
| | 請求・回収 | 1 回収計画はあるか、計画に沿って回収はきちんと行われているか | b | B |
| | | 2 回収マニュアルはあるか、顧客との契約締結はきちんと行われているか | b | |
| | | 3 不良債権発生率、デフォルト率を把握しているか | c | |
| | | 4 取引先信用状況を正確に把握しているか | b | |
| | クレーム対応 | 1 マニュアル化されているか | c | C |
| | | 2 再発防止・改善策を作る仕組みができているか | c | |
| | | 3 情報の蓄積と活用はなされているか | c | |

図表7－3－10　経営不振分析

| 原因 | | 因果関係 | | | 推定原因影響度 |
|---|---|---|---|---|---|
| | | 2年超 | 2年以内 | 1年以内 | |
| 経営者の問題 | A．マネジメント不在 | ● | | | 50% |
| | B．オーナー放漫 | | | → | 10% |
| 投資の失敗 | C．設備投資失敗 | | → | | 40% |
| | D．財テク失敗 | | | | |
| リスクマネジメントの失敗 | E．不振連鎖 | | | | |
| | F．偶発債務 | | | | |
| 合計 | | | | | 100% |

　C社の課題として、安定しない売上高・利益がありました。もう一つ、資金繰り難がありました。これらは、外部環境要因のみならず、内部環境要因があります。内部の要因として考えられることとして、経営者による管理不足があり、設備投資の失敗とオーナー放漫の2つに分類できます。

　この課題を解決するためには、経営者としてのマネジメントを見直す必要があることがわかりました。

## 7　CSFとアクションプラン

　ついに経営戦略策定も大詰めを迎えました。経営戦略策定にあたり、重要な役割を担うSWOT分析により、自社内部の強み・弱みと、外部環境の事業機会・新たな脅威を抽出してみましょう。

## (1) SWOT分析

図表7−3−11　SWOT分析

| SWOT分析 | | 事業機会<br>O ①IT化による新市場の誕生<br>②デジタル技術の進化 | 新たな脅威<br>T ①既存市場の縮小<br>②単価の下落 |
|---|---|---|---|
| 強み | S（定量）<br>■高い成長性<br>■高い生産性<br><br>（定性）<br>●業界との強いつながり<br>●広告と制作の一貫したサービス<br>●広告ノウハウの蓄積 | A 事業機会を自社で取り込むために<br>■内部留保による新事業投資<br>■進化したデジタル技術の導入によるコスト削減<br>●インターネット等を活用した市場調査<br>●IT広告ノウハウを活用した新サービス提供<br>●既存・代替人材を活用した新規顧客の開拓<br>●業界とのつながりを活かした情報収集 | C 他社の脅威を自社の強みで取り組むために<br>■進化したデジタル技術の導入によるコスト削減<br>■低付加価値作業のアウトソーシング<br>●既存顧客への新たなサービスの提案<br>●長期的視点に立った人材育成・評価 |
| 弱み | W（定量）<br>■流動比率の低さ<br>■売上原価の高さ<br><br>（定性）<br>●マネジメント力不足<br>●人材不足<br>●営業力不足 | B 事業機会を弱みでとりこぼさないように<br>■短期借入金の長期借入金への借換<br>■人材投資の促進<br>■原価の予実管理<br>●経営者の積極的な組織への関与（風土づくり）<br>●経営戦略策定による企業の方向性の確立<br>●営業力強化による新規顧客の開拓<br>●人材確保・育成の強化 | D 脅威と弱みの鉢合わせで最悪の事態を招かないために<br>■経営戦略に基づく資源の選択と集中<br>■業務標準化による売上原価の低減<br>■低付加価値作業のアウトソーシング<br>●未使用資産の売却の検討<br>●衰退事業からの撤退<br>●計画的な販管費の使用<br>●業界動向を見極めた経営戦略の立案<br>●営業のアウトソーシング |

このSWOT分析から、C社運営のための優先順位を決め、事業成功要因（CSF）として、更に抽出を行っていきます。

## (2) 事業成功要因（CSF）の明確化

CSF連関イメージは図表7−3−13のとおりです。

図表7−3−12　事業成功要因（CSF）とアクションプラン

| CSF（事業成功要因） | アクションプラン | | |
|---|---|---|---|
| | 1年内 | 2年内 | 3年内 |
| 財務基盤の強化 | ●遊休固定資産の売却<br>●短期借入金から長期借入金へのシフト | ●原価管理及び原価低減<br>●キャッシュフロー管理 | ●自己資本増加 |
| 新規顧客獲得 | ●顧客ニーズの調査<br>●企画の提案 | ●営業人材の投入 | ●新規顧客獲得 |
| 経営管理の強化 | ●経営計画の作成<br>●従業員の意識改革 | ●経営管理のサイクル化 | ●経営管理サイクルの短縮化 |
| 人材の確保、育成 | ●人材採用・教育 | ●人材採用・教育 | ●人材の適材適所への配分 |

第7章 「財務指標」の活用事例集

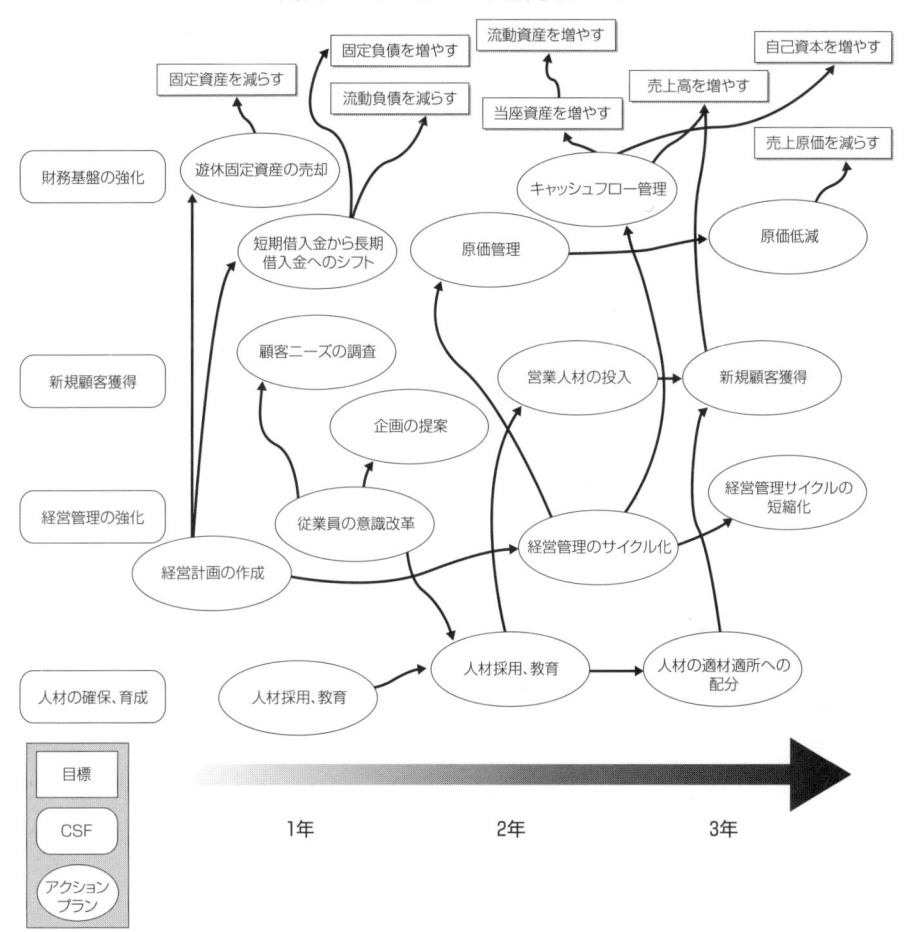

図表7－3－13　CSF連関イメージ

## (3) アクションプランの決定

●CSF1：財務基盤の強化

　まずは、遊休固定資産の売却で資産をすっきりさせ、借入金を短期から長期にシフトさせることで、バランスをとります。そのうえで、資金繰り、原価管理を行い、マネジメントに必要な材料をそろえます。そこで初めて、原価低減のため

の策、そして会社の経営基盤の安定をはかることに注力していくという流れで、財務基盤を強化していきます。

●CSF２：新規顧客獲得

売上を伸ばすためには、既存顧客の維持はもちろん、新規顧客の獲得が必須です。新規顧客獲得の活動といっても、むやみに営業をするのでは的外れになってしまい、成果に結びつきません。そのため、まずは顧客ニーズを調査し、自社の提供サービスを見直したうえで、営業人材を投入し、顧客獲得の取組みを始め、それを評価していくのがよいでしょう。

●CSF３：経営管理の強化

現在の課題として、経営者のマネジメント力不足がありました。まずは会社の人材や商品の管理ができていないことに問題がありました。そのため、経営計画に基づいた経営管理をしていく体制をつくること、社内にもその状況をオープンにし、目標に向かって会社を走らせていくことが必要です。

そして、計画、実行、評価、改善というPDCAサイクルを社内に徹底させていくことがよいでしょう。

●CSF４：人材の確保、育成

なんといっても、中小企業の最大の悩みは人材の確保と育成です。人材なくして会社の成長はありません。人材育成に時間がとれない企業が多い中、人材育成をしっかり行う体制、そのもとでの人材教育をしていくことで、持続的な成長を可能にする体制づくりをしていく必要がありそうです。

## 8　『経営計画作成シート』の作成

事業成功要因（CSF）からアクションプランを作成した後、アクションプランがどのように数値に表れるか検討し、次のような将来予測を行います（**図表7－3－14参照**）。

第7章 「財務指標」の活用事例集

図表7−3−14　経営計画作成シート

| (実数:中) 26 広告業<br>(比率:中) 26 広告業 | | | 単位 | 自社数値 | | | | 延長<br>シナリオ | CSF | 目標<br>シナリオ |
|---|---|---|---|---|---|---|---|---|---|---|
| | | | | 14年 | 15年 | 16年 | 前年比 | 17年 | アクションプラン | 17年 |
| 実数分析 | B/S | 流動資産　計 | (千円) | 47,500 | 40,000 | 72,000 | 180.0 | 80,000 | ・遊休固定資産売却<br>・流動負債から固定負債<br>へのシフト | 80,000 |
| | | 固定資産　計 | (千円) | 125,000 | 125,000 | 120,000 | 96.0 | 125,000 | | 110,000 |
| | | 資産　計 | (千円) | 172,500 | 165,000 | 192,000 | 116.4 | 205,000 | | 190,000 |
| | | 流動負債　計 | (千円) | 60,000 | 78,000 | 100,000 | 128.2 | 107,000 | | 86,000 |
| | | 固定負債　計 | (千円) | 69,500 | 49,000 | 47,000 | 95.9 | 45,000 | | 45,000 |
| | | 資本　計 | (千円) | 43,000 | 38,000 | 45,000 | 118.4 | 53,000 | | 59,000 |
| | P/L | 売上高 | (千円) | 240,000 | 220,000 | 310,000 | 140.9 | 330,000 | ・経営計画の作成<br>・原価管理<br>・業務標準化<br>・人事戦略 | 400,000 |
| | | 売上総利益 | (千円) | 80,000 | 64,000 | 80,000 | 125.0 | 80,000 | | 150,000 |
| | | 営業利益 | (千円) | -6,000 | -8,000 | 8,000 | -100.0 | 10,000 | | 18,000 |
| | | 経常利益 | (千円) | -5,000 | -5,000 | 7,000 | -140.0 | 8,000 | | 14,000 |
| | | 当期純利益 | (千円) | -5,000 | -5,000 | 7,000 | -140.0 | 8,000 | | 14,000 |
| | | 期末従業員数 | (人) | 7 | 7 | 7 | 0 | 7 | | 9 |
| 比率分析 | ①収益性 | | | | | | | | ・業務標準化等による原価低減 | |
| | 売上高経常利益率 | | (%) | -2.1 | -2.3 | 2.3 | 4.0 | 2.4 | | 3.5 |
| | ②効率性 | | | | | | | | ・資産圧縮による効率性向上<br>・意識改革 | |
| | 総資本回転率 | | (回) | 1.4 | 1.3 | 1.6 | 0.3 | 1.6 | | 2.1 |
| | ③生産性 | | | | | | | | | |
| | 1人当たり付加価値額 | | (千円) | 6,967 | 6,700 | 13,214 | 6,514 | 13,500 | | 15,000 |
| | ④安定性 | | | | | | | | ・借入金返済や流動負債から固定負債への移行 | |
| | 流動比率 | | (%) | 79.2 | 51.3 | 72.0 | 20.7 | 74.8 | | 93.0 |
| | ⑤成長性 | | | | | | | | ・顧客ニーズ収集と新規顧客獲得 | |
| | 前年比増収率 | | (%) | | 91.7 | 140.9 | 49.2 | 106.5 | | 129.0 |

## 9　その後のモニタリング

　今までみてきたように、経営計画を作成してきました。これらの経営計画が予定どおりに実施されているかどうかを定期的にモニタリングする必要があります。モニタリングを行うことにより経営活動のチェック・経営計画の見直しが行われるのです。

## 第4節 活用事例4 製造業D社（精密機械器具製造業）

### 1 D社の紹介

　D社は、埼玉県で光学レンズの加工製造一筋30年、近年では続々と新モデルが登場するデジカメ用レンズの加工を得意としている、従業員25名の会社です。大手メーカーの下請けであり、中間の加工を行っています。そのため景気や大手メーカーの影響を受けやすい状況です。

　D社社長は2代目であり、3年前に会社を引き継ぎました。大手メーカーに10年勤務、その後、先代のもとで5年、現場も含め修行をしていました。

　現在は、引き継いで3年、順調に右肩上がりの業績です。とはいえ、精密機械の技術革新のテンポの速さを痛感しています。高度な技術を提供していることから、同業他社の競争が激しくなる可能性は少ないものの、新技術・多様な技術提供、新技術開発等、先行き不安を感じざるを得ません。以前、そんな不安を会計事務所の担当者に話したところ、「では、まずは業界動向を含め、数字から現状を分析してみましたので、その結果をご覧ください。そのうえで、将来ビジョンを立ててみましょう」ということで、下記に示すような結果をもらいました。

### 2 製造業界の動向は？

　D社の業種は、大分類では、製造業となります。製造業とは、原材料を加工することで製品を生産、提供する第二次産業です。日本を代表する自動車メーカーであるトヨタ、日産、ホンダが作る製品はもちろん、コンビニで売られているお弁当やお惣菜をつくる産業も製造業となります。製造業は、戦後の日本復興に大きく貢献した産業であり、かつては大量生産・少品種多量生産がメインであったのが、近年は、消費者ニーズの多様化とともに多品種少量生産が主流となってい

ます。また、製品が目に見えるものであることから、一般的に消費者からの認知度が高い業界であるともいえます。

さて、そんな製造業界、最近の動向を、「中小企業の財務指標」の「実数分析：大分類：2　製造業」からみてみましょう。

図表7－4－1　製造業（大分類）の概況

| （単位：千円 & %） | 平成14年 | 平成15年 | 平成16年 |
|---|---|---|---|
| 売上高 | 1,382,230 | 1,407,607 | 1,473,734 |
| 売上総利益 | 289,358 | 298,100 | 310,728 |
| 営業利益 | 32,467 | 43,340 | 53,062 |
| 経常利益 | 30,695 | 40,053 | 49,315 |
| 総資本当期純利益率 | 0.3 | 0.8 | 1.1 |
| 総資本経常利益率 | 0.9 | 1.6 | 2.1 |
| 売上高経常利益率 | 0.8 | 1.4 | 1.8 |

2年連続の増収増益が続きました。売上高の伸びに比べて、営業利益、経常利益、いずれも伸び率が高くなっています。製造業界は規模が大きくなりつつあると同時に収益率も向上しているようです。とはいえ、他の業界と比べたときには、利益率は低いのが特徴です。

「中小企業景況調査」の業況判断からも、基調としては強くなってきており、設備投資にも積極的になっています。とはいえ、直面している経営上の問題として、需要の停滞、原材料価格の高騰、製品単価の上昇難、製品ニーズの変化への対応、生産設備の不足・老朽化が挙げられており、増収増益といえども、来期の不安は隠せません。では、製造業の中でも、D社の精密機械器具業界の動向はどうでしょうか？

## 3　精密機械器具製造業の動向は？

精密機械器具業界の最近の動向を「中小企業の財務指標」の「実数分析：中分類：26　精密機械器具製造業」からみてみましょう。

図表7－4－2　精密機械器具製造業（中分類）の概況

| (単位:千円 & %) | 平成14年 | 平成15年 | 平成16年 |
|---|---|---|---|
| 売上高 | 1,193,636 | 1,222,188 | 1,278,778 |
| 売上総利益 | 306,007 | 320,094 | 333,396 |
| 営業利益 | 39,087 | 52,368 | 56,283 |
| 経常利益 | 38,406 | 48,048 | 52,705 |
| 総資本当期純利益率 | 0.2 | 1.3 | 2.1 |
| 総資本経常利益率 | 0.8 | 2.3 | 3.5 |
| 売上高経常利益率 | 1.0 | 2.2 | 3.1 |

　製造業の中の精密機械器具業も2期連続で増収増益が続きました。精密機械器具製造業の特徴として、製造業の中での利益率の高さがあります。総資本当期純利益率、売上高経常利益率は、精密機械器具業は製造業全体平均の約1.7倍になっています。

　そもそも精密機械器具製造業の特徴は、高技術を売りにしていることです。日本の製造業の特徴であるといわれる高性能、低価格を支えてきた業界なのです。現在は、量産品は安価な労働力のある海外へ生産がシフトされ、国内では、技術革新のサイクルの速さへの対応、近年のデジタルカメラやカメラ付携帯、GPS搭載時計など、日常生活で目にするもののように、多角化が迫られています。新技術・新市場の開発・開拓に可能性がありそうです。

　さて、D社の業界動向がつかめたところで、D社の詳細な経営分析を始めていきます。

## 4　いざ自社分析！（実数分析）

　まずはD社の直近3期分の貸借対照表と損益計算書から、3期の推移をみてみましょう。

## (1) 貸借対照表

### 図表7-4-3　貸借対照表3期推移

**平成14年**

| 流動資産 1,250,000 | 流動負債 1,050,000 |
| --- | --- |
| 固定資産 1,100,000 | 固定負債 960,000 |
|  | 資本 340,000 |

**平成15年**

| 流動資産 1,270,000 | 流動負債 1,300,000 |
| --- | --- |
| 固定資産 1,130,000 | 固定負債 730,000 |
|  | 資本 370,000 |

**平成16年**

| 流動資産 1,600,000 | 流動負債 1,700,000 |
| --- | --- |
| 固定資産 1,200,000 | 固定負債 700,000 |
|  | 資本 400,000 |

単位:千円

| D社 | 平成14年 | 平成15年 | 平成16年 |
| --- | --- | --- | --- |
| 流動資産計 | 1,250,000 | 1,270,000 | 1,600,000 |
| 固定資産計 | 1,100,000 | 1,130,000 | 1,200,000 |
| 資産計 | 2,350,000 | 2,400,000 | 2,800,000 |
| 流動負債計 | 1,050,000 | 1,300,000 | 1,700,000 |
| 固定負債計 | 960,000 | 730,000 | 700,000 |
| 資本計 | 340,000 | 370,000 | 400,000 |

| 業界中分類 | 平成14年 | 平成15年 | 平成16年 |
| --- | --- | --- | --- |
| 流動資産計 | 708,226 | 727,981 | 746,245 |
| 固定資産計 | 431,501 | 437,934 | 442,337 |
| 資産計 | 1,144,319 | 1,170,251 | 1,192,611 |
| 流動負債計 | 432,147 | 446,640 | 439,346 |
| 固定負債計 | 360,180 | 351,124 | 360,002 |
| 資本計 | 351,992 | 372,487 | 393,263 |

※業界値の資産には繰延資産を表示していません。

◇注目点〜貸借対照表より

　業界平均と比較したときに大きく違うのが、流動負債と固定負債の割合です。業界平均と比べて、D社は流動負債の割合が大きくなっています。あとは、流動資産と固定資産の割合です。業界平均と比べて、流動資産の割合が小さかったものが、平成16年に改善されていることが見受けられます。

　D社の3期比較に視点を移すと、平成15年から、流動負債が流動資産を上回るようになっています。これは、短期の支払能力という面で、問題として浮かび上がってくるところです。黒字倒産リスクが潜んでいそうです。

## (2) 損益計算書

図表7-4-5　損益計算書3期推移

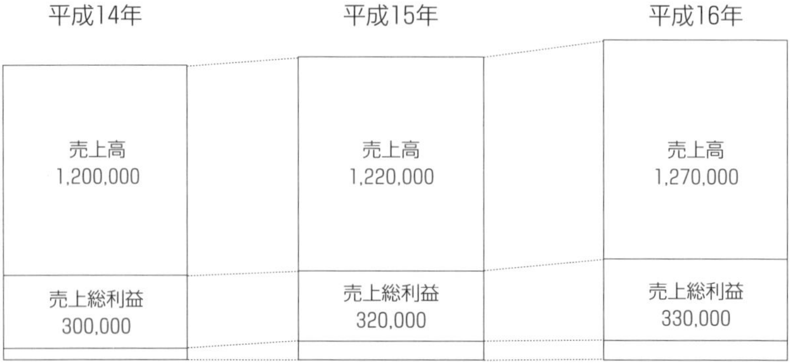

平成14年　　売上高 1,200,000　　売上総利益 300,000

平成15年　　売上高 1,220,000　　売上総利益 320,000

平成16年　　売上高 1,270,000　　売上総利益 330,000

単位:千円

| D社 | 平成14年 | 平成15年 | 平成16年 |
|---|---|---|---|
| 売上高 | 1,200,000 | 1,220,000 | 1,270,000 |
| 売上総利益 | 300,000 | 320,000 | 330,000 |
| 営業利益 | 40,000 | 52,000 | 56,000 |
| 経常利益 | 38,000 | 48,000 | 53,000 |
| 当期純利益 | 24,000 | 30,000 | 30,000 |

| 業界中分類 | 平成14年 | 平成15年 | 平成16年 |
|---|---|---|---|
| 売上高 | 1,193,636 | 1,222,188 | 1,278,778 |
| 売上総利益 | 306,007 | 320,094 | 333,396 |
| 営業利益 | 39,087 | 52,368 | 56,283 |
| 経常利益 | 38,406 | 48,048 | 52,705 |
| 当期純利益 | 17,162 | 20,400 | 25,938 |

◇注目点～損益計算書より

　D社の3期比較からは、精密機械器具製造業の売上高、利益の伸びと同様の伸びを示している様子が伺えます。特に個別に注目する点は見当たりません。

## (3) 当期財務諸表

**図表7－4－6　平成16年D社の貸借対照表と損益計算書の比較図**

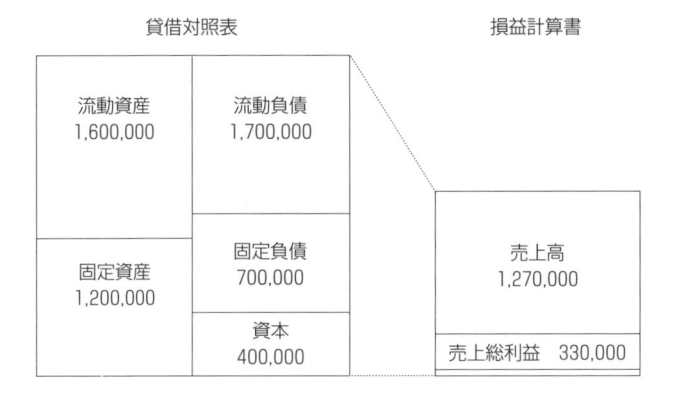

貸借対照表

| 流動資産 1,600,000 | 流動負債 1,700,000 |
| --- | --- |
| 固定資産 1,200,000 | 固定負債 700,000 |
| | 資本 400,000 |

損益計算書

売上高 1,270,000

売上総利益　330,000

◇注目点

資産の大きさに比べて売上が小さく、資本効率の悪さが伺えます。今後の製品開発等のための投資をしたわけではなく、今後していく予定であるならば、現状では、資産圧縮策を講じたほうがよいでしょう。

## 5　D社の実力は？（比率分析）

比率分析の簡易版として、レーダーチャートからD社をみてみます。

### (1) レーダーチャートから見るD社

平成16年のD社の財務諸表から、基礎データを入力したら、**図表7－4－7**のような結果のレーダーチャートができました。

図表7－4－7　D社レーダーチャート

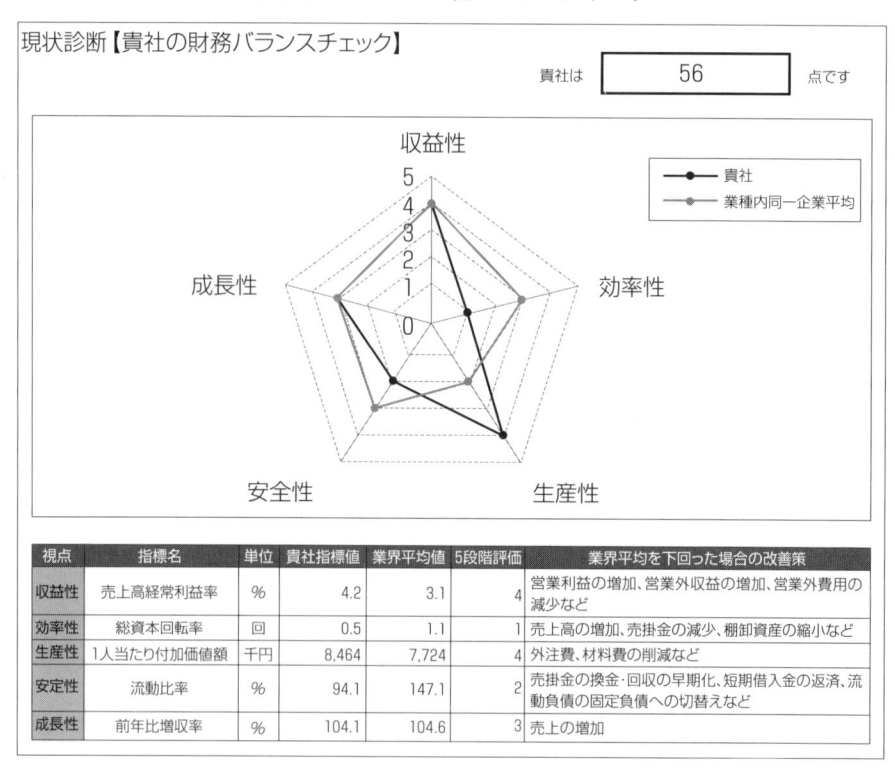

現状診断【貴社の財務バランスチェック】

貴社は　56　点です

| 視点 | 指標名 | 単位 | 貴社指標値 | 業界平均値 | 5段階評価 | 業界平均を下回った場合の改善策 |
|---|---|---|---|---|---|---|
| 収益性 | 売上高経常利益率 | % | 4.2 | 3.1 | 4 | 営業利益の増加、営業外収益の増加、営業外費用の減少など |
| 効率性 | 総資本回転率 | 回 | 0.5 | 1.1 | 1 | 売上高の増加、売掛金の減少、棚卸資産の縮小など |
| 生産性 | 1人当たり付加価値額 | 千円 | 8,464 | 7,724 | 4 | 外注費、材料費の削減など |
| 安定性 | 流動比率 | % | 94.1 | 147.1 | 2 | 売掛金の換金・回収の早期化、短期借入金の返済、流動負債の固定負債への切替えなど |
| 成長性 | 前年比増収率 | % | 104.1 | 104.6 | 3 | 売上の増加 |

## (2) 要因を掘り下げる

　レーダーチャートからD社の財務バランスがみえてきました。

　5つの視点（収益性、効率性、生産性、安全性、成長性）から何がみえてくるのか、指標の意味を掘り下げてみましょう。

図表7−4−8　指標のブレークダウン

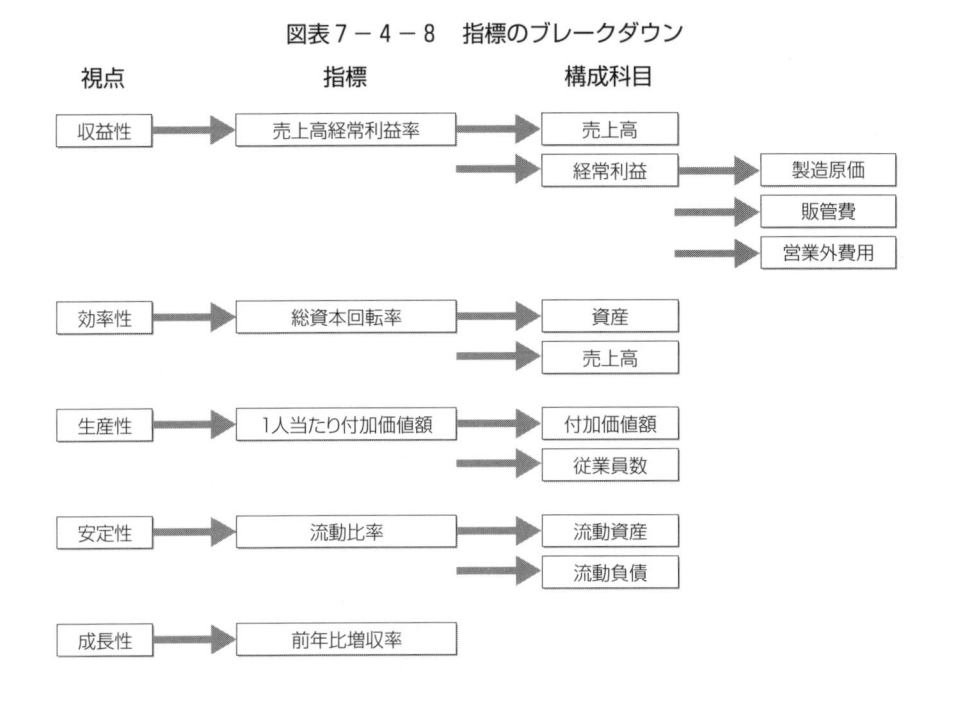

| 視点 | 指標 | 構成科目 |
|---|---|---|
| 収益性 | 売上高経常利益率 | 売上高 |
| | | 経常利益 → 製造原価 / 販管費 / 営業外費用 |
| 効率性 | 総資本回転率 | 資産 / 売上高 |
| 生産性 | 1人当たり付加価値額 | 付加価値額 / 従業員数 |
| 安定性 | 流動比率 | 流動資産 / 流動負債 |
| 成長性 | 前年比増収率 | |

## (3) 浮かび上がった課題

　レーダーチャートからみると、最大のネックは効率性であることがわかります。その他に安全性の指標も低く、弱いことがわかります。

　D社の低い指標と、指標のブレークダウンをして、課題を挙げてみます。

●課題1：資産効率の悪さ

　分母の資産・分子の売上高で構成されており、分母の減少もしくは分子の増加により、総資本回転率は改善されます。売上高は決して少ないとはいえず、資産が比較的大きいようです。そのため資産の圧縮を検討していきます。

　まず、資産は、流動資産と固定資産もしくは流動負債と固定負債と資本から成り立っています。これら構成科目を調べていきます。

　一般的に、資産の圧縮策として考えられるのは、遊休資産の売却による（リース切替えによる）圧縮、借入金の返済、在庫の圧縮（管理）、売掛金の減少等で

す。また、売上高利益率の低い会社では、この総資本回転率は高くなり、売上高利益率の高い会社では、この指標値は低くなる傾向にあるので、これは頭の片隅に入れておくとよいでしょう。

D社の場合には、施設資産の老朽化と新技術への移行に伴う在庫発生という点と、現金取引が少ないことから新技術開発のための費用を全額借入金でまかなっている点がネックとなっていました。

●課題2：資金繰り難

流動負債が流動資産を上回っているため、負債の支払いに対して、手持ちの資産ではまかないきれず、新たな借入れ等を行い、対応するなどしなければならなさそうです。そうすることで、支払利息の増加等、今後の支払能力も悪化するおそれがあります。しかしながら、割合でみると、固定負債は大きいわけではないので、資産構成の見直し（流動・固定の割合検討）とともに、財務の安定性を確保する対策が必要です。

●課題3：製造原価の高さ

売上高に対して経常利益の占める割合が高く、総合的に収益性は高いといえます。しかし、ここでブレークダウンして、製造原価、販管費、営業外費用に分解してみると、D社は製造原価の占める割合が大きいことが見えてきました。

そのため、製造原価の高い理由を、材料費、労務費、製造間接費に分解してみることにしました。すると、材料費の高さと労務費が高そうであることが見えてきました。とはいえ、製品別の材料費や労務費等について詳細な信頼のおけるデータが取れませんでした。

## （4）目標値と回避値

では、ここから目標値の設定を行っていきます。その前に、デフォルト値を確認します。

精密機械器具製造業の場合、売上高経常利益率－0.4、総資本回転率1.1、流動比率134.3がデフォルト値となっています。それに対し、D社は売上高経常利益率が高いが、総資本回転率が低いという状況です。また、ここでD社がすべきこと

は、早急に流動比率を改善することです。一般的に100％以上ないと危ないといわれているからです。D社は100％を切っているうえに、精密機械器具製造業のデフォルト値は134.3であることから、短期的に資金ショートを起こす可能性が高く、対策を打たなければなりません。

目標値としては、各指標ともに、レーダーチャートの現在のラインから１つ外を目指します。

### (5) 財務目標

ここまでで、財務諸表による指標との比較・分析から財務的な問題点とD社の課題をピックアップし、目標値を設定しました。

ここで、財務目標とともに、具体的なアクションをみていきます。

●財務目標１：流動資産を増やす、固定資産を減らす

安定性の指標である流動比率の低さと、効率性の指標である総資本回転率を高めるために、流動資産を増やし、固定資産を減らす対策が必要です。短期的な支払能力のみならず、活用されていない固定資産が収益を圧迫する要因ともなります。そのため、まずは資産バランスを考える前に、大きさを適正にする必要があります。

●財務目標２：流動負債を減らす、固定負債を増やす

流動比率が100％を切っていることから、１年以内に返済すべき負債が返済できない可能性があります。固定負債の返済の前に、流動負債の返済と、必要資金の調達を短期借入金に頼るのみならず、必要な分だけ固定負債にするといったことが必要です。

●財務目標３：製造原価を減らす

製造業において、物を提供し、利益を得ることから、原価管理は必須となります。また、製造原価が年によって大幅に異なったり、大幅に増加することは問題です。そのようなことがないように、原価管理および安定した仕入先の確保等が必要です。

## 6 現状の重要課題とその原因（定性）分析

　財務諸表から見える、業界動向とD社の状況がつかめ、課題と財務目標ができました。数値からの分析、つまり定量分析が終わりました。

　では次に、D社における、人・モノ・カネといった経営資源が、企業の定性的な強みとしてその効果をもたらしているか、といった定性分析（経営資源分析）を行います。

第7章 「財務指標」の活用事例集

## (1) 定性分析（経営資源分析）

### 図表7-4-9 定性分析シート①

| 分類 | 評価項目 | 評価項目の説明および詳細 | 評価 | 総合評価 |
|---|---|---|---|---|
| 品質 | 自社製品 | 1 CFを増加させる自社製品がある | a | A |
| | | 2 自社製品は他社製品と比較して競争優位である | a | |
| | | 3 自社製品はデザイン・パッケージに独自性があるか | c | |
| | 開発・設計担当者 | 1 開発・設計担当者の存在 | b | B |
| | | 2 今期、来期にプラスか | b | |
| | | 3 技術開発支援策の実施 | c | |
| | 製造技術担当者 | 1 生産性・歩留り、製品合格率 | c | C |
| | | 2 工場のボトルネック工程 | c | |
| | 外的資源活用 | 1 公的試験研究機関、大学の活用 | c | C |
| | | 2 技術コンサルタントの活用 | c | |
| | 外部技術情報 | 1 公的試験研究機関、大学の活用 | c | C |
| | | 2 技術コンサルタントの活用 | c | |
| | | 3 納入先から技術提供可能か | c | |
| | | 4 異業種交流会の活用 | c | |
| | | 5 外部技術情報担当窓口ありか | c | |
| | 設備（主設備） | 1 整備は品質面で優れているか | b | B |
| | | 2 来期以降設備投資によるCF増加 | b | |
| | 設備（付帯設備） | 1 どのような付帯設備（CF増加） | c | B |
| | | 2 最近の設置設備（CF増加） | b | |
| | 設備保全 | 1 設備保全体制は効率的か | c | C |
| | | 2 PM導入、CFの改善効果 | c | |
| | 品質管理 | 1 品質改善に影響を与える生産改善 | c | B |
| | | 2 製品検査合格率 | b | |
| | | 3 工程品質の上昇 | c | |
| 納期（時間） | 作業員 | 1 決められたルールによる作業 | c | B |
| | | 2 技能工や技能合格者 | a | |
| | | 3 技能工優遇制度 | a | |
| | | 4 高度な熟練技術伝承制度 | b | |
| | 建築プロセス | 1 プロセスの新規導入（CF増加） | c | B |
| | | 2 同業他社にない独自のプロセス | a | |
| | | 3 取引先拡大に有効なプロセスか | c | |
| | 工程管理 | 1 生産の予定・実績管理 | b | B |
| | | 2 工場内の仕掛品の在庫量 | c | |
| | | 3 受注に合わせた生産と計画 | b | |
| | | 4 生産指示の文書化・トレーサビリティ | b | |
| | | 5 納期遅れの減少 | a | |
| | 物流管理 | 1 SCMの導入 | b | B |
| | | 2 共同配送による効率化（CF増加） | b | |
| コスト | 調達先 | 1 契約先の変更、契約生産によるコストダウン | c | C |
| | 調達ルート | 1 調達ルート変更によるコストダウン | c | C |
| | | 2 調達にインターネットを利用したコストダウン | c | |
| | 外注管理 | 1 外注指導によるコストダウン | c | C |
| | | 2 外注品の無検査受け入れによるコストダウン | c | |
| | | 3 優れた技術力の外注先採用 | c | |
| | | 4 外注先の技術改善状況 | c | |
| | VA/VE | 1 使用材質の変更、材料費削減 | c | C |
| | | 2 適材適所の材料費削減 | c | |
| | 材料取り | 1 材料歩留りの向上 | b | C |
| | | 2 ITによる歩留まり向上 | c | |
| | 原価管理 | 1 月次原価管理システムの導入 | c | C |
| | | 2 構築物別原価管理システム | c | |
| | | 3 ITによる原価管理システム | c | |
| 顧客視点 | 顧客管理 | 1 顧客を管理するシステムがあるか | b | B |
| | | 2 ターゲット顧客を設定しているか | b | |
| | | 3 優良既存顧客の維持・確保は十分なされているか | b | |
| | | 4 新規顧客を開拓しているか | c | |
| | | 5 顧客別売上、粗利、利益管理を行い活用しているか | b | |
| | | 6 販売店に対する教育を行っているか | c | |
| | 顧客満足度 | 1 顧客満足度調査を実施しているか | c | A |
| | | 2 顧客要求に合った品質を達成しているか | a | |
| | | 3 顧客を満足させる要求納期遵守率を達成しているか | a | |
| | | 4 顧客から見た魅力的な価格設定をしているか | a | |
| | | 5 顧客ベネフィットを考慮した対応になっているか | a | |
| | | 6 アフターサービスの提供は十分か | a | |
| | 請求・回収 | 1 回収計画はあるか、計画に沿って回収はきちんと行われているか | b | C |
| | | 2 回収マニュアルはあるか、顧客との契約締結はきちんと行われているか | c | |
| | | 3 不良債権発生率、デフォルト率を把握しているか | c | |
| | | 4 取引先信用状況を正確に把握しているか | c | |
| | クレーム対応 | 1 マニュアル化されているか | c | C |
| | | 2 再発防止・改善策を作る仕組みができているか | c | |
| | | 3 情報の蓄積と活用はなされているか | c | |
| 情報 | 情報システム（設計） | 1 設計にCAD/CAMの導入 | c | C |
| | | 2 設計データベースの有無、活用度 | c | |
| | 情報システム（生産） | 1 生産指示、生産実績にIT導入済 | c | C |
| | | 2 生産情報システムの導入 | c | |
| | 情報システム（事務管理） | 1 経理システムの導入 | c | C |
| | | 2 製品別損益計算が可能か | c | |
| | | 3 LAN、ネットワークの導入 | c | |

/189

図表7-4-10 定性分析シート②

| 分類 | 評価項目 | 評価項目の説明および詳細 | 評価 | 総合評価 |
|---|---|---|---|---|
| 環境 | ISO14000 | 1 企業の環境方針 | c | C |
| | | 2 ISO14001取得済、取得予定 | c | |
| | 環境対応 | 1 環境に配慮した製品、サービス | c | C |
| | | 2 経営に環境に配慮した取組み | c | |
| | リサイクル活動 | 1 廃材の再利用 | c | C |
| | | 2 ゼロ・エミッション活動 | c | |
| トータルマーケティングシステム | 営業システム | 1 営業担当者の人員数、能力は十分か | b | B |
| | | 2 営業組織・体制は十分か | b | |
| | | 3 社内コミュニケーションは良好に行われているか | b | |
| | | 4 営業担当者の満足度、モラルは高いか | a | |
| | | 5 客観的な人事制度、評価制度が整備されているか | b | |
| | | 6 実績データを把握・分析しているか | b | |
| | 営業効率 | 1 各種営業情報の共有化により効率もレベルアップしているか | c | C |
| | | 2 業務効率化・標準化は進んでいるか | c | |
| | | 3 効率化により経費率は削減されているか | c | |
| | | 4 固定費の変動費化は進んでいるか | c | |
| | | 5 インターネット活用による販売ノウハウは十分か | c | |
| | 在庫管理 | 1 仕入、原材料、部品は生産と販売にリンクした仕組みか | c | B |
| | | 2 製品、半製品は生産と販売にリンクした仕組みか | b | |
| | | 3 棚卸を定期的に行い、在庫保有量を定期的に把握しているか | a | |
| | | 4 在庫コストの影響を顧客や利益の視点から把握しているか | b | |
| | 営業担当者の教育 | 1 教育体系は確立されているか | b | B |
| | | 2 キャリアパスの制度は整備されているか | b | |
| | | 3 教育の効果測定は実施されているか | b | |
| | | 4 教育と連動した目標管理制度に取り組んでいるか | b | |
| | | 5 モチベーションの向上の取組みを行っているか | b | |
| | IT活用 | 1 業務分析を実施し、それに合ったシステムを構築しているか | c | C |
| | | 2 システム構築・導入の目的は明確か | b | |
| | | 3 WEB活用による優位性を表現しているか | c | |
| | | 4 資金計画はきちんと立てられているか | b | |
| | | 5 投資効果を測定し、活用しているか | c | |
| マーケティングプロダクト | 商品・コンセプト | 1 業界内の自社(製品)の位置づけを把握しているか | a | B |
| | | 2 市場ニーズを反映した差別化商品の投入が継続的か | b | |
| | | 3 競争力ある新商品を適切に市場投入できるリードタイムか | c | |
| | | 4 コスト競争力は十分か | b | |
| | | 5 高品質、優位性のあるデザイン・パッケージか | b | |
| | | 6 今後の商品投入計画は作成されているか | a | |
| マーケティングプライス | 価格設定 | 1 商品別の粗利益や交差比率を把握しているか | b | |
| | | 2 顧客の価格感度を考慮しているか | c | |
| | | 3 価格の設定方法は、販売戦略に適合しているか | c | |
| | | 4 価格設定のルール、アプローチが明確に規定されているか | c | |
| | | 5 現状を把握し、価格設定を見直すツールやプロセスがあるか | b | |
| マーケティングチャネル | 販売チャネル | 1 優良、有望な販売チャネルを持っているか | a | B |
| | | 2 取引先、顧客との関係は良好か、相手からの信頼度は高いか | b | |
| | | 3 新規チャネルルート、顧客開拓能力はあるか | c | |
| | | 4 海外の販売チャネル、ノウハウを持っているか | c | |
| | | 5 インターネットの活用による販売チャネルは効率的か | b | |
| | 物流・配送管理 | 1 コスト競争力のある効率的な物流・配送システムとなっているか | b | B |
| | | 2 専門業者を効率的に利用しているか | b | |
| | | 3 顧客要求納期への対応は良好か | b | |
| | | 4 梱包、包装等の効率化を行っているか | c | |
| | | 5 環境対応、交通、輸送手段等の変化への対応を検討しているか | b | |
| マーケティングプロモーション | ブランド | 1 独自ブランドはあるか、それは市場に十分認知されているか | b | C |
| | | 2 ブランドイメージは強いか | c | |
| | | 3 ブランド維持の努力を行っているか | b | |
| | | 4 ブランド力の評価を行っているか | c | |
| | | 5 社内マーケティングの仕組みがあるか、十分運用されているか | c | |
| | 広告・PR | 1 媒体、内容、ターゲット等は適切か | b | C |
| | | 2 展示会、イベントへの参加、共同販促等を行っているか | c | |
| | | 3 ITをどのように活用しているか | c | |
| | | 4 提供する情報の量、質は十分か | b | |
| | | 5 経費の把握、効果測定を行い、活用しているか | c | |
| 市場視点 | 市場動向 | 1 市場規模はどの程度か | b | B |
| | | 2 市場は成長が見込まれているか | b | |
| | | 3 対象市場セグメントは明白になっているか | b | |
| | | 4 競合の出現を考慮して、その対応が決められているか | b | |
| | 競合他社への対応 | 1 取扱商品に関して強力な競合他社が存在するか | b | B |
| | | 2 取扱商品は競合他社の商品と比べて競争力・将来性はあるか | b | |
| | | 3 競合他社の戦略、技術、商品分析を行っているか | b | |
| | | 4 市場への新規参入の可能性はあるか、その競争力はどうか | b | |
| | | 5 他社との補完、提携、M&A等の可能性はあるか | c | |
| | 市場地位 | 1 自社の強み、弱み、市場の機会、脅威を把握しているか | b | B |
| | | 2 ターゲット市場における現在の市場地位はどの程度か | b | |
| | | 3 将来の市場地位をどのように計画しているか | c | |
| | | 4 売上計画および利益計画は作成されているか | b | |
| | 立地・店舗 | 1 商圏、市場を十分把握しているか | a | A |
| | | 2 立地選定の仕組み、プロセスは具体的か | b | |
| | | 3 立地のインフラの検討はなされているか | a | |
| | | 4 既存立地の適否の検討はなされているか | a | |
| | | 5 撤退の基準を持っているか | c | |

# 7 CSFとアクションプラン

ついに経営戦略策定も大詰めを迎えました。経営戦略策定にあたり、重要な役割を担うSWOT分析により、自社内部の強み・弱みと、外部環境の事業機会・新たな脅威を抽出してみましょう。

## (1) SWOT分析

図表7－4－11　SWOT分析

| SWOT分析 | | 事業機会<br>O ①景気回復にともなう需要拡大<br>②新市場の出現 | 新たな脅威<br>T ①海外への生産シフト<br>②テンポの速い新技術の出現 |
|---|---|---|---|
| 強み | S（定量）<br>■売上高経常利益率が高い<br>■増収傾向<br>（定性）<br>●顧客満足度の高さ<br>●現市場での製品優位性<br>●固定的大手顧客の存在<br>●ノウハウの蓄積 | A 事業機会を自社の強みで取り込むために<br>■生産のスリム化による既存製品の安定的プロフィットセンター化<br>■内部留保による新技術投資<br>●顧客満足度向上のための情報収集<br>●大手顧客の関係強化<br>●新規顧客の開拓<br>●ノウハウを活用した新製品開発 | C 他社の脅威を自社の強みで取り組むために<br>■ノウハウを活用した高付加価値製品の供給<br>■最適在庫基準の決定<br>■生産管理による工程スリム化（JIT）<br>●製品優位性の維持と権利による保護<br>●特許など権利の取得推進<br>●汎用パーツの外注化 |
| 弱み | W（定量）<br>■流動比率の低さ<br>■総資産回転率の低さ<br>（定性）<br>●情報化の遅れ<br>●コスト製品管理の低さ<br>●製品開発者の不足 | B 事業機会を弱みでとりこぼさないように<br>■短期借入金の長期借入金への借換<br>■老朽化設備の活用または除却<br>●IT化による生産管理と受注・購買管理<br>●大学公設研究機関などとの連携<br>●経理システムと連動した生産管理システム導入による原価管理 | D 脅威と弱みの鉢合わせで最悪の事態を招かないために<br>●過剰在庫、遊休資産の売却<br>●新技術・新製品の研究開発<br>●業界情報・技術動向の収集<br>●同業他社との戦略的提携による共同開発<br>●新規顧客開拓による大手顧客依存度の軽減<br>●長期的視点に立った人材育成 |

このSWOT分析から、D社運営のための優先順位を決め、事業成功要因（CSF）として、さらに抽出を行っていきます。

## (2) 事業成功要因（CSF）の明確化

図表7-4-12　事業成功要因（CSF）とアクションプラン

| CSF（事業成功要因） | | アクションプラン |
|---|---|---|
| 1 | 財務基盤の確保 | 短期借入金から長期借入金へのシフト<br>資産圧縮のための借入金返済 |
| 2 | 生産のスリム化 | 老朽化設備の活用<br>最適在庫基準の設定、過剰在庫の売却 |
| 3 | 全社的な生産管理 | 生産管理のIT化、全社的なシステムの導入<br>汎用パーツの外注化 |
| 4 | 顧客・受注量の拡大 | 製品品質の向上<br>新製品の研究・開発 |
| 5 | 新技術や動向把握 | 新技術や動向の研究<br>顧客ニーズの収集、社内提案制度の導入 |

## (3) アクションプランの決定

●CSF1：財務基盤の確保

　早急に改善するべき点です。黒字倒産といわれるパターンになるリスクがあります。このままでは、近く資金がショートする可能性があります。そのため、流動負債から固定負債へ変更する、短期借入金の返済をするなど、流動比率を100%以上にするために金融機関等との調整をすることです。

●CSF2：生産のスリム化

　まず、老朽化した設備は、売却もしくは新設備にするかの対策が必要です。精密機械器具製造業は、新製品ニーズへの早急な対応をしなければならなくなってきています。老朽化により利用できない設備であれば、持っておくことで費用を垂れ流していることになります。今後、リサイクル製品等を検討の一つとしているならば、設備の再稼動が予測されますので、それまでは維持をしておいてもよいかもしれません。それらの方向を決める必要がありそうです。

　次に、在庫コントロールです。新製品をつくるにあたって、生産工程への材料投入時期、材料仕入時期等、在庫コントロールが必要となってくるでしょう。仕掛品の積上げも、材料の積上げも避けるために、生産管理とともに受発注管理システムを導入するなど管理体制の確立、情報システムの確立が不可欠です。これにより、今後のイレギュラーな事態にも柔軟に対応できるだけの余力ができるでしょう。

●CSF３：全社的な生産管理

　仕掛品について、在庫期間が長いという問題があります。生産工程の見直しを行い、主要パーツ等の一部の工程を外注にするなどして、生産効率の向上を図ることを常に念頭に入れておく必要もあるでしょう。また、一部の工程を外注することにより、余計に原価が膨れ上がらないように、外注により削減される原価と支出すべき外注費の額については、そのバランスを考慮する必要があります。さらに、仕掛品の問題を解決しつつ、生産工程の全体の流れを適正に把握管理していくために、やはり、情報システムの確立を考慮していく必要があります。

　また、生産性として労務費に関しても改善の余地はあります。現在の工場工員の雇用形態の把握を行い、今後は必ずしも正社員にこだわらず、パート・アルバイト・契約社員等による新しい人材の雇用に移行していくことも検討が必要でしょう。季節変動ではなく、年間を通して、繁忙期や閑散期が混ざってくる中、状況に応じた対応をとることで、余剰の人件費の削減を検討する時期になってきたといえます。

●CSF４：顧客・受注量の拡大

　売上を上げるポイントとしては、顧客層や受注量の拡大を念頭に置いた戦略が必要になります。既存の顧客へは、供給量を増やすことは可能ではありますが、製品自体のニーズはある程度決まっており、今後、現在の製品による受注増加は見込めません。

●CSF５：新技術や動向把握

　したがって、顧客・受注量の拡大のために、新製品や新技術等の動向を把握し、新技術の開発をしなければ、拡大は見込めないと思われます。

　なんといっても、精密機械器具製造業は、競合他社を寄せつけないその独自の技術力が要です。量産できるものは海外にシフトされていく中、新技術に注力するにも、現在の新技術や動向を徹底研究し特許等の権利を獲得する、逆にそれら他社の権利の発生しているエリアへの投資の可否など、機会を見極める必要があります。

## 8 『経営計画作成シート』の作成

事業成功要因（CSF）からアクションプランを作成した後、アクションプランがどのように数値に表れるか検討し、次のような将来予測を行います。

図表7－4－13　将来の業績評価基準

| CSF（事業成功要因） | 将来の業績評価基準 |
|---|---|
| 1　財務安全性の確保 | 流動比率20ポイントアップ |
| 2　資産効率の向上 | 総資本回転率0.2ポイントアップ |
| 3　生産性の向上 | 一人当たり付加価値額300ポイントアップ |
| 4　顧客・受注量の拡大 | 売上高前年比10ポイントアップ |
| 5　新技術や動向把握 | 売上高経常利益率0.5ポイントアップ |

これらの予測目標値を参考に、簡易経営改善計画シートを使って目標シナリオを作成します（**図表7－4－14**参照）。

図表7－4－14　経営計画作成シート

| | | | 単位 | 自社数値 | | | | 延長シナリオ | CSF | 目標シナリオ |
|---|---|---|---|---|---|---|---|---|---|---|
| (実数：中) 62 精密機械器具製造業 <br> (比率：中) 62 精密機械器具製造業 | | | | 14年 | 15年 | 16年 | 前年比 | 17年 | アクションプラン | 17年 |
| 実数分析 | B/S | 流動資産 計 | (千円) | 1,250,000 | 1,270,000 | 1,600,000 | 126.0 | 1,800,000 | ・遊休・老朽化設備の活用、売却、除却の見直し <br> ・流動負債から固定負債へのシフト <br> ・最適在庫基準の設定 | 1,400,000 |
| | | 固定資産 計 | (千円) | 1,100,000 | 1,130,000 | 1,200,000 | 106.2 | 1,250,000 | | 1,000,000 |
| | | 資産 計 | (千円) | 2,350,000 | 2,400,000 | 2,800,000 | 116.7 | 3,050,000 | | 2,400,000 |
| | | 流動負債 計 | (千円) | 1,050,000 | 1,300,000 | 1,700,000 | 130.8 | 1,930,000 | | 1,200,000 |
| | | 固定負債 計 | (千円) | 960,000 | 730,000 | 700,000 | 95.9 | 700,000 | | 765,000 |
| | | 資本 計 | (千円) | 340,000 | 370,000 | 400,000 | 108.1 | 420,000 | | 435,000 |
| | P/L | 売上高 | (千円) | 1,200,000 | 1,220,000 | 1,270,000 | 104.1 | 1,300,000 | ・最適在庫量の保持 <br> ・ITによる生産システムのスリム化 | 1,400,000 |
| | | 売上総利益 | (千円) | 300,000 | 320,000 | 330,000 | 103.1 | 390,000 | | 450,000 |
| | | 営業利益 | (千円) | 40,000 | 52,000 | 56,000 | 107.7 | 58,000 | | 90,000 |
| | | 経常利益 | (千円) | 38,000 | 48,000 | 53,000 | 110.4 | 30,000 | | 66,000 |
| | | 当期純利益 | (千円) | 24,000 | 30,000 | 30,000 | 100.0 | 20,000 | | 35,000 |
| | 期末従業員数 | | (人) | 110 | 110 | 110 | 0 | 110 | | 115 |
| 比率分析 | ①収益性 売上高経常利益率 | | (％) | 3.2 | 3.9 | 4.2 | 0.3 | 2.3 | ・さらなる製品優位性と品質と製造原価低減 | 4.7 |
| | ②効率性 総資本回転率 | | (回) | 0.5 | 0.5 | 0.5 | 0.1 | 0.4 | ・資産圧縮による効率性向上 | 0.6 |
| | ③生産性 1人当たり付加価値額 | | (千円) | 7,964 | 8,104 | 8,464 | 11 | 8,700 | ・売り上げ増による生産性増 | 9,000 |
| | ④安定性 流動比率 | | (％) | 119.0 | 97.7 | 94.1 | -3.6 | 93.3 | ・借入金返済や流動負債から固定負債への移行 | 116.7 |
| | ⑤成長性 前年比増収率 | | (％) | | 101.7 | 104.1 | 2.4 | 102.4 | ・顧客ニーズ収集と新技術への対応 | 110.2 |

## 9 その後のモニタリング

今まで、課題点をみながら、経営計画を作成してきました。これらの経営計画が予定どおりに実施されているかどうかを定期的にモニタリングする必要があります。モニタリングを行うことにより経営活動のチェック・経営計画の見直しが行われるのです。

## (1) 『現状分析シート』

### ① 『現状分析シート』の入手

| (実数：中)<br>(比率：小) | | | | 自社数値 | | | ①<br>業種種内同一企業 | | | ①-1<br>業界全体 | ②<br>従業員数<br>51人<br>以上 | ③<br>売上高<br>五億円超 | ④ | ⑦<br>各指標別<br>(全体)<br>順位<br>グループ | ⑧<br>売上高営<br>業利益率<br>上位<br>0～25%<br>平均値 | ⑨<br>総資本経<br>常利益率<br>上位<br>0～25%<br>平均値 |
|---|---|---|---|---|---|---|---|---|---|---|---|---|---|---|---|---|
| | | | | 13年 | 14年 | 15年 | 13年 | 14年 | 15年 | 前年比 | 15年 | | | | | |
| 実数分析 | B/S | 流動資産　計 | (千円) | | | | | | | | | | | | | |
| | | 固定資産　計 | (千円) | | | | | | | | | | | | | |
| | | 資産　計 | (千円) | | | | | | | | | | | | | |
| | | 流動負債　計 | (千円) | | | | | | | | | | | | | |
| | | 固定負債　計 | (千円) | | | | | | | | | | | | | |
| | | 資本　計 | (千円) | | | | | | | | | | | | | |
| | P/L | 売上高 | (千円) | | | | | | | | | | | | | |
| | | 売上総利益 | (千円) | | | | | | | | | | | | | |
| | | 営業利益 | (千円) | | | | | | | | | | | | | |
| | | 経常利益 | (千円) | | | | | | | | | | | | | |
| | | 税引前当期純利益 | (千円) | | | | | | | | | | | | | |
| | | 当期純利益 | (千円) | | | | | | | | | | | | | |
| 比率分析 | | ①総合収益性分析 | | | | | | | | | | | | | | |
| | | 1．総資本営業利益率 | (％) | | | | | | | | | | | | | |
| | | 2．総資本経常利益率 | (％) | | | | | | | | | | | | | |
| | | 3．総資本当期純利益率（ROA） | (％) | | | | | | | | | | | | | |
| | | 4．経営資本営業利益率 | (％) | | | | | | | | | | | | | |
| | | 5．自己資本当期純利益率（ROE） | (％) | | | | | | | | | | | | | |
| | | ②売上高利益分析 | | | | | | | | | | | | | | |
| | | 6．売上高総利益率 | (％) | | | | | | | | | | | | | |
| | | 7．売上高営業利益率 | (％) | | | | | | | | | | | | | |
| | | 8．売上高経常利益率 | (％) | | | | | | | | | | | | | |
| | | 9．売上高当期純利益率 | (％) | | | | | | | | | | | | | |
| | | 10．売上高対労務費比率 | (％) | | | | | | | | | | | | | |
| | | 11．売上高対販売費・管理費比率 | (％) | | | | | | | | | | | | | |
| | | 12．売上高対人件費比率 | (％) | | | | | | | | | | | | | |
| | | ③回転率・回転期間分析 | | | | | | | | | | | | | | |
| | | 13．総資本回転率 | (回) | | | | | | | | | | | | | |
| | | 14．固定資産回転率 | (回) | | | | | | | | | | | | | |
| | | 15．有形固定資産回転率 | (回) | | | | | | | | | | | | | |
| | | 16．売上債権回転期間A | (日) | | | | | | | | | | | | | |
| | | 17．売上債権回転期間B | (日) | | | | | | | | | | | | | |
| | | 18．受取手形回転期間A | (日) | | | | | | | | | | | | | |
| | | 19．受取手形回転期間B | (日) | | | | | | | | | | | | | |
| | | 20．売掛金回転期間 | (日) | | | | | | | | | | | | | |
| | | 21．棚卸資産回転期間 | (日) | | | | | | | | | | | | | |
| | | 22．製品（商品）回転期間 | (日) | | | | | | | | | | | | | |
| | | 23．原材料回転期間 | (日) | | | | | | | | | | | | | |
| | | 24．仕掛品回転期間 | (日) | | | | | | | | | | | | | |
| | | 25．買入債務回転期間 | (日) | | | | | | | | | | | | | |
| | | 26．買掛金回転期間 | (日) | | | | | | | | | | | | | |
| | | 27．支払手形回転期間 | (日) | | | | | | | | | | | | | |
| | | ④財務レバレッジ分析 | | | | | | | | | | | | | | |
| | | 28．財務レバレッジ | (倍) | | | | | | | | | | | | | |
| | | ⑤短期支払能力分析 | | | | | | | | | | | | | | |
| | | 29．流動比率 | (％) | | | | | | | | | | | | | |
| | | 30．当座比率 | (％) | | | | | | | | | | | | | |
| | | ⑥資本の安定性分析 | | | | | | | | | | | | | | |

■参考■ 「お役立ちシート」記載マニュアル

## ②『現状分析シート』への「業界標準値」の記載

| | | | | 自社数値 | | | ① 業種種同一企業 | | | ①-1 前年比 | ② 業界全体 | ③ 従業員数 | ④ 売上高 | ⑦ 各指標別順位グループ（全体） | ⑧ 売上高営業利益率 | ⑨ 総資本経常利益率 |
|---|---|---|---|---|---|---|---|---|---|---|---|---|---|---|---|---|
| (実数:中) 63 情報サービス業・調査業 (比率:小) 94 ソフトウェア業 | | | | 13年 | 14年 | 15年 | 13年 | 14年 | 15年 | | 15年 | 51人以上 | 五億円超 | | 上位0〜25%平均値 | 上位0〜25%平均値 |
| 実数分析 | B/S | 流動資産　計 | (千円) | | | | 370,065 | 384,543 | 423,598 | | 379,136 | 713,933 | | | 560,162 | 428,351 |
| | | 固定資産　計 | (千円) | | | | 230,479 | 243,919 | 258,608 | | 230,674 | 457,993 | | | 488,962 | 246,433 |
| | | 資産　計 | (千円) | | | | 608,512 | 635,941 | 689,986 | | 616,968 | 1,181,782 | | | 1,059,121 | 678,152 |
| | | 流動負債　計 | (千円) | | | | 233,885 | 231,871 | 248,583 | | 223,213 | 392,402 | | | 294,835 | 232,850 |
| | | 固定負債　計 | (千円) | | | | 209,241 | 218,624 | 248,797 | | 222,592 | 453,130 | | | 399,302 | 208,987 |
| | | 資本　計 | (千円) | | | | 165,386 | 185,446 | 192,606 | | 171,163 | 336,250 | | | 364,984 | 236,315 |
| | P/L | 売上高 | (千円) | | | | 825,756 | 863,362 | 911,118 | | 820,601 | 1,480,496 | | | 926,506 | 978,054 |
| | | 売上総利益 | (千円) | | | | 361,514 | 373,674 | 376,637 | | 331,486 | 623,440 | | | 495,688 | 407,899 |
| | | 営業利益 | (千円) | | | | 30,303 | 33,266 | 33,740 | | 29,260 | 65,810 | | | 108,036 | 91,109 |
| | | 経常利益 | (千円) | | | | 26,192 | 30,212 | 30,354 | | 25,524 | 60,667 | | | 97,227 | 87,851 |
| | | 税引前当期純利益 | (千円) | | | | 19,184 | 19,974 | 16,608 | | 14,573 | 34,510 | | | 60,967 | 68,426 |
| | | 当期純利益 | (千円) | | | | 7,702 | 7,953 | 5,463 | | 4,787 | 12,387 | | | 37,030 | 46,525 |
| 比率分析 | ①総合収益性分析 | | | | | | | | | | | | | | | |
| | 1. 総資本営業利益率 | | (%) | | | | 3.6 | 3.1 | 2.9 | | 3.0 | 4.3 | 4.6 | | 9.5 | 9.6 |
| | 2. 総資本経常利益率 | | (%) | | | | 3.5 | 2.8 | 2.5 | | 3.0 | 4.1 | 4.2 | | 8.1 | 10.2 |
| | 3. 総資本当期純利益率（ROA） | | (%) | | | | 2.1 | 1.5 | 1.4 | | 1.8 | 2.0 | 2.1 | | 5.3 | 6.8 |
| | 4. 経営資本営業利益率 | | (%) | | | | 5.8 | 5.1 | 4.4 | | 4.6 | 6.1 | 6.0 | | 10.3 | 11.6 |
| | 5. 自己資本当期純利益率（ROE） | | (%) | | | | 8.5 | 6.8 | 5.7 | | 6.9 | 8.1 | 8.8 | | 14.3 | 16.9 |
| | ②売上高利益分析 | | | | | | | | | | | | | | | |
| | 6. 売上高総利益率 | | (%) | | | | 59.1 | 58.3 | 57.5 | | 62.0 | 44.9 | 41.3 | | 62.8 | 61.9 |
| | 7. 売上高営業利益率 | | (%) | | | | 1.9 | 1.7 | 1.9 | | 1.7 | 2.6 | 2.7 | | 5.8 | 4.3 |
| | 8. 売上高経常利益率 | | (%) | | | | 1.8 | 1.5 | 1.3 | | 1.6 | 2.4 | 2.4 | | 4.8 | 4.5 |
| | 9. 売上高当期純利益率 | | (%) | | | | 1.1 | 0.8 | 0.7 | | 1.0 | 1.2 | 1.2 | | 3.2 | 3.1 |
| | 10. 売上高対労務費比率 | | (%) | | | | 9.8 | 9.8 | 9.9 | | 9.5 | 21.1 | 16.5 | | 11.4 | 10.5 |
| | 11. 売上高対販売費・管理費比率 | | (%) | | | | 57.2 | 56.6 | 55.9 | | 60.3 | 42.3 | 38.6 | | 57.0 | 57.6 |
| | 12. 売上高対人件費比率 | | (%) | | | | 35.1 | 35.7 | 35.0 | | 35.7 | 27.3 | 23.3 | | 31.7 | 32.3 |
| | ③回転率・回転期間分析 | | | | | | | | | | | | | | | |
| | 13. 総資本回転率 | | (回) | | | | 1.8 | 1.8 | 1.7 | | 2.0 | 1.7 | 1.7 | | 1.9 | 2.2 |
| | 14. 固定資産回転率 | | (回) | | | | 9.9 | 9.3 | 9.1 | | 11.3 | 8.5 | 8.7 | | 10.2 | 12.0 |
| | 15. 有形固定資産回転率 | | (回) | | | | 29.3 | 29.9 | 32.7 | | 36.7 | 38.6 | 39.2 | | 35.3 | 40.2 |
| | 16. 売上債権回転期間A | | (日) | | | | 57.9 | 56.7 | 60.6 | | 56.7 | 69.7 | 67.4 | | 56.7 | 52.8 |
| | 17. 売上債権回転期間B | | (日) | | | | 58.3 | 57.1 | 60.8 | | 56.9 | 70.3 | 68.0 | | 57.0 | 53.1 |
| | 18. 受取手形回転期間A | | (日) | | | | 0.6 | 0.5 | 0.6 | | 0.6 | 1.0 | 1.0 | | 0.7 | 0.5 |
| | 19. 受取手形回転期間B | | (日) | | | | 0.9 | 1.0 | 0.8 | | 0.8 | 1.6 | 1.6 | | 1.0 | 0.8 |
| | 20. 売掛金回転期間 | | (日) | | | | 57.3 | 56.1 | 60.0 | | 56.1 | 68.7 | 66.4 | | 56.0 | 52.3 |
| | 21. 棚卸資産回転期間 | | (日) | | | | 5.1 | 4.9 | 5.1 | | 5.9 | 7.3 | 7.5 | | 7.9 | 5.5 |
| | 22. 製品（商品）回転期間 | | (日) | | | | 1.3 | 1.3 | 1.1 | | 1.3 | 1.2 | 1.6 | | 1.6 | 0.9 |
| | 23. 原材料回転期間 | | (日) | | | | 0.1 | 0.1 | 0.1 | | 0.2 | 0.2 | 0.2 | | 0.2 | 0.1 |
| | 24. 仕掛品回転期間 | | (日) | | | | 3.5 | 3.5 | 4.0 | | 4.4 | 6.0 | 5.7 | | 6.0 | 4.3 |
| | 25. 買入債務回転期間 | | (日) | | | | 11.7 | 10.5 | 11.1 | | 11.4 | 16.4 | 20.3 | | 11.0 | 11.7 |
| | 26. 買掛金回転期間 | | (日) | | | | 11.3 | 10.2 | 10.7 | | 11.2 | 15.9 | 19.7 | | 10.7 | 11.5 |
| | 27. 支払手形回転期間 | | (日) | | | | 0.4 | 0.3 | 0.3 | | 0.3 | 0.5 | 0.6 | | 0.4 | 0.2 |
| | ④財務レバレッジ分析 | | | | | | | | | | | | | | | |
| | 28. 財務レバレッジ | | (倍) | | | | 4.6 | 4.4 | 4.6 | | 4.1 | 4.3 | 4.5 | | 3.7 | 3.5 |
| | ⑤短期支払能力分析 | | | | | | | | | | | | | | | |
| | 29. 流動比率 | | (%) | | | | 186.4 | 179.2 | 184.4 | | 186.9 | 195.8 | 185.7 | | 195.9 | 196.0 |
| | 30. 当座比率 | | (%) | | | | 153.4 | 146.0 | 149.9 | | 154.2 | 169.4 | 158.4 | | 162.7 | 166.4 |
| | ⑥資本の安定性分析 | | | | | | | | | | | | | | | |

197

③ 『現状分析シート』への「業種内同一企業の前年比」の計算・記載

| (実数：中)<br>63 情報サービス業・調査業<br>(比率：小)<br>94 ソフトウェア業 | | | | 自社数値 | | | ①<br>業種内同一企業 | | | ①-1<br>前年比 | ②<br>業界全体<br>15年 | ③<br>従業員数<br>51人以上 | ④<br>売上高<br>五億円超 | ⑦<br>各指標別（全体）<br>順位グループ | ⑧<br>売上高営業利益率<br>上位0～25%平均値 | ⑨<br>総資本経常利益率<br>上位0～25%平均値 |
|---|---|---|---|---|---|---|---|---|---|---|---|---|---|---|---|---|
| | | | | 13年 | 14年 | 15年 | 13年 | 14年 | 15年 | | | | | | | |
| 実数分析 | B/S | 流動資産 計 | (千円) | | | | 370,065 | 384,543 | 423,598 | 10.2% | 379,136 | 713,933 | | | 560,162 | 428,351 |
| | | 固定資産 計 | (千円) | | | | 230,479 | 243,919 | 258,608 | 6.0% | 230,674 | 457,993 | | | 488,962 | 246,433 |
| | | 資産 計 | (千円) | | | | 608,512 | 635,941 | 689,986 | 8.5% | 616,968 | 1,181,782 | | | 1,059,121 | 678,152 |
| | | 流動負債 計 | (千円) | | | | 233,885 | 231,871 | 248,583 | 7.2% | 223,213 | 392,402 | | | 294,835 | 232,850 |
| | | 固定負債 計 | (千円) | | | | 209,241 | 218,624 | 248,797 | 13.8% | 222,592 | 453,130 | | | 399,302 | 208,987 |
| | | 資本 計 | (千円) | | | | 165,386 | 185,446 | 192,606 | 3.9% | 171,163 | 336,250 | | | 364,984 | 236,315 |
| | P/L | 売上高 | (千円) | | | | 825,756 | 863,362 | 911,118 | 5.5% | 820,601 | 1,480,496 | | | 926,506 | 978,054 |
| | | 売上総利益 | (千円) | | | | 361,514 | 373,674 | 376,637 | 0.8% | 331,486 | 623,440 | | | 495,688 | 407,899 |
| | | 営業利益 | (千円) | | | | 30,303 | 33,266 | 33,740 | 1.4% | 29,260 | 65,810 | | | 108,036 | 91,109 |
| | | 経常利益 | (千円) | | | | 26,192 | 30,212 | 30,354 | 0.5% | 25,524 | 60,667 | | | 97,227 | 87,851 |
| | | 税引前当期純利益 | (千円) | | | | 19,184 | 19,974 | 16,608 | △16.9% | 14,573 | 34,510 | | | 60,967 | 68,426 |
| | | 当期純利益 | (千円) | | | | 7,702 | 7,953 | 5,463 | △31.3% | 4,787 | 12,387 | | | 37,030 | 46,525 |
| 比率分析 | ①総合収益性分析 | | | | | | | | | | | | | | | |
| | 1．総資本営業利益率 | | (%) | | | | 3.6 | 3.1 | 2.9 | △0.2p | 3.0 | 4.3 | 4.6 | | 9.5 | 9.6 |
| | 2．総資本経常利益率 | | (%) | | | | 3.5 | 2.8 | 2.5 | △0.3p | 3.0 | 4.1 | 4.2 | | 8.1 | 10.2 |
| | 3．総資本当期純利益率（ROA） | | (%) | | | | 2.1 | 1.5 | 1.4 | △0.1p | 1.8 | 2.0 | 2.1 | | 5.3 | 6.8 |
| | 4．経営資本営業利益率 | | (%) | | | | 5.8 | 5.1 | 4.4 | △0.7p | 4.6 | 6.1 | 6.0 | | 10.3 | 11.6 |
| | 5．自己資本当期純利益率（ROE） | | (%) | | | | 8.5 | 6.8 | 5.7 | △1.1p | 6.9 | 8.1 | 8.8 | | 14.3 | 16.9 |
| | ②売上高利益分析 | | | | | | | | | | | | | | | |
| | 6．売上高総利益率 | | (%) | | | | 59.1 | 58.3 | 57.5 | △0.8p | 62.0 | 44.9 | 41.3 | | 62.8 | 61.9 |
| | 7．売上高営業利益率 | | (%) | | | | 1.9 | 1.7 | 1.6 | △0.1p | 1.7 | 2.6 | 2.7 | | 5.8 | 4.3 |
| | 8．売上高経常利益率 | | (%) | | | | 1.8 | 1.5 | 1.2 | △0.3p | 1.6 | 2.4 | 2.4 | | 4.8 | 4.5 |
| | 9．売上高当期純利益率 | | (%) | | | | 1.1 | 0.8 | 0.7 | △0.1p | 1.0 | 1.2 | 1.2 | | 3.2 | 3.1 |
| | 10．売上高対労務費比率 | | (%) | | | | 9.8 | 9.8 | 9.9 | 0.1p | 9.5 | 21.1 | 16.5 | | 11.4 | 10.5 |
| | 11．売上高対販売費・管理費比率 | | (%) | | | | 57.2 | 56.6 | 55.9 | △0.7p | 60.3 | 42.3 | 38.6 | | 57.0 | 57.6 |
| | 12．売上高対人件費比率 | | (%) | | | | 35.1 | 35.7 | 35.0 | △0.7p | 35.7 | 27.3 | 23.3 | | 31.7 | 32.3 |
| | ③回転率・回転期間分析 | | | | | | | | | | | | | | | |
| | 13．総資本回転率 | | (回) | | | | 1.8 | 1.8 | 1.7 | △0.1p | 2.0 | 1.7 | 1.7 | | 1.9 | 2.2 |
| | 14．固定資産回転率 | | (回) | | | | 9.9 | 9.3 | 9.1 | △0.2p | 11.3 | 8.5 | 8.7 | | 10.2 | 12.0 |
| | 15．有形固定資産回転率 | | (回) | | | | 29.3 | 29.9 | 32.7 | 2.8p | 36.7 | 38.6 | 39.2 | | 35.3 | 40.2 |
| | 16．売上債権回転期間A | | (日) | | | | 57.9 | 56.7 | 60.6 | 3.9p | 56.7 | 69.7 | 67.4 | | 56.7 | 52.8 |
| | 17．売上債権回転期間B | | (日) | | | | 58.3 | 57.1 | 60.8 | 3.7p | 56.9 | 70.3 | 68.0 | | 57.0 | 53.1 |
| | 18．受取手形回転期間A | | (日) | | | | 0.6 | 0.5 | 0.6 | 0.1p | 0.4 | 1.0 | 1.0 | | 0.7 | 0.5 |
| | 19．受取手形回転期間B | | (日) | | | | 0.9 | 1.0 | 0.8 | △0.2p | 0.8 | 1.6 | 1.6 | | 1.0 | 0.8 |
| | 20．売掛金回転期間 | | (日) | | | | 57.3 | 56.1 | 60.0 | 3.9p | 56.1 | 68.7 | 66.4 | | 56.0 | 52.3 |
| | 21．棚卸資産回転期間 | | (日) | | | | 5.1 | 4.9 | 5.1 | 0.2p | 5.9 | 7.3 | 7.5 | | 7.9 | 5.5 |
| | 22．製品（商品）回転期間 | | (日) | | | | 1.3 | 1.3 | 1.1 | △0.2p | 1.3 | 1.2 | 1.6 | | 1.0 | 0.9 |
| | 23．原材料回転期間 | | (日) | | | | 0.1 | 0.1 | 0.1 | - | 0.2 | 0.2 | 0.2 | | 0.2 | 0.2 |
| | 24．仕掛品回転期間 | | (日) | | | | 3.5 | 3.5 | 4.0 | 0.5p | 4.4 | 6.0 | 5.7 | | 6.0 | 4.3 |
| | 25．買入債務回転期間 | | (日) | | | | 11.7 | 10.5 | 11.1 | 0.6p | 11.4 | 16.4 | 20.3 | | 11.0 | 11.7 |
| | 26．買掛金回転期間 | | (日) | | | | 11.3 | 10.2 | 10.7 | 0.5p | 11.2 | 15.9 | 19.7 | | 10.7 | 11.5 |
| | 27．支払手形回転期間 | | (日) | | | | 0.4 | 0.3 | 0.3 | - | 0.3 | 0.5 | 0.6 | | 0.1 | 0.2 |
| | ④財務レバレッジ分析 | | | | | | | | | | | | | | | |
| | 28．財務レバレッジ | | (倍) | | | | 4.6 | 4.4 | 4.6 | 0.2p | 4.1 | 3.9 | 4.5 | | 3.7 | 3.5 |
| | ⑤短期支払能力分析 | | | | | | | | | | | | | | | |
| | 29．流動比率 | | (%) | | | | 186.4 | 179.2 | 184.4 | 5.2p | 186.9 | 195.8 | 185.7 | | 195.9 | 196.0 |
| | 30．当座比率 | | (%) | | | | 153.4 | 146.0 | 149.9 | △3.9p | 154.2 | 169.4 | 158.4 | | 162.7 | 166.4 |
| | ⑥資本の安定性分析 | | | | | | | | | | | | | | | |

■参考■「お役立ちシート」記載マニュアル

## ④『現状分析シート』への「当社前期＆前々期数値（実数・比率）」の計算・記載

| (実数：中) 63 情報サービス業・調査業 (比率：小) 94 ソフトウェア業 | | | 自社数値 | | | ①業種内同一企業 | | | ①-1 前年比 | ②業界全体 15年 | ③従業員数 51人以上 | ④売上高 五億円超 | ⑦順位グループ 各指標別(全体) | ⑧売上高営業利益率 上位0〜25%平均値 | ⑨総資本経常利益率 上位0〜25%平均値 |
|---|---|---|---|---|---|---|---|---|---|---|---|---|---|---|---|
| | | | 13年 | 14年 | 15年 | 13年 | 14年 | 15年 | | | | | | | |
| 実数分析 | B/S | 流動資産 計 (千円) | 184,405 | 253,997 | | 370,065 | 384,543 | 423,598 | 10.2% | 379,136 | 713,933 | | | 560,162 | 428,351 |
| | | 固定資産 計 (千円) | 187,695 | 55,186 | | 230,479 | 243,919 | 258,608 | 6.0% | 230,674 | 457,993 | | | 488,962 | 246,433 |
| | | 資産 計 (千円) | 372,100 | 356,733 | | 608,512 | 635,941 | 689,986 | 8.5% | 616,968 | 1,181,782 | | | 1,059,121 | 678,152 |
| | | 流動負債 計 (千円) | 173,155 | 156,616 | | 233,885 | 231,871 | 248,583 | 7.2% | 223,213 | 392,402 | | | 294,835 | 232,850 |
| | | 固定負債 計 (千円) | 157,800 | 146,507 | | 209,241 | 218,624 | 248,797 | 13.8% | 222,592 | 453,130 | | | 399,302 | 208,967 |
| | | 資本 計 (千円) | 41,145 | 53,609 | | 165,386 | 185,446 | 192,606 | 3.9% | 171,163 | 336,250 | | | 364,984 | 236,315 |
| | P/L | 売上高 (千円) | 565,830 | 665,900 | | 825,756 | 863,362 | 911,118 | 5.5% | 820,601 | 1,480,496 | | | 926,506 | 978,054 |
| | | 売上総利益 (千円) | 252,422 | 365,728 | | 361,514 | 373,674 | 376,637 | 0.8% | 331,486 | 623,440 | | | 495,688 | 407,899 |
| | | 営業利益 (千円) | 20,100 | 16,518 | | 30,303 | 33,266 | 33,740 | 1.4% | 29,260 | 65,810 | | | 108,036 | 91,109 |
| | | 経常利益 (千円) | 2,690 | 1,343 | | 26,192 | 30,212 | 30,354 | 0.5% | 25,524 | 60,667 | | | 97,227 | 87,851 |
| | | 税引前当期純利益 (千円) | 2,000 | △35,367 | | 19,184 | 19,974 | 16,608 | △16.9% | 14,573 | 34,510 | | | 60,967 | 68,426 |
| | | 当期純利益 (千円) | 1,440 | △35,537 | | 7,702 | 7,953 | 5,463 | △31.3% | 4,787 | 12,387 | | | 37,030 | 46,525 |
| 比率分析 | ①総合収益性分析 | | | | | | | | | | | | | | |
| | 1. 総資本営業利益率 (%) | | 5.4 | 4.6 | | 3.6 | 3.1 | 2.9 | △0.2p | 3.0 | 4.3 | 4.6 | | 9.5 | 9.6 |
| | 2. 総資本経常利益率 (%) | | 0.7 | 0.4 | | 3.5 | 2.8 | 2.5 | △0.3p | 3.0 | 4.1 | 4.2 | | 8.1 | 10.2 |
| | 3. 総資本当期純利益率 (ROA) (%) | | 0.4 | (10.0) | | 2.1 | 1.5 | 1.4 | △0.1p | 1.8 | 2.0 | 2.1 | | 5.5 | 5.3 |
| | 4. 経営資本営業利益率 (%) | | 6.1 | 5.4 | | 5.8 | 5.1 | 4.4 | △0.7p | 4.6 | 6.1 | 6.0 | | 10.3 | 11.6 |
| | 5. 自己資本当期純利益率 (ROE) (%) | | 3.5 | (66.3) | | 8.5 | 6.8 | 5.7 | △1.1p | 6.9 | 8.1 | 8.8 | | 14.3 | 16.9 |
| | ②売上高利益分析 | | | | | | | | | | | | | | |
| | 6. 売上高総利益率 (%) | | 44.6 | 54.9 | | 59.1 | 58.3 | 57.5 | △0.8p | 62.0 | 44.9 | 41.3 | | 62.8 | 61.9 |
| | 7. 売上高営業利益率 (%) | | 3.6 | 2.5 | | 1.9 | 1.7 | 1.6 | △0.1p | 1.7 | 2.6 | 2.7 | | 5.8 | 4.3 |
| | 8. 売上高経常利益率 (%) | | 0.5 | 0.2 | | 1.8 | 1.5 | 1.3 | △0.3p | 1.6 | 2.4 | 2.4 | | 4.8 | 4.5 |
| | 9. 売上高当期純利益率 (%) | | 0.3 | 5.3 | | 1.1 | 0.8 | 0.7 | △0.1p | 1.0 | 1.2 | 1.2 | | 3.2 | 3.1 |
| | 10. 売上高対労務費比率 (%) | | 1.8 | 1.5 | | 9.8 | 9.8 | 9.9 | 0.1p | 9.5 | 21.1 | 16.5 | | 11.4 | 10.5 |
| | 11. 売上高対販売費・管理費比率 (%) | | 41.1 | 52.4 | | 57.2 | 56.6 | 55.9 | △0.7p | 60.3 | 42.3 | 38.6 | | 57.0 | 57.6 |
| | 12. 売上高対人件費比率 (%) | | 63.2 | 61.0 | | 35.1 | 35.7 | 35.0 | △0.7p | 35.7 | 27.3 | 23.3 | | 31.7 | 32.3 |
| | ③回転率・回転期間分析 | | | | | | | | | | | | | | |
| | 13. 総資本回転率 (回) | | 1.5 | 1.9 | | 1.8 | 1.8 | 1.7 | △0.1p | 2.0 | 1.7 | 1.7 | | 1.9 | 2.2 |
| | 14. 固定資産回転率 (回) | | 3.0 | 12.1 | | 9.9 | 9.3 | 9.1 | △0.2p | 11.3 | 8.5 | 8.7 | | 10.2 | 12.0 |
| | 15. 有形固定資産回転率 (回) | | 42.2 | 43.3 | | 29.3 | 29.9 | 32.7 | 2.8p | 36.7 | 38.6 | 39.2 | | 35.3 | 40.2 |
| | 16. 売上債権回転期間A (日) | | 51.6 | 70.4 | | 57.9 | 56.7 | 60.6 | 3.9p | 56.7 | 69.7 | 67.4 | | 56.7 | 52.8 |
| | 17. 売上債権回転期間B (日) | | 51.6 | 70.4 | | 58.3 | 57.1 | 60.8 | 3.7p | 56.9 | 70.3 | 68.0 | | 57.0 | 53.1 |
| | 18. 受取手形回転期間A (日) | | 0.0 | 0.0 | | 0.6 | 0.5 | 0.6 | 0.1p | 0.6 | 1.0 | 1.0 | | 0.7 | 0.5 |
| | 19. 受取手形回転期間B (日) | | 0.0 | 0.0 | | 0.9 | 1.0 | 0.8 | △0.2p | 0.8 | 1.6 | 1.6 | | 1.0 | 0.8 |
| | 20. 売掛金回転期間 (日) | | 51.6 | 70.4 | | 57.3 | 56.1 | 60.0 | 3.9p | 56.1 | 68.7 | 66.4 | | 56.0 | 52.3 |
| | 21. 棚卸資産回転期間 (日) | | 0.0 | 0.0 | | 5.1 | 4.9 | 5.1 | 0.2p | 5.9 | 7.3 | 7.5 | | 7.9 | 5.5 |
| | 22. 製品（商品）回転期間 (日) | | 0.0 | 0.0 | | 1.3 | 1.3 | 1.1 | △0.2p | 1.3 | 1.2 | 1.6 | | 1.6 | 0.9 |
| | 23. 原材料回転期間 (日) | | 0.0 | 0.0 | | 0.1 | 0.1 | 0.1 | - | 0.2 | 0.2 | 0.2 | | 0.2 | 0.2 |
| | 24. 仕掛品回転期間 (日) | | 0.0 | 0.0 | | 3.5 | 3.5 | 4.0 | 0.5p | 4.4 | 6.0 | 5.7 | | 6.0 | 4.3 |
| | 25. 買入債務回転期間 (日) | | 10.4 | 7.4 | | 11.7 | 10.5 | 11.1 | 0.6p | 11.4 | 16.4 | 20.3 | | 11.0 | 11.7 |
| | 26. 買掛金回転期間 (日) | | 10.4 | 7.4 | | 11.3 | 10.2 | 10.7 | 0.5p | 11.1 | 15.9 | 19.7 | | 10.7 | 11.5 |
| | 27. 支払手形回転期間 (日) | | 0.0 | 0.0 | | 0.4 | 0.3 | 0.3 | - | 0.3 | 0.5 | 0.6 | | 0.4 | 0.2 |
| | ④財務レバレッジ分析 | | | | | | | | | | | | | | |
| | 28. 財務レバレッジ (倍) | | 9.0 | 6.7 | | 4.6 | 4.4 | 4.6 | 0.2p | 4.1 | 4.3 | 4.5 | | 3.7 | 3.5 |
| | ⑤短期支払能力分析 | | | | | | | | | | | | | | |
| | 29. 流動比率 (%) | | 106.5 | 162.2 | | 186.4 | 179.2 | 184.4 | 5.2p | 186.9 | 195.8 | 185.7 | | 195.9 | 196.0 |
| | 30. 当座比率 (%) | | 76.4 | 138.7 | | 153.4 | 146.0 | 149.9 | △3.9p | 154.2 | 169.4 | 158.4 | | 162.7 | 166.4 |
| | ⑥資本の安定性分析 | | | | | | | | | | | | | | |

/199

## ⑤『現状分析シート』への「当社当期数値(実数・比率)」の計算・記載

| (実数:中)<br>63 情報サービス業・調査業<br>(比率:小)<br>94 ソフトウェア業 | | | | 自社数値 | | | ①<br>業種内同一企業 | | | ①-1<br>前年比 | ②<br>業界全体<br>15年 | ③<br>従業員数<br>51人以上 | ④<br>売上高<br>五億円超 | ⑦<br>各指標別<br>(全体)<br>順位グループ | ⑧<br>売上高営業利益率<br>上位0~25%平均値 | ⑨<br>総資本経常利益率<br>上位0~25%平均値 |
|---|---|---|---|---|---|---|---|---|---|---|---|---|---|---|---|---|
| | | | | 13年 | 14年 | 15年 | 13年 | 14年 | 15年 | | | | | | | |
| 実数分析 | B/S | 流動資産 計 | (千円) | 184,405 | 253,997 | 457,159 | 370,065 | 384,543 | 423,598 | 10.2% | 379,136 | 713,933 | | | 560,162 | 428,351 |
| | | 固定資産 計 | (千円) | 187,695 | 55,186 | 72,171 | 230,479 | 243,919 | 258,608 | 6.0% | 230,674 | 457,993 | | | 488,962 | 246,433 |
| | | 資産 計 | (千円) | 372,100 | 356,733 | 562,241 | 608,512 | 635,941 | 689,986 | 8.5% | 616,968 | 1,181,782 | | | 1,059,121 | 678,152 |
| | | 流動負債 計 | (千円) | 173,155 | 156,616 | 323,496 | 233,885 | 231,871 | 248,583 | 7.2% | 223,213 | 392,402 | | | 294,835 | 232,850 |
| | | 固定負債 計 | (千円) | 157,800 | 146,507 | 157,003 | 209,241 | 218,624 | 248,797 | 13.8% | 222,592 | 453,130 | | | 399,302 | 208,987 |
| | | 資本 計 | (千円) | 41,145 | 53,609 | 81,693 | 165,386 | 185,446 | 192,606 | 3.9% | 171,163 | 336,250 | | | 364,984 | 236,315 |
| | P/L | 売上高 | (千円) | 565,830 | 665,900 | 982,803 | 825,756 | 863,362 | 911,118 | 5.5% | 820,601 | 1,480,496 | | | 926,506 | 978,054 |
| | | 売上総利益 | (千円) | 252,422 | 365,728 | 462,471 | 361,514 | 373,674 | 376,637 | 0.8% | 331,486 | 623,440 | | | 495,688 | 407,899 |
| | | 営業利益 | (千円) | 20,150 | 16,518 | 47,262 | 30,303 | 33,266 | 33,740 | 1.4% | 29,260 | 65,810 | | | 108,036 | 91,109 |
| | | 経常利益 | (千円) | 2,690 | 1,343 | 37,353 | 26,192 | 30,212 | 30,354 | 0.5% | 25,524 | 60,667 | | | 97,227 | 87,851 |
| | | 税引前当期純利益 | (千円) | 2,000 | △35,367 | 36,872 | 19,184 | 19,974 | 16,608 | △16.9% | 14,573 | 34,510 | | | 60,967 | 68,426 |
| | | 当期純利益 | (千円) | 1,440 | △35,537 | 28,132 | 7,702 | 7,953 | 5,463 | △31.3% | 4,787 | 12,387 | | | 37,030 | 46,525 |
| 比率分析 | ①総合収益性分析 | | | | | | | | | | | | | | | |
| | 1. 総資本営業利益率 | | (%) | 5.4 | 4.6 | 8.4 | 3.6 | 3.1 | 2.9 | △0.2p | 3.0 | 4.3 | 4.6 | | 9.5 | 9.6 |
| | 2. 総資本経常利益率 | | (%) | 0.7 | 0.4 | 6.6 | 3.5 | 2.8 | 2.5 | △0.3p | 3.0 | 4.1 | 4.2 | | 8.1 | 10.2 |
| | 3. 総資本当期純利益率(ROA) | | (%) | 0.4 | (10.0) | 5.0 | 2.1 | 1.5 | 1.4 | △0.1p | 1.8 | 2.0 | 2.1 | | 5.3 | 6.8 |
| | 4. 経営資本営業利益率 | | (%) | 6.1 | 5.4 | 11.6 | 5.8 | 5.1 | 4.4 | △0.7p | 4.6 | 6.1 | 6.0 | | 10.3 | 11.6 |
| | 5. 自己資本当期純利益率(ROE) | | (%) | 3.5 | (66.3) | 34.3 | 8.5 | 6.8 | 5.7 | △1.1p | 6.9 | 8.1 | 8.8 | | 14.3 | 16.9 |
| | ②売上高利益分析 | | | | | | | | | | | | | | | |
| | 6. 売上高総利益率 | | (%) | 44.6 | 54.9 | 52.9 | 59.1 | 58.3 | 57.5 | △0.8p | 62.0 | 44.9 | 41.3 | | 62.8 | 61.9 |
| | 7. 売上高営業利益率 | | (%) | 3.6 | 2.5 | 4.8 | 1.9 | 1.7 | 1.6 | △0.1p | 1.7 | 2.6 | 2.7 | | 5.8 | 4.3 |
| | 8. 売上高経常利益率 | | (%) | 0.5 | 0.6 | 3.8 | 1.8 | 1.5 | 1.3 | △0.3p | 1.6 | 2.4 | 2.4 | | 4.8 | 4.5 |
| | 9. 売上高当期純利益率 | | (%) | 0.3 | 5.3 | 2.9 | 1.1 | 0.8 | 0.7 | △0.1p | 1.0 | 1.2 | 1.2 | | 3.2 | 3.1 |
| | 10. 売上高対労務費比率 | | (%) | 1.8 | 1.5 | 0.2 | 9.8 | 9.8 | 9.9 | 0.1p | 9.5 | 21.1 | 16.5 | | 11.4 | 10.5 |
| | 11. 売上高対販売費・管理費比率 | | (%) | 41.1 | 52.4 | 41.2 | 57.2 | 56.6 | 55.9 | △0.7p | 60.3 | 42.3 | 38.6 | | 57.0 | 57.6 |
| | 12. 売上高対人件費比率 | | (%) | 63.2 | 61.0 | 51.1 | 35.1 | 35.7 | 35.0 | △0.7p | 35.1 | 27.3 | 23.3 | | 31.7 | 32.3 |
| | ③回転率・回転期間分析 | | | | | | | | | | | | | | | |
| | 13. 総資本回転率 | | (回) | 1.5 | 1.9 | 1.7 | 1.8 | 1.8 | 1.7 | △0.1p | 2.0 | 1.7 | 1.7 | | 1.9 | 2.2 |
| | 14. 固定資産回転率 | | (回) | 3.0 | 12.1 | 13.6 | 9.9 | 9.3 | 9.1 | △0.2p | 11.3 | 8.5 | 8.7 | | 10.2 | 12.0 |
| | 15. 有形固定資産回転率 | | (回) | 42.2 | 43.3 | 37.2 | 29.3 | 29.9 | 32.7 | 2.8p | 36.7 | 38.6 | 39.2 | | 35.3 | 40.2 |
| | 16. 売上債権回転期間A | | (日) | 51.6 | 70.4 | 40.4 | 57.9 | 56.7 | 60.6 | 3.9p | 56.7 | 69.7 | 67.4 | | 56.7 | 52.8 |
| | 17. 売上債権回転期間B | | (日) | 51.6 | 70.4 | 40.4 | 58.3 | 57.1 | 60.8 | 3.7p | 56.9 | 70.3 | 68.0 | | 57.0 | 53.1 |
| | 18. 受取手形回転期間A | | (日) | 0.0 | 0.0 | 0.1 | 0.6 | 0.5 | 0.6 | 0.1p | 0.8 | 1.0 | 1.0 | | 0.7 | 0.5 |
| | 19. 受取手形回転期間B | | (日) | 0.0 | 0.0 | 0.1 | 0.9 | 1.0 | 0.8 | △0.2p | 0.8 | 1.6 | 1.6 | | 1.0 | 0.8 |
| | 20. 売掛金回転期間 | | (日) | 51.6 | 70.4 | 40.3 | 57.3 | 56.1 | 60.0 | 3.9p | 56.1 | 68.7 | 66.4 | | 56.0 | 52.3 |
| | 21. 棚卸資産回転期間 | | (日) | 0.0 | 0.0 | 0.0 | 5.1 | 4.9 | 5.1 | 0.2p | 4.9 | 7.3 | 7.5 | | 7.9 | 5.5 |
| | 22. 製品(商品)回転期間 | | (日) | 0.0 | 0.0 | 0.0 | 1.3 | 1.1 | 1.1 | △0.2p | 1.0 | 0.7 | 0.7 | | 1.6 | 0.9 |
| | 23. 原材料回転期間 | | (日) | 0.0 | 0.0 | 0.0 | 0.1 | 0.1 | 0.1 | - | 0.2 | 0.2 | 0.2 | | 0.2 | 0.2 |
| | 24. 仕掛品回転期間 | | (日) | 0.0 | 0.0 | 0.0 | 3.5 | 3.5 | 4.0 | 0.5p | 4.4 | 6.0 | 5.7 | | 6.0 | 4.3 |
| | 25. 買入債務回転期間 | | (日) | 10.4 | 7.4 | 3.2 | 11.7 | 10.5 | 11.1 | 0.6p | 11.4 | 16.4 | 20.3 | | 11.0 | 11.7 |
| | 26. 買掛金回転期間 | | (日) | 10.4 | 7.4 | 3.2 | 11.3 | 10.2 | 10.7 | 0.5p | 11.2 | 15.9 | 19.7 | | 10.7 | 11.5 |
| | 27. 支払手形回転期間 | | (日) | 0.0 | 0.0 | 0.0 | 0.4 | 0.3 | 0.3 | - | 0.3 | 0.5 | 0.6 | | 0.4 | 0.1 |
| | ④財務レバレッジ分析 | | | | | | | | | | | | | | | |
| | 28. 財務レバレッジ | | (倍) | 9.0 | 6.7 | 6.9 | 4.6 | 4.4 | 4.6 | 0.2p | 4.1 | 4.3 | 4.5 | | 3.7 | 3.5 |
| | ⑤短期支払能力分析 | | | | | | | | | | | | | | | |
| | 29. 流動比率 | | (%) | 106.5 | 162.2 | 141.3 | 186.4 | 179.2 | 184.4 | 5.2p | 186.9 | 195.8 | 185.7 | | 195.9 | 196.0 |
| | 30. 当座比率 | | (%) | 76.4 | 138.7 | 125.1 | 153.4 | 146.0 | 149.9 | △3.9p | 154.2 | 169.4 | 158.4 | | 162.7 | 166.4 |
| | ⑥資本の安定性分析 | | | | | | | | | | | | | | | |

■参考■「お役立ちシート」記載マニュアル

⑥『現状分析シート』への「各指標別・順位グループ
（第1位グループ〜第4位グループ）」の判定・記載

| (実数：中)<br>63　情報サービス業・調査業<br>(比率：小)<br>94　ソフトウェア業 | | | 自社数値 | | | ①<br>業種内同一企業 | | | ①-1<br>前年比 | ②<br>業界全体<br>15年 | ③<br>従業員数<br>51人以上 | ④<br>売上高<br>五億円超 | ⑦<br>各指標別<br>順位グループ(全体) | ⑧<br>売上高営業利益率<br>上位0〜25%平均値 | ⑨<br>総資本経常利益率<br>上位0〜25%平均値 |
|---|---|---|---|---|---|---|---|---|---|---|---|---|---|---|---|
| | | | 13年 | 14年 | 15年 | 13年 | 14年 | 15年 | | | | | | | |
| 実数分析 | B/S | 流動資産　計 (千円) | 184,405 | 253,997 | 457,159 | 370,065 | 384,543 | 423,598 | 10.2% | 379,136 | 713,933 | | | 560,162 | 428,351 |
| | | 固定資産　計 (千円) | 187,695 | 55,186 | 72,171 | 230,479 | 243,919 | 258,608 | 6.0% | 230,674 | 457,993 | | | 488,962 | 246,433 |
| | | 資産　計 (千円) | 372,100 | 356,733 | 562,241 | 608,512 | 635,941 | 689,986 | 8.5% | 616,968 | 1,181,782 | | | 1,059,121 | 678,152 |
| | | 流動負債　計 (千円) | 173,155 | 156,616 | 323,496 | 233,885 | 231,871 | 248,583 | 7.2% | 223,213 | 392,402 | | | 294,835 | 232,850 |
| | | 固定負債　計 (千円) | 157,800 | 146,507 | 157,003 | 209,241 | 218,624 | 248,797 | 13.8% | 222,592 | 453,130 | | | 399,302 | 208,987 |
| | | 資本　計 (千円) | 41,145 | 53,609 | 81,693 | 165,386 | 185,446 | 192,606 | 3.9% | 171,163 | 336,250 | | | 364,984 | 236,315 |
| | P/L | 売上高 (千円) | 565,830 | 665,900 | 982,803 | 825,756 | 863,362 | 911,118 | 5.5% | 820,601 | 1,480,496 | | | 926,506 | 978,054 |
| | | 売上総利益 (千円) | 252,422 | 365,728 | 462,471 | 361,514 | 373,674 | 376,637 | 0.8% | 331,486 | 623,440 | | | 495,688 | 407,899 |
| | | 営業利益 (千円) | 20,100 | 16,518 | 47,262 | 30,303 | 33,266 | 33,740 | 1.4% | 29,260 | 65,810 | | | 108,036 | 91,109 |
| | | 経常利益 (千円) | 2,690 | 1,343 | 37,353 | 26,192 | 30,212 | 30,354 | 0.5% | 25,524 | 60,667 | | | 97,227 | 87,851 |
| | | 税引前当期純利益 (千円) | 2,000 | △35,367 | 36,872 | 19,184 | 19,974 | 16,608 | △16.9% | 14,573 | 34,510 | | | 60,967 | 68,426 |
| | | 当期純利益 (千円) | 1,440 | △35,537 | 28,132 | 7,702 | 7,953 | 5,463 | △31.3% | 4,787 | 12,387 | | | 37,030 | 46,525 |
| 比率分析 | ①総合収益性分析 | | | | | | | | | | | | | | |
| | 1．総資本営業利益率 (%) | | 5.4 | 4.6 | 8.4 | 3.6 | 3.1 | 2.9 | △0.2p | 3.0 | 4.3 | 4.6 | 1 | 9.5 | 9.6 |
| | 2．総資本経常利益率 (%) | | 0.7 | 0.4 | 6.6 | 3.5 | 2.8 | 2.5 | △0.3p | 3.0 | 4.1 | 4.2 | 1 | 8.1 | 10.2 |
| | 3．総資本当期純利益率（ROA）(%) | | 0.4 | (10.0) | 5.0 | 2.1 | 1.5 | 1.4 | △0.1p | 1.8 | 2.0 | 2.1 | 1 | 5.3 | 6.8 |
| | 4．経営資本営業利益率 (%) | | 6.1 | 5.4 | 11.6 | 5.8 | 5.1 | 4.4 | △0.7p | 4.6 | 6.1 | 6.0 | 1 | 10.3 | 11.6 |
| | 5．自己資本当期純利益率（ROE）(%) | | 3.5 | (66.3) | 34.3 | 8.5 | 6.8 | 5.7 | △1.1p | 6.9 | 8.1 | 8.8 | 1 | 14.3 | 16.9 |
| | ②売上高利益分析 | | | | | | | | | | | | | | |
| | 6．売上高総利益率 (%) | | 44.6 | 54.9 | 52.9 | 59.1 | 58.3 | 57.5 | △0.8p | 62.0 | 44.9 | 41.3 | 3 | 62.8 | 61.9 |
| | 7．売上高営業利益率 (%) | | 3.6 | 2.5 | 4.8 | 1.9 | 1.7 | 1.6 | △0.1p | 1.7 | 2.6 | 2.7 | 1 | 5.8 | 4.3 |
| | 8．売上高経常利益率 (%) | | 0.5 | 0.2 | 3.8 | 1.8 | 1.5 | 1.3 | △0.3p | 1.6 | 2.4 | 2.4 | 1 | 4.8 | 4.5 |
| | 9．売上高当期純利益率 (%) | | 0.3 | 5.3 | 2.9 | 1.1 | 0.8 | 0.7 | △0.1p | 1.0 | 1.2 | 1.2 | 1 | 3.2 | 3.1 |
| | 10．売上高対労務費比率 (%) | | 1.8 | 1.5 | 0.2 | 9.8 | 9.9 | 9.9 | 0.1p | 9.5 | 21.1 | 16.5 | 2 | 11.4 | 10.5 |
| | 11．売上高対販売費・管理費比率 (%) | | 41.1 | 52.4 | 41.2 | 57.2 | 56.6 | 55.9 | △0.7p | 60.3 | 42.3 | 38.6 | 3 | 57.0 | 57.6 |
| | 12．売上高対人件費比率 (%) | | 63.2 | 61.0 | 51.1 | 35.1 | 35.7 | 35.0 | △0.7p | 35.7 | 27.3 | 23.3 | 1 | 31.7 | 32.3 |
| | ③回転率・回転期間分析 | | | | | | | | | | | | | | |
| | 13．総資本回転率 (回) | | 1.5 | 1.9 | 1.7 | 1.8 | 1.8 | 1.7 | △0.1p | 2.0 | 1.7 | 1.7 | 3 | 1.9 | 2.2 |
| | 14．固定資産回転率 (回) | | 3.0 | 12.1 | 13.6 | 9.9 | 9.3 | 9.1 | △0.2p | 11.3 | 8.5 | 8.7 | 1 | 10.2 | 12.0 |
| | 15．有形固定資産回転率 (回) | | 42.2 | 43.3 | 37.2 | 29.3 | 29.9 | 32.7 | 2.8p | 36.7 | 38.6 | 39.2 | 1 | 35.3 | 40.2 |
| | 16．売上債権回転期間A (日) | | 51.6 | 70.4 | 40.4 | 57.9 | 56.7 | 60.6 | 3.9p | 56.7 | 69.7 | 67.4 | 3 | 56.7 | 52.8 |
| | 17．売上債権回転期間B (日) | | 51.6 | 70.4 | 40.4 | 58.3 | 57.1 | 60.8 | 3.7p | 56.9 | 70.3 | 68.0 | 3 | 57.0 | 53.1 |
| | 18．受取手形回転期間A (日) | | 0.0 | 0.0 | 0.1 | 0.6 | 0.5 | 0.6 | 0.1p | 0.6 | 1.0 | 1.6 | - | 1.0 | 0.5 |
| | 19．受取手形回転期間B (日) | | 0.0 | 0.0 | 0.1 | 0.9 | 1.0 | 0.8 | △0.2p | 0.8 | 1.6 | 1.6 | - | 1.0 | 0.5 |
| | 20．売掛金回転期間 (日) | | 51.6 | 70.4 | 40.3 | 57.3 | 56.1 | 60.0 | 3.9p | 56.1 | 68.7 | 66.4 | 3 | 56.0 | 52.3 |
| | 21．棚卸資産回転期間 (日) | | 0.0 | 0.0 | 0.0 | 5.4 | 4.9 | 5.1 | 0.2p | 5.9 | 7.3 | 7.5 | 2 | 7.9 | 5.5 |
| | 22．製品（商品）回転期間 (日) | | 0.0 | 0.0 | 0.0 | 1.3 | 1.3 | 1.1 | △0.2p | 1.3 | 1.2 | 1.6 | - | 1.6 | 0.9 |
| | 23．原材料回転期間 (日) | | 0.0 | 0.0 | 0.0 | 0.1 | 0.1 | 0.1 | - | 0.2 | 0.2 | 0.2 | - | 0.2 | 0.1 |
| | 24．仕掛品回転期間 (日) | | 0.0 | 0.0 | 0.0 | 3.5 | 3.5 | 4.0 | 0.5p | 4.4 | 6.0 | 5.7 | 2 | 6.0 | 4.3 |
| | 25．買入債務回転期間 (日) | | 10.4 | 7.4 | 3.2 | 11.7 | 10.5 | 11.1 | 0.6p | 11.4 | 16.4 | 20.3 | 3 | 11.0 | 11.7 |
| | 26．買掛金回転期間 (日) | | 10.4 | 7.4 | 3.2 | 11.3 | 10.2 | 10.7 | 0.5p | 11.2 | 15.9 | 19.7 | 3 | 10.7 | 11.5 |
| | 27．支払手形回転期間 (日) | | 0.0 | 0.0 | 0.0 | 0.4 | 0.3 | 0.3 | - | 0.3 | 0.5 | 0.6 | - | 0.4 | 0.2 |
| | ④財務レバレッジ分析 | | | | | | | | | | | | | | |
| | 28．財務レバレッジ (倍) | | 9.0 | 6.7 | 6.9 | 4.6 | 4.4 | 4.6 | 0.2p | 4.1 | 4.3 | 4.5 | 1 | 3.7 | 3.5 |
| | ⑤短期支払能力分析 | | | | | | | | | | | | | | |
| | 29．流動比率 (%) | | 106.5 | 162.2 | 141.3 | 186.4 | 179.2 | 184.4 | 5.2p | 186.9 | 195.8 | 185.7 | 3 | 195.9 | 196.0 |
| | 30．当座比率 (%) | | 76.4 | 138.7 | 125.1 | 153.4 | 146.0 | 149.9 | △3.9p | 154.2 | 169.4 | 158.4 | 3 | 162.7 | 164.4 |
| | ⑥資本の安定性分析 | | | | | | | | | | | | | | |

## ⑦『現状分析シート』への「当社数値・コメント」の記載

| (実数：中) 63 情報サービス業・調査業 (比率：小) 94 ソフトウェア業 | | | | 自社数値 | | | ① 業種内同一企業 | | | ①-1 前年比 | ② 業界全体 15年 | ③ 従業員数 51人以上 | ④ 売上高 五億円超 | ⑦ 各指標別(全体)順位グループ | ⑧ 売上高営業利益率 上位0～25%平均値 | ⑨ 総資本経常利益率 上位0～25%平均値 | ⑩ 自社数値コメント |
|---|---|---|---|---|---|---|---|---|---|---|---|---|---|---|---|---|---|
| | | | | 13年 | 14年 | 15年 | 13年 | 14年 | 15年 | | | | | | | | |
| 実数分析 | B/S | 流動資産　計 | (千円) | 184,405 | 253,997 | 457,159 | 370,065 | 384,543 | 423,598 | 10.2% | 379,136 | 713,933 | | | 560,162 | 428,351 | |
| | | 固定資産　計 | (千円) | 187,695 | 55,186 | 72,171 | 230,479 | 243,919 | 258,608 | 6.0% | 230,674 | 457,993 | | | 488,962 | 246,433 | |
| | | 資産　計 | (千円) | 372,100 | 356,733 | 562,241 | 608,512 | 635,941 | 689,986 | 8.5% | 616,968 | 1,181,782 | | | 1,059,121 | 678,152 | |
| | | 流動負債　計 | (千円) | 173,155 | 156,616 | 323,496 | 233,885 | 231,871 | 248,583 | 7.2% | 223,213 | 392,402 | | | 294,835 | 232,850 | |
| | | 固定負債　計 | (千円) | 157,800 | 146,507 | 157,003 | 209,241 | 218,624 | 248,797 | 13.8% | 222,592 | 453,130 | | | 399,302 | 208,987 | |
| | | 資本　計 | (千円) | 41,145 | 53,609 | 81,693 | 165,386 | 185,446 | 192,606 | 3.9% | 171,163 | 336,250 | | | 364,984 | 236,315 | |
| | P/L | 売上高 | (千円) | 565,830 | 665,900 | 982,803 | 825,756 | 863,362 | 911,118 | 5.5% | 820,601 | 1,480,496 | | | 926,506 | 978,054 | |
| | | 売上総利益 | (千円) | 252,422 | 365,728 | 462,471 | 361,514 | 373,674 | 376,637 | 0.8% | 331,486 | 623,440 | | | 495,688 | 407,899 | |
| | | 営業利益 | (千円) | 20,100 | 16,518 | 47,262 | 30,303 | 33,266 | 33,740 | 1.4% | 29,260 | 65,810 | | | 108,036 | 91,109 | |
| | | 経常利益 | (千円) | 2,690 | 1,343 | 37,353 | 26,192 | 30,212 | 30,354 | 0.5% | 25,524 | 60,667 | | | 97,227 | 87,851 | |
| | | 税引前当期純利益 | (千円) | 2,000 | -35,367 | 36,872 | 19,184 | 19,974 | 16,608 | △16.9% | 14,573 | 34,510 | | | 60,967 | 68,426 | |
| | | 当期純利益 | (千円) | 1,440 | -35,537 | 28,132 | 7,702 | 7,953 | 5,463 | △31.3% | 4,787 | 12,387 | | | 37,030 | 46,525 | |
| 比率分析 | ①総合収益性分析 | | | | | | | | | | | | | | | | |
| | 1．総資本営業利益率 | | (%) | 5.4 | 4.6 | 8.4 | 3.6 | 3.1 | 2.9 | △0.2p | 3.0 | 4.3 | 4.6 | 1 | 9.5 | 9.6 | |
| | 2．総資本経常利益率 | | (%) | 0.7 | 0.4 | 6.6 | 3.5 | 2.8 | 2.5 | △0.3p | 3.0 | 4.1 | 4.2 | 1 | 8.1 | 10.2 | |
| | 3．総資本当期純利益率（ROA） | | (%) | 0.4 | (10.0) | 5.0 | 2.1 | 1.5 | 1.4 | △0.1p | 1.8 | 2.0 | 2.1 | 1 | 5.3 | 6.8 | |
| | 4．経営資本営業利益率 | | (%) | 6.1 | 5.4 | 11.6 | 5.8 | 5.1 | 4.4 | △0.7p | 4.6 | 6.1 | 6.0 | 1 | 10.3 | 11.6 | |
| | 5．自己資本当期純利益率（ROE） | | (%) | 3.5 | (66.3) | 34.3 | 8.5 | 6.8 | 5.7 | △1.1p | 6.9 | 8.1 | 8.8 | 1 | 14.3 | 16.9 | |
| | ②売上高利益分析 | | | | | | | | | | | | | | | | |
| | 6．売上高総利益率 | | (%) | 44.6 | 54.9 | 52.9 | 59.1 | 58.3 | 57.5 | △0.8p | 62.0 | 44.9 | 41.3 | 3 | 62.8 | 61.9 | |
| | 7．売上高営業利益率 | | (%) | 3.6 | 2.5 | 4.8 | 1.9 | 1.7 | 1.6 | △0.1p | 1.7 | 2.6 | 2.7 | 1 | 5.8 | 4.3 | |
| | 8．売上高経常利益率 | | (%) | 0.5 | 0.2 | 3.8 | 1.8 | 1.5 | 1.3 | △0.3p | 1.6 | 2.4 | 2.4 | 1 | 4.8 | 4.5 | |
| | 9．売上高当期純利益率 | | (%) | 0.3 | 5.3 | 2.9 | 1.1 | 0.8 | 0.7 | △0.1p | 1.0 | 1.2 | 1.2 | 1 | 3.2 | 3.1 | |
| | 10．売上高対労務費比率 | | (%) | 1.8 | 1.5 | 0.0 | 9.8 | 9.9 | 9.9 | - | 9.5 | 21.1 | 16.5 | 2 | 11.4 | 10.5 | |
| | 11．売上高対販売費・管理費比率 | | (%) | 41.1 | 52.4 | 41.2 | 57.2 | 56.6 | 55.9 | △0.7p | 60.3 | 42.3 | 38.6 | 3 | 57.0 | 57.6 | |
| | 12．売上高対人件費比率 | | (%) | 63.2 | 61.0 | 51.1 | 35.1 | 35.7 | 35.0 | △0.7p | 35.7 | 27.3 | 23.3 | 2 | 31.7 | 32.3 | |
| | ③回転率・回転期間分析 | | | | | | | | | | | | | | | | |
| | 13．総資本回転率 | | (回) | 1.5 | 1.9 | 1.7 | 1.8 | 1.8 | 1.7 | △0.1p | 2.0 | 1.7 | 1.7 | 3 | 1.9 | 2.2 | |
| | 14．固定資産回転率 | | (回) | 3.0 | 12.1 | 13.6 | 9.9 | 9.3 | 9.1 | △0.2p | 11.3 | 8.5 | 8.7 | 2 | 10.2 | 12.0 | |
| | 15．有形固定資産回転率 | | (回) | 42.2 | 43.3 | 37.2 | 29.3 | 29.9 | 32.7 | 2.8p | 36.7 | 38.6 | 39.2 | 2 | 35.3 | 40.2 | |
| | 16．売上債権回転期間A | | (日) | 51.6 | 70.4 | 40.4 | 57.9 | 56.7 | 60.6 | 3.9p | 56.7 | 69.7 | 67.4 | 3 | 56.7 | 52.8 | |
| | 17．売上債権回転期間B | | (日) | 51.6 | 70.4 | 40.4 | 58.3 | 57.1 | 60.8 | 3.7p | 56.9 | 70.3 | 68.0 | 3 | 57.0 | 53.1 | |
| | 18．受取手形回転期間A | | (日) | 0.0 | 0.0 | 0.1 | 0.6 | 0.5 | 0.6 | 0.1p | 0.6 | 0.1 | 0.0 | - | 0.7 | 0.5 | |
| | 19．受取手形回転期間B | | (日) | 0.0 | 0.0 | 0.0 | 0.9 | 1.0 | 0.8 | △0.2p | 0.8 | 0.9 | 1.6 | - | 1.0 | 0.8 | |
| | 20．売掛金回転期間 | | (日) | 51.6 | 70.4 | 40.3 | 57.3 | 56.1 | 60.0 | 3.9p | 56.1 | 68.7 | 66.4 | 3 | 56.0 | 52.3 | |
| | 21．棚卸資産回転期間 | | (日) | 0.0 | 0.0 | 0.0 | 5.1 | 4.9 | 5.1 | 0.2p | 5.9 | 7.3 | 7.5 | - | 7.9 | 5.5 | |
| | 22．製品（商品）回転期間 | | (日) | 0.0 | 0.0 | 0.0 | 1.3 | 1.3 | 1.1 | △0.2p | 1.3 | 1.2 | 1.6 | - | 1.6 | 0.9 | |
| | 23．原材料回転期間 | | (日) | 0.0 | 0.0 | 0.0 | 0.1 | 0.1 | 0.1 | - | 0.2 | 0.2 | 0.2 | - | 0.2 | 0.2 | |
| | 24．仕掛品回転期間 | | (日) | 0.0 | 0.0 | 0.0 | 3.5 | 3.5 | 4.0 | 0.5p | 4.4 | 6.0 | 5.7 | - | 6.0 | 4.3 | |
| | 25．買入債務回転期間 | | (日) | 10.4 | 7.4 | 3.2 | 11.7 | 10.5 | 11.1 | 0.5p | 11.4 | 16.4 | 20.3 | 3 | 11.0 | 11.7 | |
| | 26．買掛金回転期間 | | (日) | 10.4 | 7.4 | 3.2 | 11.3 | 10.2 | 10.7 | 0.5p | 11.2 | 15.9 | 19.7 | 3 | 10.7 | 11.5 | |
| | 27．支払手形回転期間 | | (日) | 0.0 | 0.0 | 0.0 | 0.4 | 0.2 | 0.3 | - | 0.3 | 0.5 | 0.6 | - | 0.3 | 0.2 | |
| | ④財務レバレッジ分析 | | | | | | | | | | | | | | | | |
| | 28．財務レバレッジ | | (倍) | 9.0 | 6.7 | 6.9 | 4.6 | 4.4 | 4.6 | 0.2p | 4.1 | 4.3 | 4.5 | 1 | 3.7 | 3.5 | |
| | ⑤短期支払能力分析 | | | | | | | | | | | | | | | | |
| | 29．流動比率 | | (%) | 106.5 | 162.2 | 141.3 | 186.4 | 179.2 | 184.4 | 5.2p | 186.9 | 195.8 | 185.7 | 3 | 195.9 | 196.0 | |
| | 30．当座比率 | | (%) | 76.4 | 138.7 | 125.1 | 153.4 | 146.0 | 149.9 | △3.9p | 154.2 | 169.4 | 158.4 | 3 | 162.7 | 166.4 | |
| | ⑥資本の安定性分析 | | | | | | | | | | | | | | | | |

■参考■ 「お役立ちシート」記載マニュアル

## (2)『経営計画作成シート』

### ①『経営計画作成シート』の入手

| (実数： )<br>(比率： ) | | | | 自社数値 | | | | 延長<br>シナリオ | CSF | 目標<br>シナリオ |
|---|---|---|---|---|---|---|---|---|---|---|
| | | | | 13年 | 14年 | 15年 | 16年 | | アクションプラン | 16年 |
| 実数分析 | B/S | 流動資産　計 | (千円) | | | | | | | |
| | | 固定資産　計 | (千円) | | | | | | | |
| | | 資産　計 | (千円) | | | | | | | |
| | | 流動負債　計 | (千円) | | | | | | | |
| | | 固定負債　計 | (千円) | | | | | | | |
| | | 資本　計 | (千円) | | | | | | | |
| | P/L | 売上高 | (千円) | | | | | | | |
| | | 売上総利益 | (千円) | | | | | | | |
| | | 営業利益 | (千円) | | | | | | | |
| | | 経常利益 | (千円) | | | | | | | |
| | | 税引前当期純利益 | (千円) | | | | | | | |
| | | 当期純利益 | (千円) | | | | | | | |
| 比率分析 | ①総合収益性分析 | | | | | | | | | |
| | 　1．総資本営業利益率 | | (％) | | | | | | | |
| | 　2．総資本経常利益率 | | (％) | | | | | | | |
| | 　3．総資本当期純利益率（ROA） | | (％) | | | | | | | |
| | 　4．経営資本営業利益率 | | (％) | | | | | | | |
| | 　5．自己資本当期純利益率（ROE） | | (％) | | | | | | | |
| | ②売上高利益分析 | | | | | | | | | |
| | 　6．売上高総利益率 | | (％) | | | | | | | |
| | 　7．売上高営業利益率 | | (％) | | | | | | | |
| | 　8．売上高経常利益率 | | (％) | | | | | | | |
| | 　9．売上高当期純利益率 | | (％) | | | | | | | |
| | 　10．売上高対労務費比率 | | (％) | | | | | | | |
| | 　11．売上高対販売費・管理費比率 | | (％) | | | | | | | |
| | 　12．売上高対人件費比率 | | (％) | | | | | | | |
| | ③回転率・回転期間分析 | | | | | | | | | |
| | 　13．総資本回転率 | | (回) | | | | | | | |
| | 　14．固定資産回転率 | | (回) | | | | | | | |
| | 　15．有形固定資産回転率 | | (回) | | | | | | | |
| | 　16．売上債権回転期間A | | (日) | | | | | | | |
| | 　17．売上債権回転期間B | | (日) | | | | | | | |
| | 　18．受取手形回転期間A | | (日) | | | | | | | |
| | 　19．受取手形回転期間B | | (日) | | | | | | | |
| | 　20．売掛金回転期間 | | (日) | | | | | | | |
| | 　21．棚卸資産回転期間 | | (日) | | | | | | | |
| | 　22．製品（商品）回転期間 | | (日) | | | | | | | |
| | 　23．原材料回転期間 | | (日) | | | | | | | |
| | 　24．仕掛品回転期間 | | (日) | | | | | | | |
| | 　25．買入債務回転期間 | | (日) | | | | | | | |
| | 　26．買掛金回転期間 | | (日) | | | | | | | |
| | 　27．支払手形回転期間 | | (日) | | | | | | | |
| | ④財務レバレッジ分析 | | | | | | | | | |
| | 　28．財務レバレッジ | | (倍) | | | | | | | |
| | ⑤短期支払能力分析 | | | | | | | | | |
| | 　29．流動比率 | | (％) | | | | | | | |
| | 　30．当座比率 | | (％) | | | | | | | |
| | ⑥資本の安定性分析 | | | | | | | | | |

## ②『経営計画作成シート』への「自社数値」の記載

| (実数:中) 63 情報サービス業・調査業 (比率:小) 94 ソフトウェア業 | | | | 自社数値 | | | 延長シナリオ | CSF | 目標シナリオ |
|---|---|---|---|---|---|---|---|---|---|
| | | | | 13年 | 14年 | 15年 | 16年 | アクションプラン | 16年 |
| 実数分析 | B/S | 流動資産 計 | (千円) | 184,405 | 253,997 | 457,159 | | | |
| | | 固定資産 計 | (千円) | 187,695 | 55,186 | 72,171 | | | |
| | | 資産 計 | (千円) | 372,100 | 356,733 | 562,241 | | | |
| | | 流動負債 計 | (千円) | 173,155 | 156,616 | 323,496 | | | |
| | | 固定負債 計 | (千円) | 157,800 | 146,507 | 157,003 | | | |
| | | 資本 計 | (千円) | 41,145 | 53,609 | 81,693 | | | |
| | P/L | 売上高 | (千円) | 565,830 | 665,900 | 982,803 | | | |
| | | 売上総利益 | (千円) | 252,422 | 365,728 | 462,471 | | | |
| | | 営業利益 | (千円) | 20,100 | 16,518 | 47,262 | | | |
| | | 経常利益 | (千円) | 2,690 | 1,343 | 37,353 | | | |
| | | 税引前当期純利益 | (千円) | 2,000 | -35,367 | 36,872 | | | |
| | | 当期純利益 | (千円) | 1,440 | -35,537 | 28,132 | | | |
| 比率分析 | ①総合収益性分析 | | | | | | | | |
| | 1. 総資本営業利益率 | | (%) | 5.4 | 4.6 | 8.4 | | | |
| | 2. 総資本経常利益率 | | (%) | 0.7 | 0.4 | 6.6 | | | |
| | 3. 総資本当期純利益率(ROA) | | (%) | 0.4 | (10.0) | 5.0 | | | |
| | 4. 経営資本営業利益率 | | (%) | 6.1 | 5.4 | 11.6 | | | |
| | 5. 自己資本当期純利益率(ROE) | | (%) | 3.5 | (66.3) | 34.3 | | | |
| | ②売上高利益分析 | | | | | | | | |
| | 6. 売上高総利益率 | | (%) | 44.6 | 54.9 | 52.9 | | | |
| | 7. 売上高営業利益率 | | (%) | 3.6 | 2.5 | 4.8 | | | |
| | 8. 売上高経常利益率 | | (%) | 0.5 | 0.2 | 3.8 | | | |
| | 9. 売上高当期純利益率 | | (%) | 0.3 | 5.3 | 2.9 | | | |
| | 10. 売上高対労務費比率 | | (%) | 1.8 | 1.5 | 0.2 | | | |
| | 11. 売上高対販売費・管理費比率 | | (%) | 41.1 | 52.4 | 41.2 | | | |
| | 12. 売上高対人件費比率 | | (%) | 63.2 | 61.0 | 51.1 | | | |
| | ③回転率・回転期間分析 | | | | | | | | |
| | 13. 総資本回転率 | | (回) | 1.5 | 1.9 | 1.7 | | | |
| | 14. 固定資産回転率 | | (回) | 3.0 | 12.1 | 13.6 | | | |
| | 15. 有形固定資産回転率 | | (回) | 42.2 | 43.3 | 37.2 | | | |
| | 16. 売上債権回転期間A | | (日) | 51.6 | 70.4 | 40.4 | | | |
| | 17. 売上債権回転期間B | | (日) | 51.6 | 70.4 | 40.4 | | | |
| | 18. 受取手形回転期間A | | (日) | 0.0 | 0.0 | 0.1 | | | |
| | 19. 受取手形回転期間B | | (日) | 0.0 | 0.0 | 0.1 | | | |
| | 20. 売掛金回転期間 | | (日) | 51.6 | 70.4 | 40.3 | | | |
| | 21. 棚卸資産回転期間 | | (日) | 0.0 | 0.0 | 0.0 | | | |
| | 22. 製品(商品)回転期間 | | (日) | 0.0 | 0.0 | 0.0 | | | |
| | 23. 原材料回転期間 | | (日) | 0.0 | 0.0 | 0.0 | | | |
| | 24. 仕掛品回転期間 | | (日) | 0.0 | 0.0 | 0.0 | | | |
| | 25. 買入債務回転期間 | | (日) | 10.4 | 7.4 | 3.2 | | | |
| | 26. 買掛金回転期間 | | (日) | 10.4 | 7.4 | 3.2 | | | |
| | 27. 支払手形回転期間 | | (日) | 0.0 | 0.0 | 0.0 | | | |
| | ④財務レバレッジ分析 | | | | | | | | |
| | 28. 財務レバレッジ | | (倍) | 9.0 | 6.7 | 6.9 | | | |
| | ⑤短期支払能力分析 | | | | | | | | |
| | 29. 流動比率 | | (%) | 106.5 | 162.2 | 141.3 | | | |
| | 30. 当座比率 | | (%) | 76.4 | 138.7 | 125.1 | | | |
| | ⑥資本の安定性分析 | | | | | | | | |

■参考■「お役立ちシート」記載マニュアル

## ③『経営計画作成シート』への「延長シナリオ」の記載

| (実数：中)<br>63 情報サービス業・調査業<br>(比率：小)<br>94 ソフトウェア業 | | | | 自社数値 | | | 延長<br>シナリオ | CSF | 目標<br>シナリオ |
|---|---|---|---|---|---|---|---|---|---|
| | | | | 13年 | 14年 | 15年 | 16年 | アクションプラン | 16年 |
| 実数分析 | B/S | 流動資産　計 | (千円) | 184,405 | 253,997 | 457,159 | | | |
| | | 固定資産　計 | (千円) | 187,695 | 55,186 | 72,171 | | | |
| | | 資産　計 | (千円) | 372,100 | 356,733 | 562,241 | | | |
| | | 流動負債　計 | (千円) | 173,155 | 156,616 | 323,496 | | | |
| | | 固定負債　計 | (千円) | 157,800 | 146,507 | 157,003 | | | |
| | | 資本　計 | (千円) | 41,145 | 53,609 | 81,693 | | | |
| | P/L | 売上高 | (千円) | 565,830 | 665,900 | 982,803 | | | |
| | | 売上総利益 | (千円) | 252,422 | 365,728 | 462,471 | | | |
| | | 営業利益 | (千円) | 20,100 | 16,518 | 47,262 | | | |
| | | 経常利益 | (千円) | 2,690 | 1,343 | 37,353 | | | |
| | | 税引前当期純利益 | (千円) | 2,000 | -35,367 | 36,872 | | | |
| | | 当期純利益 | (千円) | 1,440 | -35,537 | 28,132 | | | |
| 比率分析 | ①総合収益性分析 | | | | | | | | |
| | 1．総資本営業利益率 | | (％) | 5.4 | 4.6 | 8.4 | | | |
| | 2．総資本経常利益率 | | (％) | 0.7 | 0.4 | 6.6 | | | |
| | 3．総資本当期純利益率（ROA） | | (％) | 0.4 | (10.0) | 5.0 | | | |
| | 4．経営資本営業利益率 | | (％) | 6.1 | 5.4 | 11.6 | | | |
| | 5．自己資本当期純利益率（ROE） | | (％) | 3.5 | (66.3) | 34.3 | | | |
| | ②売上高利益分析 | | | | | | | | |
| | 6．売上高総利益率 | | (％) | 44.6 | 54.9 | 52.9 | | | |
| | 7．売上高営業利益率 | | (％) | 3.6 | 2.5 | 4.8 | | | |
| | 8．売上高経常利益率 | | (％) | 0.5 | 0.2 | 3.8 | | | |
| | 9．売上高当期利益率 | | (％) | 0.3 | 5.3 | 2.9 | | | |
| | 10．売上高対労務費比率 | | (％) | 1.8 | 1.5 | 0.2 | | | |
| | 11．売上高対販売費・管理費比率 | | (％) | 41.1 | 52.4 | 41.2 | | | |
| | 12．売上高対人件費比率 | | (％) | 63.2 | 61.0 | 51.1 | | | |
| | ③回転率・回転期間分析 | | | | | | | | |
| | 13．総資本回転率 | | (回) | 1.5 | 1.9 | 1.7 | | | |
| | 14．固定資産回転率 | | (回) | 3.0 | 12.1 | 13.6 | | | |
| | 15．有形固定資産回転率 | | (回) | 42.2 | 43.3 | 37.2 | | | |
| | 16．売上債権回転期間A | | (日) | 51.6 | 70.4 | 40.4 | | | |
| | 17．売上債権回転期間B | | (日) | 51.6 | 70.4 | 40.4 | | | |
| | 18．受取手形回転期間A | | (日) | 0.0 | 0.0 | 0.1 | | | |
| | 19．受取手形回転期間B | | (日) | 0.0 | 0.0 | 0.1 | | | |
| | 20．売掛金回転期間 | | (日) | 51.6 | 70.4 | 40.3 | | | |
| | 21．棚卸資産回転期間 | | (日) | 0.0 | 0.0 | 0.0 | | | |
| | 22．製品（商品）回転期間 | | (日) | 0.0 | 0.0 | 0.0 | | | |
| | 23．原材料回転期間 | | (日) | 0.0 | 0.0 | 0.0 | | | |
| | 24．仕掛品回転期間 | | (日) | 0.0 | 0.0 | 0.0 | | | |
| | 25．買入債務回転期間 | | (日) | 10.4 | 7.4 | 3.2 | | | |
| | 26．買掛金回転期間 | | (日) | 10.4 | 7.4 | 3.2 | | | |
| | 27．支払手形回転期間 | | (日) | 0.0 | 0.0 | 0.0 | | | |
| | ④財務レバレッジ分析 | | | | | | | | |
| | 28．財務レバレッジ | | (倍) | 9.0 | 6.7 | 6.9 | | | |
| | ⑤短期支払能力分析 | | | | | | | | |
| | 29．流動比率 | | (％) | 106.5 | 162.2 | 141.3 | | | |
| | 30．当座比率 | | (％) | 76.4 | 138.7 | 125.1 | | | |
| | ⑥資本の安定性分析 | | | | | | | | |

④ 『経営計画作成シート』への「CSF・アクションプラン」の記載

| (実数:中)<br>63 情報サービス業・調査業<br>(比率:小)<br>94 ソフトウェア業 | | | | 自社数値 | | | 延長<br>シナリオ | CSF | 目標<br>シナリオ |
|---|---|---|---|---|---|---|---|---|---|
| | | | | 13年 | 14年 | 15年 | 16年 | アクションプラン | 16年 |
| 実数分析 | B/S | 流動資産　計 | (千円) | 184,405 | 253,997 | 457,159 | | | |
| | | 固定資産　計 | (千円) | 187,695 | 55,186 | 72,171 | | | |
| | | 資産　計 | (千円) | 372,100 | 356,733 | 562,241 | | | |
| | | 流動負債　計 | (千円) | 173,155 | 156,616 | 323,496 | | | |
| | | 固定負債　計 | (千円) | 157,800 | 146,507 | 157,003 | | | |
| | | 資本　計 | (千円) | 41,145 | 53,609 | 81,693 | | | |
| | P/L | 売上高 | (千円) | 565,830 | 665,900 | 982,803 | | | |
| | | 売上総利益 | (千円) | 252,422 | 365,728 | 462,471 | | | |
| | | 営業利益 | (千円) | 20,100 | 16,518 | 47,262 | | | |
| | | 経常利益 | (千円) | 2,690 | 1,343 | 37,353 | | | |
| | | 税引前当期純利益 | (千円) | 2,000 | -35,367 | 36,872 | | | |
| | | 当期純利益 | (千円) | 1,440 | -35,537 | 28,132 | | | |
| 比率分析 | ①総合収益性分析 | | | | | | | | |
| | 1．総資本営業利益率 | | (％) | 5.4 | 4.6 | 8.4 | | | |
| | 2．総資本経常利益率 | | (％) | 0.7 | 0.4 | 6.6 | | | |
| | 3．総資本当期純利益率（ROA） | | (％) | 0.4 | (10.0) | 5.0 | | | |
| | 4．経営資本営業利益率 | | (％) | 6.1 | 5.4 | 11.6 | | | |
| | 5．自己資本当期純利益率（ROE） | | (％) | 3.5 | (66.3) | 34.3 | | | |
| | ②売上高利益分析 | | | | | | | | |
| | 6．売上高総利益率 | | (％) | 44.6 | 54.9 | 52.9 | | | |
| | 7．売上高営業利益率 | | (％) | 3.6 | 2.5 | 4.8 | | | |
| | 8．売上高経常利益率 | | (％) | 0.5 | 0.2 | 3.8 | | | |
| | 9．売上高当期純利益率 | | (％) | 0.3 | 5.3 | 2.9 | | | |
| | 10．売上高対労務費比率 | | (％) | 1.8 | 1.5 | 0.2 | | | |
| | 11．売上高対販売費・管理費比率 | | (％) | 41.1 | 52.4 | 41.2 | | | |
| | 12．売上高対人件費比率 | | (％) | 63.2 | 61.0 | 51.1 | | | |
| | ③回転率・回転期間分析 | | | | | | | | |
| | 13．総資本回転率 | | (回) | 1.5 | 1.9 | 1.7 | | | |
| | 14．固定資産回転率 | | (回) | 3.0 | 12.1 | 13.6 | | | |
| | 15．有形固定資産回転率 | | (回) | 42.2 | 43.3 | 37.2 | | | |
| | 16．売上債権回転期間A | | (日) | 51.6 | 70.4 | 40.4 | | | |
| | 17．売上債権回転期間B | | (日) | 51.6 | 70.4 | 40.4 | | | |
| | 18．受取手形回転期間A | | (日) | 0.0 | 0.0 | 0.1 | | | |
| | 19．受取手形回転期間B | | (日) | 0.0 | 0.0 | 0.1 | | | |
| | 20．売掛金回転期間 | | (日) | 51.6 | 70.4 | 40.3 | | | |
| | 21．棚卸資産回転期間 | | (日) | 0.0 | 0.0 | 0.0 | | | |
| | 22．製品（商品）回転期間 | | (日) | 0.0 | 0.0 | 0.0 | | | |
| | 23．原材料回転期間 | | (日) | 0.0 | 0.0 | 0.0 | | | |
| | 24．仕掛品回転期間 | | (日) | 0.0 | 0.0 | 0.0 | | | |
| | 25．買入債務回転期間 | | (日) | 10.4 | 7.4 | 3.2 | | | |
| | 26．買掛金回転期間 | | (日) | 10.4 | 7.4 | 3.2 | | | |
| | 27．支払手形回転期間 | | (日) | 0.0 | 0.0 | 0.0 | | | |
| | ④財務レバレッジ分析 | | | | | | | | |
| | 28．財務レバレッジ | | (倍) | 9.0 | 6.7 | 6.9 | | | |
| | ⑤短期支払能力分析 | | | | | | | | |
| | 29．流動比率 | | (％) | 106.5 | 162.2 | 141.3 | | | |
| | 30．当座比率 | | (％) | 76.4 | 138.7 | 125.1 | | | |
| | ⑥資本の安定性分析 | | | | | | | | |

■参考■ 「お役立ちシート」記載マニュアル

## ⑤ 『経営計画作成シート』への「目標シナリオ」の記載

| (実数:中) 63 情報サービス業・調査業 (比率:小) 94 ソフトウェア業 | | | | 自社数値 | | | 延長シナリオ | CSF | 目標シナリオ |
|---|---|---|---|---|---|---|---|---|---|
| | | | | 13年 | 14年 | 15年 | 16年 | アクションプラン | 16年 |
| 実数分析 | B/S | 流動資産　計 | (千円) | 184,405 | 253,997 | 457,159 | | | |
| | | 固定資産　計 | (千円) | 187,695 | 55,186 | 72,171 | | | |
| | | 資産　計 | (千円) | 372,100 | 356,733 | 562,241 | | | |
| | | 流動負債　計 | (千円) | 173,155 | 156,616 | 323,496 | | | |
| | | 固定負債　計 | (千円) | 157,800 | 146,507 | 157,003 | | | |
| | | 資本　計 | (千円) | 41,145 | 53,609 | 81,693 | | | |
| | P/L | 売上高 | (千円) | 565,830 | 665,900 | 982,803 | | | |
| | | 売上総利益 | (千円) | 252,422 | 365,728 | 462,471 | | | |
| | | 営業利益 | (千円) | 20,100 | 16,518 | 47,262 | | | |
| | | 経常利益 | (千円) | 2,690 | 1,343 | 37,353 | | | |
| | | 税引前当期純利益 | (千円) | 2,000 | -35,367 | 36,872 | | | |
| | | 当期純利益 | (千円) | 1,440 | -35,537 | 28,132 | | | |
| 比率分析 | ①総合収益性分析 | | | | | | | | |
| | 1．総資本営業利益率 | | (%) | 5.4 | 4.6 | 8.4 | | | |
| | 2．総資本経常利益率 | | (%) | 0.7 | 0.4 | 6.6 | | | |
| | 3．総資本当期純利益率（ROA） | | (%) | 0.4 | (10.0) | 5.0 | | | |
| | 4．経営資本営業利益率 | | (%) | 6.1 | 5.4 | 11.6 | | | |
| | 5．自己資本当期純利益率（ROE） | | (%) | 3.5 | (66.3) | 34.3 | | | |
| | ②売上高利益分析 | | | | | | | | |
| | 6．売上高総利益率 | | (%) | 44.6 | 54.9 | 52.9 | | | |
| | 7．売上高営業利益率 | | (%) | 3.6 | 2.5 | 4.8 | | | |
| | 8．売上高経常利益率 | | (%) | 0.5 | 0.2 | 3.8 | | | |
| | 9．売上高当期純利益率 | | (%) | 0.3 | 5.3 | 2.9 | | | |
| | 10．売上高対労務費比率 | | (%) | 1.8 | 1.5 | 0.2 | | | |
| | 11．売上高対販売費・管理費比率 | | (%) | 41.1 | 52.4 | 41.2 | | | |
| | 12．売上高対人件費比率 | | (%) | 63.2 | 61.0 | 51.1 | | | |
| | ③回転率・回転期間分析 | | | | | | | | |
| | 13．総資本回転率 | | (回) | 1.5 | 1.9 | 1.7 | | | |
| | 14．固定資産回転率 | | (回) | 3.0 | 12.1 | 13.6 | | | |
| | 15．有形固定資産回転率 | | (回) | 42.2 | 43.3 | 37.2 | | | |
| | 16．売上債権回転期間A | | (日) | 51.6 | 70.4 | 40.4 | | | |
| | 17．売上債権回転期間B | | (日) | 51.6 | 70.4 | 40.4 | | | |
| | 18．受取手形回転期間A | | (日) | 0.0 | 0.0 | 0.1 | | | |
| | 19．受取手形回転期間B | | (日) | 0.0 | 0.0 | 0.1 | | | |
| | 20．売掛金回転期間 | | (日) | 51.6 | 70.4 | 40.3 | | | |
| | 21．棚卸資産回転期間 | | (日) | 0.0 | 0.0 | 0.0 | | | |
| | 22．製品（商品）回転期間 | | (日) | 0.0 | 0.0 | 0.0 | | | |
| | 23．原材料回転期間 | | (日) | 0.0 | 0.0 | 0.0 | | | |
| | 24．仕掛品回転期間 | | (日) | 0.0 | 0.0 | 0.0 | | | |
| | 25．買入債務回転期間 | | (日) | 10.4 | 7.4 | 3.2 | | | |
| | 26．買掛金回転期間 | | (日) | 10.4 | 7.4 | 3.2 | | | |
| | 27．支払手形回転期間 | | (日) | 0.0 | 0.0 | 0.0 | | | |
| | ④財務レバレッジ分析 | | | | | | | | |
| | 28．財務レバレッジ | | (倍) | 9.0 | 6.7 | 6.9 | | | |
| | ⑤短期支払能力分析 | | | | | | | | |
| | 29．流動比率 | | (%) | 106.5 | 162.2 | 141.3 | | | |
| | 30．当座比率 | | (%) | 76.4 | 138.7 | 125.1 | | | |
| | ⑥資本の安定性分析 | | | | | | | | |

/207

⑥『(簡易) 経営計画作成シート』

| (実数:中) 63 情報サービス業・調査業 | | | 単位 | 自社数値 | | | | 延長シナリオ | CSF | 目標シナリオ |
| --- | --- | --- | --- | --- | --- | --- | --- | --- | --- | --- |
| (比率:小) 94 ソフトウェア業 | | | | 13年 | 14年 | 15年 | 前年比 | 17年 | アクションプラン | 17年 |
| 実数分析 | B/S | 流動資産 計 | (千円) | | | | | | | |
| | | 固定資産 計 | (千円) | | | | | | | |
| | | 資産 計 | (千円) | | | | | | | |
| | | 流動負債 計 | (千円) | | | | | | | |
| | | 固定負債 計 | (千円) | | | | | | | |
| | | 資本 計 | (千円) | | | | | | | |
| | P/L | 売上高 | (千円) | | | | | | | |
| | | 売上総利益 | (千円) | | | | | | | |
| | | 営業利益 | (千円) | | | | | | | |
| | | 経常利益 | (千円) | | | | | | | |
| | | 税引前当期純利益 | (千円) | | | | | | | |
| | | 当期純利益 | (千円) | | | | | | | |
| | | 期末従業員数 | (人) | | | | | | | |
| 比率分析 | | ①収益性 | | | | | | | | |
| | | 売上高経常利益率 | | | | | | | | |
| | | ②効率性 | | | | | | | | |
| | | 総資本回転率 | | | | | | | | |
| | | ③生産性 | | | | | | | | |
| | | 1人当たり付加価値額 | | | | | | | | |
| | | ④安全性 | | | | | | | | |
| | | 流動比率 | | | | | | | | |
| | | ⑤成長性 | | | | | | | | |
| | | 前年比増収率 | | | | | | | | |

【著者紹介】

保科　悦久（ほしな　よしひさ）
1966年静岡県出身。早稲田大学政治経済学部卒業。監査法人退職後、公認会計士事務所を開設し、大手企業の財務会計・管理会計のコンサルティングや、中小企業の経営戦略から経理・税務までの一連のアドバイス業務を行なっている。

公認会計士、税理士、中小企業診断士、ITコーディネータ

著書・執筆等
　『入門簿記テキスト』（同友館）
　『決算書の読み方・作り方・活かし方』（同友館）
　『中小企業の再生支援マニュアル』中小企業診断協会編（同友館）
　『中小企業の評価・診断・支援』中小企業診断協会編（同友館）
　『Q＆A総務部門実務マニュアル』（新日本法規出版）

【執筆協力】
　・飯村和浩
　・大関琢也
　・工藤広平
　・国方洋伸
　・常本真由美
　・和田花子

　　　　以上（株）ブレインコンサルティングスタッフ

メールアドレス：bsd@braincon.co.jp

2007年5月18日　第1刷発行

## 『中小企業の財務指標』徹底活用マニュアル

著　者ⓒ　保　科　悦　久
発行者　　脇　坂　康　弘

発行所　株式会社　同友館

〒113-0033　東京都文京区本郷6-16-2
TEL.03（3813）3966
FAX.03（3818）2774
URL　http://www.doyukan.co.jp

乱丁・落丁はお取替えいたします。　　　印刷：壮光舎印刷㈱　製本：トキワ製本
ISBN 978-4-496-04300-0　　　　　　　　　　　　　　　Printed in Japan